# 美國圖書館名人略傳

## 嚴文郁 著

圖書與資訊集成

文史哲出版社印行

國家圖書館出版品預行編目資料

美國圖書館名人略傳 / 嚴文郁著 -- 初版 --
臺北市：文史哲，民 87
面；　公分. (圖書與資訊集成 ; 25)
ISBN 957-549-172-6 (平裝)


1.圖書館 - 美國 - 傳記


020.9952　　　　　　　　　　　　87014553

圖書與資訊集成 ㉕

# 美國圖書館名人略傳

著　　者：嚴　　　　文　　　　郁
出 版 者：文　史　哲　出　版　社
登記證字號：行政院新聞局版臺業字五三三七號
發 行 人：彭　　　　正　　　　雄
發 行 所：文　史　哲　出　版　社
印 刷 者：文　史　哲　出　版　社
　　　　臺北市羅斯福路一段七十二巷四號
　　　　郵政劃撥帳號：一六一八〇一七五
　　　　電話 886-2-23511028・傳眞 886-2-23965656

實價新臺幣四二〇元

中 華 民 國 八 十 七 年 十 月 初 版

# 序

　　歷史學家研究過去以增進對現在的瞭解，即所謂鑑古知今。歷史包括人類生活一切現象，對民族、國家、個人作有系統的敍述。關於個人者曰傳記。傳記爲史料之一種，我國歷朝正史採取紀傳體，以人繫事。本書列舉美國圖書館界傑出領袖50人的事功與軼事，按生卒年排列，以窺見美國整個圖書館事業的軌跡。

　　19世紀20年代，美國有公私圖書館3682所，供有關人士借閱。1876年圖書館學雜誌 *Library Journal* 問世。同年10月10日美國圖書館學會（American Library Association）成立，公推哈佛學院圖書館會長 Justin Winsor 爲會館長，Melvil Dewey 爲書記。這二件大事發生後，圖書館事業跨入一新時代。

　　學會成立，大家所研究的課題有四方面：公共圖書館、學院圖書館、圖書館敎育及處理圖書的技術。

　　1852年波士頓成立公共圖書館，藏書豐富爲全國之冠，其他較小的圖書館亦具雛形。但有許多問題亟待解決，如開關兒童閱覽室，開放書架，與學校合作，延長週日開放時間及週末開放閱覽，開設分館及借書站，辦理巡迴書車等。在這方面的改進以 Caroline M. Hewins, William H. Brett, William E. Foster, Samuel Green 及 Arthur E. Bostwilk 幾位貢獻最多。

　　值此期間，學院及大學圖書館林立，所要解決的問題爲：開

放書庫，准學生入內查書；實行指定參考書制度；教導新生使用目錄及工具書的知識；建造大學本部生的圖書館（under－graduate library）；如何使圖書館在教學方面扮演重要角色，以藏書及服務滿足師生的需要；如何改進館員的地位和待遇，使能與同等級的教師平等，以吸引優秀人才投入這項工作。這方面的關鍵人物有 Ernst Richardson, Charles H. Brown, Keyes D. Metcalf, Robert B. Downs 等人。

在萌芽時期，圖書館教育至感需要。1887年杜威在哥倫比亞學院創辦第一所圖書館學校，翌年他就紐約州立圖書館館長，學校隨之併入州立圖書館。以後紐約的 Pratt Institute（1891），費城的 Drexel Institute（1892），芝加哥的 Armour Institute（1893）次第成立。還有伊利諾大學，克利夫蘭及約紐公共圖書館亦附設訓練員工的訓練學校。這些學校制度不統一，師資貧乏，設備簡陋，成效不大。1919年卡內基基金會聘請紐約公共圖書館的 Charles C.Williamson 調查圖書館學校實況俾作改進。1923年 Williamson 發表報告，建議圖書館學校應設在大學內，與其他專業學院一樣。提高入學資格，頒發學位。1926年哥倫比亞大學的 School of Library Service 於焉成立。紐約州立和紐約公共圖書館的二所學校也併入哥大的新學院。同年芝加哥大學開辦 Library Graduatc School，招收博士班學生，造就高級人員。從此圖書館學愈加專業化科學化。此中翹楚首推 Charles C. Williamson, Louis R.Wilson 和 Robert B.Downs。

在技術方面編目與分類最為重要，編目以 Charles A. Cutter's 的 *Rules for a Printed Dictionary Catalogue* 開始，繼之有 J.C.M.Hanson 的 *A.L.A Condensed Rules for Author and Title Catalog* 和 Maurice F.Tauber 的 *A.L.A. Cataloguing*

*Rules for Author and Title Entries*。分類法有杜威十進法，卡特展開法和國會圖書館分類法。杜威與國會廣爲採用，展開法未成氣候。技術功臣除杜威外，應以 Hanson, Charles Martel 及 Margaret Mann 最爲突出。

1876－1976百年間，江山代有人才出，各領風騷。Justin Winsor, William Poole, Ainsworth Spofford 等學人，篳路藍縷以啟山林。John B. Billings, Edwin Anderson, Herbert Putnam 第二代精英發揚光大，使美國圖書館執世界之牛耳。

爲使我國青年學子明瞭美國圖書館發展過程，筆者撰寫50名過世的領袖的簡單傳記，以資效法。這50人是根據三種資料得來的：

(1) "A Library Hall of Fame, 40 Leaders of the Library Movement"。此一名人榜是1951年美國圖書館學會成立75週年紀念時 *Library Journal* 邀請20名專家評選出來的。筆者祇挑出27人（1-11, 13-26, 28-29）。

(2) Wayne A. Wiegand *Leaders in American Academic Liberianship*, 1925－1975。由一專門委員會遴選出15名大學圖書館領導人。筆者剔出11名（34-35, 39, 43-50）。

(3) Edward G. Holley, "Scholars, Gentle Ladies and Entrepreneus；American Library Leaders, 1876－1976"，此文作者就100年中圖書館領袖作了個鳥瞰式的敍述，將他們分爲三類：(a)學者型，(b)傑出女性，(c)企業家型。第一類多爲開山祖師，學識淵博從事著述者。第二類爲巾幗鬚眉，成績突出者。第三類爲有大企業家的夢想、魄力，治事治人的手腕，而且具備大學校長的學養及掌握著名學府的能力。文中所舉人物與前二種資料雷同。筆者取了12名（12, 27, 30-33, 36-38, 40-42）。

　　為明瞭此50人的背景，特將其出生地域，家庭環境，教育程度，壽命及其成就，分析於下：

　(1)出生地域　美國文化發源於東北新英格蘭區，素稱文化的搖籃，產生人才最多，圖書館界也不例外。來自：

東部：

| | |
|---|---|
| 　麻薩諸塞州 | 13人 |
| 　佛蒙特州 | 4人 |
| 　紐約州 | 3人 |
| 　新罕布夏、緬因、康乃狄克各一名 | 3人 |

中西部：

| | |
|---|---|
| 　俄亥俄州 | 5人 |
| 　印地安納州 | 4人 |
| 　愛荷華州 | 2人 |
| 　堪薩斯、密西根、密蘇里、威斯康辛、明尼蘇達<br>　　　各一名 | 5人 |

南方：

| | |
|---|---|
| 　北卡羅萊那州 | 3人 |
| 　維吉尼亞州 | 2人 |
| 　華盛頓首善區 | 1人 |

西部：

| | |
|---|---|
| 　俄勒岡州 | 1人 |
| 　外國出生者（加拿大、挪威、瑞士、南非各一名） | 4人 |
| 總共 | 50人 |

　　上表顯示，人才從文化教育優越地區產生者超過落後地方。

　(2)家庭環境：貧窮者佔⅓，中等階級佔⅔，富家子女少之又少。家貧者幼時在農村長大，助父母下田工作，身體強健。文化

家庭出生者，幼年多病，參加圖書館行業後，轉弱爲強。

　　⑶教育程度：

　　大學畢業者35人，其中成績優異獲選爲榮譽學會會員者
（Phi Beta Kappa）15人

　　在大學獲碩士學位者5人，博士學位者6人

　　　　（皆非圖書館學）

　　未上大學，或大學未畢業者15人

　　大學畢業加受圖書館專門訓練者15人

　　大學未畢業受圖書館訓練者4人

雖然教育程度不同，但皆愛好閱讀，終身與書籍結不解緣。

　　⑷壽命：職業性質影響工作者健康。礦工及煙囪工業工人壽命
較白領階級偏低。此50人年齡爲：

　　　　100歲以上者1人（Louis R. Wilson）

　　　　90歲以上者2人（H. Putnam, K. Metcalf）

　　　　80歲以上者19人

　　　　70歲以上者18人

　　　　60歲以上者8人

　　　　50歲以上者1人（C. Jewitt）

　　　　不知者1人

　　以上70－100歲者爲⅘，49人平均壽命爲78.15歲。1990年美
國白人男性平均壽命才72.7歲，故圖書館是一長壽的職業。

　　⑸事業的成就：

| | |
|---|---|
| 任美國圖書館學會會長者 | 27人 |
| 任副會長者 | 4人 |
| 選入名人榜者 | 27人 |
| 獲榮譽博士學位者 | 18人 |

（Metcalf 11, Mumford 10, Billings, Putnam,及 Bishop 各
8）

不論大學是否畢業，或有無專門訓練，皆能成大事，立大
功。雖然家庭環境不同，但有共同美德，即吃苦耐勞。孟子曰：

> 故天將降大任於是人也，必先苦其心志，勞其筋
> 骨，餓其體膚，空乏其身……，所以動心忍性，增
> 益其所不能。

是這批人的寫照，值得我們景仰和仿傚。

近年紙書滅亡，圖書館消逝的預測甚囂塵上，筆者心感戚
戚。但深信此說並不正確，在21世紀決無實現的可能。自廣播、
電視發明以來，報紙雜誌的銷售數量不曾減少，書業仍蒸蒸日
上，因閱讀書報是一般人的習慣，生活上不可缺乏的精神食糧。
對知識份子而言，讀書是支撐生命的最大動力，除求知外，還可
獲得寧靜與慰藉。中國詩人說：

> 閒坐小窗讀周易，不知春去幾多時。

這樣的閒情逸致，其中樂趣豈是出現在螢幕上的電子書所能
取代？

1996年4月 Kellogg Foundation 向1015人作過調查，一般受
訪者對圖書館予以高度支持。83％對兒童讀書最為重視，72％要
求圖書館多購新書。由此可見紙書仍是人類的必需品。電腦軟體
大王蓋茲（Bill Gates）宣佈願以四億鉅款幫助發展貧窮地區的
圖書館（現金與實物各半），不讓卡內基專美於前。據此推測，
圖書館不僅不會消滅，還大有前途。

從事圖書館神聖工作者，毋須氣餒，更應在工作上努力，改
善對讀者的服務，這種精神可從美國領袖學得。倘此作能夠提升
我界青年的情緒，筆者有厚望焉。

在執筆以前，承藍文欽同學搜集資料，複印文獻；稿成又蒙檢閱一遍，改正錯字，此書的殺青，捨他的幫助不可得；喬衍琯教授代為接洽出版，且作一部份校對，在此一併致衷心的感激。耆年筆耕，心有餘而力不足，舛誤當所難免，尚祈方家有以正之。

1998年9月1日九四叟紹誠**嚴文郁**謹識於新澤西州林登市

# 美國圖書館名人略傳

## 目　次

*1* 查利・科芬・朱艾特

Charles Coffin Jewett

*2* 威廉・佛來德瑞克・浦耳

William Frederick Poole

*3* 恩茲韋斯・阮德・史波福特

Ainsworth Rand Spofford

*4* 賈士丁・溫塞

Justin Winsor

*5* 約瑟法斯・納爾遜・拉德

Josephus Nelson Larned

*6* 查理・艾密・卡特

Charles Ammi Cutter

7 撒母耳・沙瑞特・顧林
Samuel Seret Green

8 約翰・蕭・畢林茲
John Shaw Billings

9 威廉・艾薩克・福萊柴爾
William Issac Fletcher

10 威廉・豪華德・布特
William Howard Brett

11 卡羅琳・赫溫斯
Caroline M. Hewins

12 理察・羅傑茲・鮑克
Richard Rogers Bowker

13 查理・艾凡斯
Charles Evans

14 威廉 E.福斯特
William E. Foster

15 麥斐爾・杜威
Mevil Dewey

16 魯賓・哥德・戴威特斯
Reubon Gold Thwaites

17 沙樂美・卡特拉・費爾柴德
Salomer Cutler Fairchild

18 德瑞莎・威斯特・厄姆多夫
Theresa West Elmendorf

19 瑪利・萊特・卜姆摩
Mary Wright Plummer

20 約翰・卡登・德納
John Cotton Dana

22 瑪利・艾琳・阿赫恩
Mary Eileen Ahern

23 歐尼斯特・顧盛・理查遜
Ernest Cushing Richardson

24 亞瑟・厄摩爾・鮑士偉
Arthur Elmore Bostwick

25 查理・馬特爾
Charles Martel

26 艾德溫・安德遜
Edwin H. Anderson

27 赫爾巴特・卜特倫
Herbert Putnam

28 約瑟芳・亞當斯・勞士波恩
Josephine Adams Rathbon

29 吉姆・漢遜
J. C. M. Hanson

30 赫爾賽・威廉・威爾遜
Halsey William Wilson

31 威廉・華納・畢壽甫
William Werner Bishop

*32* 瑪格麗特・曼尼
Margaret Mann

*33* 哈利・米勒・萊登保
Harry Miller Lydenberg

*34* 查理・哈維・布朗
Charles Harvey Brown

*35* 路易・羅德・威爾遜
Louis Round Wilson

*36* 查理 C.威廉遜
Charles C. Williamson

*37* 卡爾・H・麥倫姆
Carl H. Milam

*38* 約瑟・劉易斯・惠勒
Joseph Lewis Wheeler

*39* 凱因斯・戴維特・梅迪可夫
Keyes Dewitt Metcalf

*40* 威爾納・W・克廼甫
Verner W. Clapp

*41* 傑西・郝克・謝拉
Jesse Hauk Shera

*42* 勞倫斯・昆西・孟福德
Lawrence Quincy Mumford

*43* 鮑伯・B・黛斯
Robert B. Downs

44 勞倫斯‧克拉克‧鮑威爾
Lawrence Clark Powell

45 蕭勞夫
Ralph R. Shaw

46 勞夫‧E‧厄茲渥
Ralph E. Ellsworth

47 摩利士‧F‧陶伯
Maurice F. Tauber

48 史蒂芬‧麥加錫
Stephen A. McCarthy

49 威廉‧薛柏特‧狄克斯
William. Shepert. Dix

50 羅伯‧浮士卜
Robert Vosper

# *1*
# 查利·科芬·朱艾特
## Charles Coffin Jewett（1816－1868）

　　美國最早著名的圖書館專家為查利·科芬·朱艾特。他在1853年召集圖書館會議時，杜威只有三歲，他去世時，杜威剛18歲。他是第一個主管大學圖書館和公共圖書館的專家，可算得是開山祖師。

　　朱艾特生於1816年8月12日，兄弟三人，行二。父親 Paul 和母親 Mary Punchard 原住在緬因州（Maine）的 Lebanon。Jewett 家族從英國移民來美，到 Paul 是第六代。他為神職人員，兒子 John Punchard 為出版家，以發行司鐸夫人（Harriet Beecher Stowe）所著《黑奴籲天錄》（*Uncle Tom's Cabin*）聞名。Charles1848年與 Rebecca Green Harkins 結婚，無所出。

　　他與父親一樣開始在 Salem Latin School 就讀。成人後到Hanover, N.H. 的 Dartmouth College 上大學，不久轉到布朗大學（Brown University）。他自幼喜歡讀書，因家貧無力購置，常到圖書館去借閱。大學雖有個圖書館，但管理不善，數量也不多，不能滿足像他這樣一個嗜書而興趣廣闊的讀者。幸而校內有很多兄弟會皆藏有書籍，可補不足。這些會社舉辦辯論演講，需要充實辯論內容，故爾藏書。他從其中一個名叫 Philermonian Society 受益最多，還與一同學將藏書編一目錄，因此學到很多目錄學的知識。

　　1835年從布朗畢業，到麻州 Academy at Uxbridge 做了二年校長。1837秋到安德夫神學院（Andover Theological Seminary）深造，準備作牧師。該校教條以「忍耐、虔誠、有恆、節制」訓練學生。他在學術方面專長語言學、遠東語文及東方考古，老師認爲他頗有前途。他的畢業演講措辭典雅，內容豐富，語驚四座，得到聽衆的嘆賞。

　　在 Andover 做學生時仍留心目錄，爲圖書館整理書籍。1838年幫 Taylor 教授編一書目。除上課外兼管館務。有一次準備到巴勒斯坦考察聖經上的古蹟，爲將來做傳教士之用，他已買好船票，臨時爲偶然發生的事而未成行，這一意外使他一生志業完全改觀。

　　當他在布朗時，學校圖書館有9,000冊書放在大學大樓幾間房間裡，塞得滿谷滿坑，找書困難。每週開放三次，每次一小時。書籍按開本大小區分：對摺本、四開、八開、十二開各放在一起。同一開本的書則按進館先後列序。每個學生可借對摺本一冊四週，十二開本只可借用二週。大學本部學生不能借書，甚至不能越管理員書桌雷池一步。校長 Francis Wayland 對圖書館的觀念超越時代，勸說創校人 Nicholas Brown 捐資建造一所圖書館。1835新館落成，命名爲 Manning Hall。剪綵典禮時校長致詞，他是四年級生，准許入內聽講。書籍安放在新館書架上，另籌得25,000元的擴充費。先後聘請二位教授兼任館長，因爲教授有授課專責，勢難兼顧，仍需有個具備目錄學專門知識的人充任爲宜。1841布朗聘他回校擔任館長職務，他欣然接受爲母校服務。書籍仍照老法，按大小排列，沒有改爲學科分類的企圖。

　　1843年書目完成，爲八開本，凡576頁。*North American Review* 及其他雜誌皆予好評。目錄分爲二部分：一爲敍述書目

（Descriptive Catalogue），一爲類目索引（Index of Subjects）。第一部分按照 Andover 目錄的辦法，被認爲是全國最好的書目。分類部分參照愛丁堡 Signet Catalogue 的格式，當時是英國模範書目。

目錄問世後，大學升他爲現代語文學敎授，還給他二年時間去歐洲購書。他到法、德、意選購三國文字的出版品，其中有許多工具書及關於目錄學的著作。同時，與三國圖書館界取得密切聯絡。最後到英國待了六個月，除購書外結識牛津、劍橋二大學及大英博物院知名人士。他最佩服圖書館權威大英博物院圖書館館長潘尼茲（Panizzi），發生深厚交情。那時正值 Panizzi 因事被人檢舉，檢察單位徵求他對潘氏的意見，他爲好友辯護，並列舉事實見證潘氏的偉大與功績。他的誠摯感動檢察官，使潘氏得到平反。因他仗義執言，聲名大噪。朱艾特歐洲購書之旅極爲成功，他買到7,000冊，平均每冊＄1.20，爲人稱羨。

1846年國會正在討論 Walter Tariff 法案，其中一條爲凡進口書籍加20％關稅。他馬上寫了一小冊子 *Facts and Considerations Relative to Duties on Books*，要求取消阻礙民主社會資訊交流的捐稅，否則，作家、出版界及讀書人均受其害，因爲文化與學術交流可以促進讀書興趣，這是不可否認的眞理。他的措詞非常動聽，得到圖書館界的贊同。

1829年英國科學家詹姆斯‧史密遜（James Smithson）去世，將產業遺給他弟弟，若其弟死而無後，則全部捐贈給美國政府，在華盛頓成立一機構以他的名字作紀念。其弟無後，依囑將財產捐贈給美國政府。這筆錢加上利息約500,000元，1838交由國會保管與處理。各界向國會提出很多用途，還有要求興建一所國立大學，衆說紛紜，國會均未理會，直到麻州聯邦參議員 Rufus Choate 發表演說提議辦一所中央參考圖書館，經過參議院通過成為定案。1846眾議院亦表決贊同成立 Smithsonian Institution。後來佛蒙特州議員 George P. Marsh 又提出修正案，確定整個經費為建圖書館之用。

1846年監管委員會（Board of Regents）聘科學家 Joseph Henry 為秘書長，Jewett 為副秘書長兼圖書館館長。他辭去布朗大學職務到華府履新。Henry 堅持科學研究，Jewett 要遵照國會法案興建圖書館。一個代表科學，一個代表人文，根本意見不一致，不久即發生齟齬。監委會偏向科學，圖書館得不到重視。開始批准30,000元經費，由二部門平分使用，漸漸圖書館發展受到阻難，甚至打擊。

Jewett 在 Smithsonian 七年，為目錄及圖書館完成幾件大事：他發表“Notes of Public Libraries in the United States”一文，內中詳述他圖書館的狀況，為全國傳誦，廣獲回響。第二件事為準備全國聯合目錄，試驗用泥模澆製鉛版印刷目錄，為此耗盡精力，但未成功，給他挫折感，身心俱疲。同時制訂編目規則，俾各圖書館款式一致，為此他草擬“On the Construction of Catalogues of Libraries, and of a General Catalogue, and Their Publication by Means of Separate Stereotyped Titles”計畫書。他的編目規則使用多年，直到 Charles A. Cutter 的 *Rules for a Printed Dictionary Catalogue*（1876）發表才被取代。他的編目法曾風行一時，編目學史家 Jim Ranz 稱19世紀下半期為「朱艾特時代」（Age of Jewett）。

第三個貢獻為1853年召集全國圖書館會議，由出版家及書商 Charles B. Norton 發起並資助82位圖書館員到紐約開會，討論有關問題。與會者公舉 Jewett 為會長。他作過二次演講，但未成

立正式機構，可是對1876年美國圖書館學會〔American Library Association，簡稱 ALA〕的成立，起了催生作用。

開會歸來，他感覺圖書館計畫陷入困境，挽救乏術。他作最後掙扎，與 Henry 開始鬥爭。當時稱為科學與文學之戰；科學研究與圖書館之爭；人與權力之爭。因為冒用權力對 Henry 施壓，得到以下犯上的罪名。1855年1月13日 Henry 將他免職。乘興而來，鎩羽而去，一切計畫泡湯，澈底失敗，但他的清譽仍高，人稱他為殉職者，非戰之罪，而是文學慘敗於科學的命運。

Jewett 雖遭失敗，但未被擊倒，如杜威失去哥倫比亞圖書館一樣。1855年他回到波士頓，捲土重來，做到波士頓公共圖書館主管，年薪2000元，得到全國最著名圖書館專家的尊敬。在波市與當地名流 Ralph Waldo Emerson、George Tickner 及 Edward Everett 等人過從甚密。他指導目錄的出版，改良書籍出納的手續，努力波館藏書的增加，仍居圖書館領導地位。

到中年以後，精力衰退，心態消極，在許多專門問題及政策上稍嫌保守，受到批評。1868年1月8日在辦公室中風，翌晨在家人環侍中去世，得年僅51歲。識者興「出師未捷身先死，長使英雄淚滿襟」之嘆！死後在1900以前圖書館會議中，無時不提到他的貢獻和令名，表示他的功蹟常存人心。

William F. Poole 在1886年就任 ALA 會長演說即以 Jewett 為題。他說：

> 朱艾特教授早年在目錄學與圖書館經營方面的貢獻，為本專業造福匪淺，我們衷心感激。在圖書管理上，他可列為最幹練和最具熱忱的改革家。

布朗大學圖書館館長 Reuben A. Guild，1887年在一次會議中宣讀一篇朱艾特的傳記文，對他推崇備至，並謂他溫文爾雅，

舉止精微，聲音悅耳，仁慈的微笑，對人親切等種種美德，人皆稱他爲專業的光榮，圖書館的楷模。他常以獻身圖書館者太少爲憾，鼓勵青年才俊投入圖書館行業。

# 2
# 威廉·佛來德瑞克·浦耳
## William Frederick Poole（1821－1894）

　　威廉·佛來德瑞克·浦耳是美國19世紀中葉圖書館專家，對編目、索引、圖書館建築頗有心得，貢獻良多。他的興趣原本是歷史，後來將歷史與圖書館集於一身。美國《傳記詞典》（*Dictionary of Biography*）編輯 Carl B. Roden 說：「浦耳早先興趣是歷史，投入圖書館生涯是時勢所迫，並非其選擇。」

　　浦耳在1821年12月21日生於麻州 Salem，為英國移民 John Poole 第八代後裔。父親 Ward Poole 做著祖傳製革手藝，到下一代才有機會受教育，進入高層社會，經濟小康。威廉受完啟蒙教育，12歲到他堂兄 Edward Poole 的珠寶店作學徒，後來隨父親到 Worcester 糧食店當伙計，17歲為製革廠趕車。母親 Wilden Poole 望子成龍，不要他作微賤行業，鼓勵他力爭上游，繼續讀書。先在 Leicester Academy 讀了三年，繼而轉學耶魯（Yale）大學。讀了一年，難以為繼，輟學工作三年，稍有積蓄，回校讀完大學，時已28歲了。

　　初到耶魯，只能讀些教科書，三、四年級才可繳費向圖書館借書。時過境遷，校風及學生生活起了變化，課外活動有辯論比賽，校內有三個辯論會，每個都藏有書籍。三年級時，浦耳為他的兄弟會 Brothers in Unity 管理10,000冊圖書。有了工作，可得薄酬補助學膳費用；供應同學資料，則得到服務經驗。尋找單行

本（Monograph）尚無問題，如果要找期刊論文或叢書中某一種
資料則比較困難。爲適應需要，他和另一管理員 John Edwards
於1847年編印一個八頁的小冊子 *Subjects for Debate with Refer-
ences to Authorities*。這只是個有關辯論題目的資料目錄，其他
類別則付闕如。浦耳乃下決心編一包括各科期刊的論文索引。有
了此一嘗試，終身陷入而不能自拔。

他的擴大索引於1848年4月由紐約 Putnam 公司出版，名爲
*An Alphabetical Index to Subjects Treated in the Reviews and
Other Periodicals to Which No Indexes Have Been Published*，
500份頃刻售罄。受到暢銷的鼓勵，在畢業後仍不忘情於索引一
事。

他功課成績優等，被選爲 Phi Beta Kappa 榮譽學會會員。

1849年畢業後原想作律師，因爲索引稿本被人竊走，乃到波
士頓圖書館（Boston Athenaeum）作臨時職員，蓄意重編索引。
在當時全國最大的圖書館工作一段時期，耳濡目染，無形中以圖
書館爲終身志業。

1852年浦耳欲找個長久職位，波士頓商業圖書館（Boston
Mercantile Library）聘他爲館長。該館是商界爲商行年輕職員進
修而設，供給他們高尚娛樂，文化環境，以奠定將來出任要職的
準備。每週舉行討論或辯論會，敦請名人演講；並開會計、作文
外國語等功課以充實學識。浦耳除管理圖書外，還兼管會員登記
及會費。圖書館工作爲採購書籍、編製目錄、計劃興建一所館
廈。他遵照董事會意旨，將一切工作辦理得有條不紊，深得主管
部門的歡心和信任。在波士頓四年，根基穩固，立於不敗之地，
事業及生活皆有起色。

在商業圖書館目錄出版以前，他沒有時間從事索引工作，

1863年索引第二版終於問世，一共有521頁，裝訂精美。以前索引有二種方式：一為著者加分類索引，一為分類加著者索引。浦耳採用字典式，將著者、篇名、類別三種款目（entries）混合排列。自他開始後，一般圖書館皆採行此法。

此時浦耳尚未入中年，已與圖書館界及學術界熟諳。新版索引面世，紐約時報稱他為「非等閒之輩」。1853年他參加第一次全國圖書館會議（見 Jewett 傳），他向與會人士展示他的索引，得到讚許。商業圖書館還加其薪水，名利雙收。

事業有了基礎，他與 Fanny Maria Gleason 結婚，生了一對孿生女兒─ Alice 和 Helen。1856年波士頓圖書館聘他回去任館長，因為家庭負擔，他欣然接受，舊地重遊。該館藏書甲全國，為上等社會文化資產。鑒於他在商業圖書館的成績，波館贊助人對他更加信任。從此青雲直上，聲譽日隆。

浦耳在波館13年，小心翼翼，一步步加以改進。修茸房屋，擴大空間，改良分類法。1856年館舍只有一層樓，1868年佔地三層樓，藏書也由60,000冊增到80,000冊。他初去只有一個助手，二個工人，到1863年則有七個助理員，一個工人。10年間將個私人團體藏書，變成為有活力的公益場所，設備人事皆在進步。董事會肯定他的成績，不時提高其待遇。

當他回波館時年僅34歲，只有一雙生女兒，1868家有兒女五人。出人意料他忽於當年二月向波館提出辭呈，館中花了七個月時間才從哈佛將 Charles A. Cutter 請來替他。他以自由之身作起圖書館服務經紀人。以後四年，他為九個圖書館提供服務，代為選購書籍、物色館員或其他顧問性工作。所包括的地區有麻州、佛蒙特、紐約、印地安納、馬里蘭等州。最後在俄亥俄州的辛辛那提（Cincinnati）安頓下來。

　　辛辛那提以稅收辦理圖書館，館務支離破碎。起初先請他全盤規畫一下，然後聘他爲館長。到任之初，新館廈落成，三層樓房，閱覽室有座位200席，雜誌300種，書籍22,000冊，根基已具規模。三個月後，書刊增加到28,000冊。1871年3月起，星期日開放閱覽。短時間內辛館突飛猛進，地位僅次於波士頓圖書館。如此成績，皆由其經驗與能力所致。閱覽人驟增，需要13名館員提供服務。歡迎兒童及商店人員借閱圖書，新闢藝術裝飾專門閱覽室。積極參與地方文化活動，促進一般市民對圖書館的感情。

　　1873年他接受芝加哥公共圖書館之聘，使辛市人士如墜入五里霧中。芝加哥公共圖書館成立以來，幾經波折，一直未上軌道。1873年董事會以4,000元高薪（比辛市多1,000元）爭聘他主持館政，以期改進。1874年1月到館，新書每月1,000冊源源而來，到了五月，借書數量爲任何圖書館所不及。

　　浦耳將家眷接到芝加哥大學附近定居。主編 OWI 雜誌，加入芝加哥文藝俱樂部，與當地知名人士建立友誼。圖書館與個人前途似錦。

　　好景不常，圖書館受到政治與經費的影響，在起步不久，董事會便提出減政節流的要求，使他回想離開欣欣向榮的辛辛那提是否明智之舉。但他在報告中依然表示樂觀，只要董事會肯籌措相當經費，還是大有可爲的。

　　1876 年 Justin Winsor 和杜威等人在《出版週刊》（ Publishers' Weekly ）安排下，在費城成立美國圖書館學會（ ALA ），他被邀參加。繼 Winsor 之後被選爲會長，熱心會務，每年出席年會。費城會中有人提及索引編輯之事，他提出個計畫，將期刊分配到40個圖書館，各館將編就稿片寄給他作最後編排。以任職康州 Watkinson Library 的 William I. Fletcher 爲

副編輯。他任主編六年，以4,000片子雙行印成1,400頁的八開本。收期刊232種，6,205冊，有款目230,000條。取名 *Poole's Index to Periodical Literature* 第三版。此作一出，各方讚譽不絕於口，Evanston 西北大學（Northwestern University）贈他名譽博士學位。同年，在美國教育署慶祝百年紀念刊上發表 " Public Libraries in the United States " 一文，全國矚目。

　　1880年芝加哥公共圖書館情形好轉，決意貫澈初衷，為民眾提供最佳的服務。重振旗鼓，大量購書，藏書增到60,000冊，1887年又增加一倍。芝加哥人口大增，借書量由1874年的400,000冊次，增至1886年的600,000冊次。他在住宅區設置借書站，紓解總館的擁擠。市政府也撥出地方供圖書館使用。1887年ALA 在 Milwaukee 召開年會，會員多趁便先到芝館參觀，以廣見識。

　　浦耳正走上成功道上，不僅是圖書館頂尖人物，社會也以學者相待。時常發表歷史、語文文章及書評，尤其對歷史情有獨鍾。先從新英格蘭史著手，逐漸擴展到中西部開拓史。1887年被舉為美國歷史學會會長。

　　年過65歲，他有心將芝加哥事業作一結束，忽然另一挑戰迎面而來，無法婉拒。Walter Loomis Newberry 在芝加哥炒地產致富，留下遺囑，若是他的二個女兒將來無後，則以全部財產一半捐出辦一圖書館。1885年他的遺孀去世，二個女兒果真無繼承人，遺囑執行人 E.W. Blatchford 和 William H. Bradley 開始籌備成立圖書館，邀請浦耳主持實際工作。他主張新圖書館應與芝加哥公共圖書館相輔相成，後者為一般市民服務，前者可作學術參考圖書館。首先要作三件事：(1)搜購書籍，(2)建造房子，(3)徵聘人員。有了波士頓、辛辛那提及芝加哥三館的經驗，書的知識

豐富，再作起來，駕輕就熟。向英國倫敦 B.F.Stevens 及德國萊比錫 Otto Harrassowitz 二家大書店訂購有學術價值的書刊。除書商出版的書外，他重視學術團體及機關的會報紀錄，百科全書等參考書，選擇原則爲實質而非名氣。

雖然200萬是一筆鉅款，董事會對他的作法感到顧慮，惟恐他竭澤而漁。幸好另一巨富 John Crerar 也遺款興辦圖書館，浦耳主張畫分界限，Crerar 注重科技，Newberry 負責文史、美術及人文科學，各有專藏，以免重複。

浦耳爲 Newberry 收集幾個特藏：第一爲收藏家 Count Pio Resse 的音樂藏書，有了這批書籍，Newberry 頓成音樂藏書最豐富的圖書館之一。他將辛辛那提圖書館董事 Henry Pobasco 的珍本也買下來。此外，還有400種裝訂精美的代表作品，88種罕傳本聖經，莎士比亞四種對摺本的三種。在他任內一共花了250,000元，收得120,000冊書，44,000本小冊子，使 Newberry 得佔有世界著名圖書館一席之地。

對於建造房子，浦耳亦有新意，成爲圖書館建築的權威。他反對傳統的格式，模仿教堂中間一個高聳的廳堂，四週安裝凹形書櫥。上部空間高溫、昏暗、光線不足，容易引起回聲。當時建築師醉心此種格調，捐款人亦喜愛此種紀念式的廳堂。他認爲不實際，與建築師 Henry Cobb 爭論很久。他主張閱覽室、辦公室與書庫爲三個單位，連在一起。書庫每層很低，閱覽室用50尺長的金屬橫樑，減少支柱。屋頂離牆頭最多15尺，牆的上部開窗使光線可達書桌前。室內空間不用固定隔段，代以活動的書架，可按需要改動。如是，書架可以隔成許多專科閱覽室。一般圖書館都支持他的辦法，卒獲勝利。Newberry 的新館爲劃時代的建築物，至今仍然屹立於芝加哥 West Walton Street，爲一陸標

（Landmark）。

至於館員皆幹練通達人才，各有所長，離館後皆居要津。例如：George W.Cole 為名目錄學家，後為加州 Pasadena 的 Henry A.Huntington Library 館長；Edwin H.Anderson 為紐約公共圖書館館長；Marilla W.Freeman 在 Cleveland Public Library 任要職；William S. Merrell 以所著 *Code for Classification* 聞名於世；Haakon Nyhuus 回到挪威，成為該國圖書館之父；Charles Martel 與 J. C. M. Hanson 在國會圖書館主持分類與編目；Charles Evans 為偉大的「美國書目」（*American Bibliography*）的編輯人。許許多多的巨擘，皆出其門下。

超級館員薪高而難駕馭。浦耳牢籠人才的方法是寬厚與放任。工作稍加指示，避免繁瑣，分配後由各人自己負責處理，表示信任。

1892年，董事會改組，加入了幾個金融界人士及律師。他們主張圖書館的經營企業化，第一要保持基金，細水長流，所以不同意浦耳的購書政策與用人方針。他們認為聘用30個高薪職員是一過奢的開支，要求裁員。原來館長下有一副理負責內部行政，董事會也裁掉，令浦耳自兼。後來還請他退居幕後，予以半薪作顧問性工作，另物色主管以代。他認為咄咄逼人，難以容忍。以73高齡經不起打擊，開始頭痛、失眠，最後轉為呼吸器官發炎而昏迷，於1894年3月1日去世。

浦耳及家人的痛苦，來自他當退休之年還野心勃勃，出任巨艱，不解安身立命之道，雖雲物不殊而時勢遷移。但其死後哀榮，大可慰在天之靈。扛棺之人為芝加哥一帶德高望重的學者和縉紳，如芝加哥大學校長 William R. Harper（他耶魯校友），西北大學校長 Henry W. Rogers 及芝城商學二界領袖。主禱牧

師引聖經上的話說：「你們知道今天在以色列有一王子及偉人殞落嗎？」（Know ye not that there is a prince and a great man fallen this day in Israel？）。聽眾無不惋惜。

在19世紀美國圖書館事業發展中，浦耳確是一王子和偉人。從他的47年圖書館生涯，可以追溯美國圖書館的發展史。開始於社會性的商業圖書館（Boston Mercantile Library），進而建立二個公共圖書館（辛辛那提和芝加哥），最後樹立一個研究圖書館（Newberry）。致力於圖書館建築研究，打破傳統而創新的模式，影響下半個世紀。

浦耳是個有夢想的思想家，一個有魅力的領袖，為圖書館拓荒的先鋒。他將圖書館行業提升為人認同而敬重的專業。他的成功來自他的精力、學識、熱情與奉獻精神。他的地位達到巔峰，不只因為他蓋世才華，而高尚人格也是因素之一。他集堅強、正直、勇敢、智慧、效率之大成，使他在生之日享受榮譽，身後留下不朽之名。1951年他獲選入 ALA 名人堂（Hall of Fame）。

# *3*
# 恩茲韋斯‧阮德‧史波福特
# Ainsworth Rand Spofford（1825－1908）

　　恩茲韋斯‧史波福特爲美國圖書館萌芽時期重要人物，他從事圖書館工作是偶然的巧合，全憑經驗作出偉大的貢獻，爲國會圖書館三個專家之一。

　　史氏1825年9月12日誕生在新罕布夏（New Hampshire）的Gilmantown。他是 Lake 和 Greta Raud Spofford 夫婦第六個孩子。父親爲長老會牧師，在新罕布夏與麻薩諸塞二州地區管理教堂，而以在 Martha's Vineyard 的時候最久。後因兩個子女夭折，遷居他處。史氏幼時未上學校，在家中私塾就讀，成人後欲進著名的 Amherst College 深造，但因身體虛弱未能如願，成名後該學院頒贈他名譽法學博士學位，表示崇敬。

　　1845年他到中西部俄亥俄州的商業與印刷中心辛辛那提（Cincinnati)謀生，在杜魯門夫人（Mrs. Elizabeth D. Truman）的出版公司找到工作。因爲努力而成爲公司的股東，公司改名爲 Truman and Spofford，售書兼辦出版，爲西部經售新英格蘭先驗主義（Transcendentalist）書籍的最大書店。

　　1849年在辛辛那提組織文藝俱樂部（Literary Club of Cincinnati），集合志同道合的年輕人在一起，辯論有關政治與文藝方面的各種問題。1850年他安排哲學家愛默遜（Ralph Waldo Emerson）、文學家 Theodore Parker 和 Branson Alcott 等人

到西部巡迴演講。1852年9月15日與 Sarah Parfridge 結婚，生二男一女。

　　1850年代 Truman and Spofford 經營失敗，發生財務危機，1859年史波福特脫離公司，到辛辛那提商務日報（*Cincinnati Daily Commercial*）主持筆政，開始新聞採訪工作。1861年商務日報派他到華府採訪林肯總統就職新聞，辛辛那提青年商人圖書館（Young Men's Mercantile Library）館長 Stephenson 介紹他順便去國會圖書館拜訪其兄 John G. Stephenson 館長。二人相見恨晚，後者即刻聘他爲國會圖書館副館長。就這樣他由報界改行到圖書館界，終其身爲國會圖書館服務。1864年12月30日，林肯委任他繼 Stephenson 爲第六任館長。1897年自願改爲副館長，在新館長楊格（John Russell Young）之下，工作到1899年卜特倫（Herbert Putnam）就職館長時退休，一共在國會圖書館38年。

　　當史波福特任職時，圖書館藏書僅70,000冊，在他退休時增加了十倍，外加小冊子220,000件。將一個議會圖書室發展成爲世界性的國家圖書館之一，與英法鼎足爲三，厥功甚偉。

　　史氏成功得力於他的書業知識和經驗，他在辛辛那提開書店時，即與歐洲書商通訊往來。對書籍選購頗爲在行，同時也熟悉歐美書業情形，所以負責國會圖書館時駕輕就熟，得心應手。第二個因素爲人和。第一個賞識他的是前館長 Stephenson，第二個爲眾議員 Rutherford B. Hayes。Hayes 在眾議院爲兩院聯合圖書館委員會主席，因爲他是文藝俱樂部會員，所以竭力支持史氏。1876年 Hayes 被選任總統，繼續予以支援與鼓勵。國會議員有鑒於他的書籍知識驚人，一致推崇他，實現其志願與計畫，一切聽其發展。在內戰結束之後，國家主義死灰復燃，刺激政府新機

構及美國文化組織的成立，史氏因勢利導推動國會圖書館國家化，主張國會圖書館不僅是人民代表的圖書館，其服務應該顧到全國人民。在時勢與人和等有利條件下，史氏得到空前的成功。從1865到1870年間，史氏有六大建樹：

　　(1)1865年國會通過法案，以巨款擴大圖書館。

　　(2)1865年修正版權法，使國會圖書館獲得版權登記的呈繳本書籍。

　　(3)1866年 Smithsonian Institution 將所藏四萬冊科學書移交國會圖書館保存。

　　(4)國會准撥十萬元收購 Peter Force 私人所藏美國出版書籍（ Americana ），包括書籍22,525冊，早年期刊700種，裝訂成冊報紙40,000本，輿圖1,000張。

　　(5)國會批准國際出版品交換法令。

　　(6)1870年再度修改出版法，將呈繳本改為二冊，包括書籍、地圖、圖片、樂譜等，除珍藏外，還可將複本與他館交換增進館藏。

　　由於新舊書籍如潮水澎湃湧入，圖書館缺乏容納空間。有七萬冊書放置在國會各處地板上，不僅有火災的危險，而且許多工作因缺乏辦公室而進行緩慢甚至停頓。史氏建議圖書館應撤出國會，有自己獨立的館舍，為此奮鬥25年，卒於1897年達成願望。

　　在國會東邊廣場找到一塊約二條街的空地，在建築師 Bernard R. Green 策劃監督之下開工，容量為三百萬冊，以足夠百年發展之需為目標（按：不到七十年後即不敷用）。外型為意大利文藝復興式，外面用新罕布夏花崗石，內部為各國上好大理石，飾以石刻雕像和壁畫，美輪美奐，莊嚴堂皇，共耗美金六百萬元，為世界最大、最貴、最安全的圖書館，命名為 Jefferson

Building。在建築開始前，國會召開多次聽證會，史氏須出席答覆議員們所提出的問題。因爲他的答覆能使對方滿意，所以將所需經費列入1897年議會經費法案（Legislation Appropriations Act）中。史氏能打動議員們的心弦，是以圖書館的服務能達到他們所代表的人民大眾。他引用傑斐遜總統的名言，「圖書館對議員們所欲參閱的資訊無所不備」（There is no subject to which a member of Congress may not have occasion to refer）。他灌輸愛國意識，要將圖書館勝過歐洲的國家圖書館。他強調國會圖書館應該是永久性的，庋藏美國思想全部的寶庫，科學的及文藝的。他認爲圖書館是一獨立機構，不受任何團體的牽制。因此他不多參加美國圖書館學會的活動。

　　史波福特是一自我教育，思想守舊的學人。熱愛古典文學，有過人的記憶力，熟諗作家及其著作與生平事蹟，勤奮上進，公正熱情。掌握準確可靠的資訊著名，華府官吏及人民皆受其惠，在知識界是家喻戶曉的人物。在圖書館界是保守份子，在事功上有重此輕彼的弱點。搬到新館的書刊，已編目者僅三分之一。當時新派人士主張制訂編目條例，講求分類法，便利讀者。而他志不在此，終日忙於採購與編撰，進館新書按44大類粗分，隨意插架了事。全國圖書館呼籲國會圖書館負起集中編目的責任，讓全國分享其成果的時候，他竟充耳不聞，無動於衷，頗爲各方詬病，終於逼他辭去館長職位，以副館長地位繼續效勞。雖然言行有時不爲人瞭解，但大家對他仍敬重有加。

　　*Cleveland Leader* 報駐華府記者曾對他有下列描述：

　　　他的外表看來有些古怪，他的皮膚黧黑似西班牙族，鬢髮黑色帶微灰白色，眼睛有神，身材短小，肌肉結實，在國會大廈中是最忙的人。他口授秘書筆錄，如一般人筆寫一

樣流暢。說話慢而少，不如他文字輕快。

繼他作館長的卜特倫（Putnam）對他亦有好評，認為他作事講求效率，不嫌繁瑣，注重細節。為人態度嚴肅、莊重、真摯，工作認真而不嚴峻。樂觀進取，富幽默感，有時帶點嘲諷，有個自由豐滿的人生。

史氏是一散文多產作家、編輯家，有將知識普及化的習性。他所編輯的書，皆是挑選他認為最佳作品或訊息的摘要，統計的或文藝的。1876年他為教育局編了一部 *Public Libraries in the United States*，其中論及書籍裝訂與維護、期刊論文、社團出版品、參考工具書、圖書館目錄、國家圖書館種種。他所編《美國年鑑》（ *American Almanac and Treasury of Facts, Statistical, Financial and Political* ），由1878至1889共出版十一次，是一極受歡迎的暢銷書。此外尚有：

1.《文學精選叢書》（ *The Library of Choice Literature： Prose and Poetry, Selected from the Most Admired Authors.* Philadelphia：Gebbie & Co., 1887-1888. ）

2.《列國歷代歷史人物及大事記》（ *The Library of Historical Characters and Famous Events of All Nations and All Ages* , 1894-1900. ）

3. *A Book for All Readers,Designed as an Aid to the Collection,Use and Preservation of Books and Formation of Public Libraries.* N. Y. Putnam's Sons, 1900，為個人及圖書館選書和藏書的指南。

史氏終其一生樂意參加文化學會，如1849年在辛辛那提成立文藝俱樂部，到華府也發起同樣組織。1894年成立哥倫比亞歷史學會（ The Columbia Historical Society ），及哥倫比亞特區圖書

館學會（District of Columbia Library Association）。1897年在哥倫比亞學院（即今日之 George Washington University）創辦圖書館學系。他在這三個機構扮演重要角色。

史波福特成爲早期圖書館巨擘，不只是因爲他在國會圖書館的建樹，而是因爲他在圖書館各種問題都可提供指導與意見。1876年美國圖書館學會成立時，他已是最有成就和受人尊敬的圖書館專家。學會在費城開年會時，他被邀出席。有一會員提議編輯書籍索引，俾所有的圖書館都能保存一份「印刷本的史波福特」（Printed Spofford），足證當時人們對他如何奉承。會長 Justin Winsor 介紹他說：

> 我們最後也是最好的節目是讓我們有幸聽到我們官方的家長（Official father）圖書監護人國會圖書館館長 Ainsworth Spofford。

大家起立鼓掌歡迎。

1908年8月11日史氏在新罕布夏州 Holderness 去世，享年83歲。

1951年被選入 ALA 名人堂。

# 4
# 賈士丁‧溫塞
# Justin Winsor（1831－1897）

　　賈士丁‧溫塞曾任哈佛學院圖書館館長20年，直到去世爲止。在去哈佛之前，曾主持波士頓公共圖書館，屢積經驗而轉職到學術圖書館（Academy Library）。在哈佛，他將藏書樓改變爲有教育功能的圖書館。他是歷史學家、圖書館學家、教育家、地圖繪製家、一個多元化的學人。在圖書館崗位上作出許多改進；組織圖書館學會，主持會務多年，成爲圖書館巨擘。他好學深思，自強不息，鍛鍊成劃時代的人物。

　　溫塞於1831年1月2日出生在麻州波士頓市。父親 Nathaniel Winsor 的祖先爲早期移民來美的 Samuel Winsor，世居 Duxbury，在波士頓經商。母親 Ann T. Howard 來自1620年「五月花號」乘客 John Howard 家族，生子女五人。賈士丁自幼博覽群籍，但不受古板教育的束縛。開始在波士頓受拉丁學校古典教育，後進哈佛學院，與後來擔任哈佛校長的 Charles W. Eliot 及美國第六任總統 John Q. Adams 爲1853級友。讀完二年級，成績倒數第二，學校命他休學一學期。18歲時出版一本 Duxbury 方志（*A History of the Town of Duxbury*）。1847年他去歐洲，在法國巴黎、德國海德堡自由研究，通曉六國文字。二年後回國與 Caroline Tufts Barker 結婚，住在他父親豪華的別墅裡。婚後尚無固定職業，喜愛舞文弄墨，寫些詩文、小說謀

生。酷愛莎士比亞戲劇，研究莎翁著作的版本，還撰寫以演莎劇著名的 David Garrich 小傳，但未出版。因爲不斷在文藝界活動，稍有名氣，經友人介紹受聘爲波士頓公共圖書館董事，爲財政委員會及監察委員會主席，對館務觀察入微。他發表1867年度報告，全國圖書館界矚目，從此奠定從事圖書館事業的基礎。哈佛學院鑒於他的社會地位，頒贈學士學位，承認他爲1853年級畢業生。

1868年波士頓公立圖書館館長（Superintendent）朱艾特（Charles C. Jewett）中風逝世，董事會開始物色繼任人選，資格爲具備書籍知識，有高深古代及外國文字造詣，科學與文藝根底。這樣的人才實在難求。在當時圖書館工作人員，有學問兼辦事能力者少之又少。董事會同僚捨遠求近想到身邊的溫塞，如是近水樓臺，請他肩起這個擔子。因爲他還有許多優越條件如：道地波士頓人，當時聞名文人，家庭富裕爲波市上流社會所認同。在他方面，對多年散漫生活已感厭倦，有一安身立命之所，差強人意。雖然有人對他專業背景持保留態度，但他頗有自信，自嘲地說：

> 新英格蘭的水手，從未練習樹立桅檣，由船艙窗戶爬出來當船長的大有人在，我就勉爲其難了。

波士頓公共圖書館僅次於國會圖書館，藏書136,000冊，然內部頗不健全。溫塞以豐富學識，行政天才，處世手腕，加上促進教育的熱誠，數年之間，使波館氣象蓬勃爲全國楷模。溫塞雖無專門訓練，但他的人生哲學與求知理念是他成功的支柱。第一，他自幼注重自我教育，認爲一個人由基層社會爬到高級階層，全靠他自己努力，尤其在知識方面。圖書館是知識寶庫，可以無師自通。第二，他相信社會需要次序和道德；學識產生道德

觀念，圖書館是智識泉源，有了知識的民眾，社會才能安寧進步。圖書館是人的工具，可以爲善亦可作惡，視他們如何操縱它，使它有正面的效益。第三，圖書館可以擴大人的視野，對少數學人有燃起智力之火的功能，用以改善人類。圖書館是人類的紀念碑和蒸氣機，不可缺乏的機構。

　　根據上列信念，溫塞展開他的施政方針，其重要者有下列數端：

　　(1)與全國及歐洲圖書館聯繫，知道他們的作法與情形，得到信息加以分析，製成統計表，在他的常年報告中披露，作爲借鏡。

　　(2)調查來館的讀者爲何許人，發現多數爲手藝人、商人、製造業者，甚少專業人士（Professional）。從館中借出的書，多數爲小說及故事書，但他不視爲低級興趣，而且顧及事實，多買小說，增進讀書借書習慣。他認爲開卷有益，有了閱讀習慣，慢慢可能轉到非小說（Non-fiction）讀物。若不吸引人來館，則讀書嗜好永遠不會養成。

　　(3)除修護擴建原來館舍外，他增設了六個分館，並在商店設借書站（Delivery Stations），下午派人到商店發借書證，取借書單，從分館取出送到讀者手中。因此，書籍流通量由1865年的175,727冊次增到1877年的1,440,572冊次。

　　(4)加購新書，令書商將新書按時送來審查、購置。與倫敦、巴黎、萊比錫、翡冷翠（Florence）書店簽約，每月一次或二次將書寄來，充實歐洲著作。

　　(5)改善書目。目錄和讀者有密切關係，於是將笨重的書本目錄廢除，改用卡片目錄，不獨閱者稱便，編目也較爲迅速，由每年5,000冊增到20,000冊。

(6)當年圖書館有保持登錄簿（accesion book）的傳統，凡進館的書須先登記在厚厚的簿子上，打上登錄號、著者、書名、出版事項、購價等。這是圖書館的財產簿，作為保險的憑藉（按：1926年北海圖書館即作登錄簿，後來廢除）。溫塞廢除登錄簿改用排架片（Shelf-list），排架片是檢查書庫的工具。以往每年檢查書架須閉館數日，從此經常查對書架，不影響閱覽。

(7)星期日開放。當時一般民眾仍守星期日為安息日，停止日常活動，圖書館也不例外。溫塞不顧保守觀念，星期日照常開館服務，讓週日不能來館的大眾，能利用週末前來閱讀。另外亦可招徠婦女、小孩前來遊覽，俾將不讀書者變為主顧。以前每年閉館86天，1877年後減為6天。

(8)鼓勵借書。放寬保證人的條件，解除年齡的限制，以種種方便引人向館借書。

(9)刊印讀者指導（Guide to Readers），將館中藏書分批介紹給社會，如：*The Readers' Handbook of the American Revolution*。其目的，是幫助讀者得到書的知識；讀者知書越多，他們閱覽範圍越廣，這種良性循環，可實現圖書館的目標。

波士頓公共圖書館雖是文化機關，因係市政府官辦，不免政治干擾。市議會人多口雜，扶持東來西又倒，實難伺候。有市議員 Hugh O'Brien 者曾對溫塞加以人身攻擊，提議將他的薪水由3,600元減為3,300元。溫塞認為侮辱他的人格，以辭職對抗。O'Brien 對他的成就挑戰說：

> 我不相信35萬居民中只有溫某勝任館長之職，我們給他機會造就成今日的樣子，現在是更換他的時候了。我想有上百的人，幾個月的工夫即可學會辦圖書館的能力。哈佛學院如欲聘請他，可聽尊便。

這樣公開侮辱一個學者，當然引起公憤，斥責 O'Brien 卑鄙的行徑。

哈佛校長 Charles Eliot 正欲在質與量二方面擴展最高學府，請溫塞出任母校圖書館館長。斯時美國教育受到德國模式的衝擊，提倡以研究討論的方式，代替講授筆記的舊方法；修改課程，增聘教授，採行選課制度。若要實現新的設施，改進圖書館為刻不容緩之舉。1875年助理教授 Henry Adams 上書哈佛財團法人，建議充實圖書館，否則新的計畫無法實現，此議得到回響，校長發表溫塞掌圖書館的任命。

溫塞喜歡學術氣氛，在哈佛的心情較在波館輕鬆愉快。第一年兼任教授，因為施教方式與傳統相違，改專任圖書管理。他認為圖書館為新式教育的實驗室，留心教務的發展，作出因應教學的對策。

溫塞開始實行指定參考書制（reserve books），圖書館通知各教授將學生須看的參考書開出，館中代為陳列在一定地方，俾學生自由取閱。這些書在晚間閉館前才能借出，翌晨開館時即須還回。1877年只二、三位教授照辦，第二年則有21人，1879有34人。1879-80年度，指定參考書為數達3,530冊。以後成為風氣，沒有教授不照辦的。

圖書館書庫向例只許教職員進入查書，學生望書海興嘆。溫塞解除禁令，准學生享受同樣權利。

1870年他要求裝置電燈開放夜館，事務人員以防止火災為由拒絕辦理，他駁斥說如果沒有電燈，在天暗的時候，學生用火柴照明找書更為危險。但是，這個願望在他去世前一年才得實現。

因為各種方便，學生利用圖書館者與年俱增。根據統計，1874-75年度只有57％，1879-80則增到77％，1885以後為99％，

達到他圖書館為教學中心的目標。

　　哈佛圖書館借書手續極不理想。讀者在目錄櫃中找得書的片子，打鈴叫書僮（Page）前來，告訴他書號、著者、書名，書僮記住走到書庫可能忘卻，回來向讀者撒謊說「書已借出」了事，令讀者失望而去。即或找到，將書交到讀者手中拿到出納櫃，出納員將借書簿打開查到借書人那一頁，將書登記，借者簽名完成手續。幾度往返，浪費時間。溫塞實行改革，使用借書條。讀者將書填在條上，持往借書櫃，管理員從書庫將書取出，在借書卡（book card）上記錄借書者姓名或號碼，還在書背上粘貼期限卡（date slip）打上出借日期，即完成手續，事半功倍。這種方法現在看來極為簡易，在百餘年前還是破天荒的創舉。

　　為使新生明瞭如何使用圖書館，特別提供圖書館講習課程。由館員導遊各參考室及書庫，講解目錄及分類法，重要參考書的編製及內容。以後到圖書館胸有成竹，不致茫然不知所措。

　　對於教師亦盡服務之能事。在圖書館入口處隔出幾間小室，將新書陳列出來，教師得先睹為快。又發行《館訊》（*Library Bulletin*），將館務及新書名單公佈出來，使全校皆知圖書館的近況。

　　1889年圖書館空間爆滿，他將15,000冊書放在另一建築。1895年添造三層書庫，安裝鋼架，可容納240,000冊。閱覽室只有275座位，為學生人數15%。他將陳列室及隔扇清除，擴充席位。圖書館日新月異，大為改觀。

　　哈佛校園內有少許系館，他不反對，並加強與總館的關係。總館藏書中有對系館更為有用者，他即移交系館保存。一般技術工作，總館可代系館辦理，既經濟而且方法一致。這樣至今，哈佛保存很多特藏與 Wildner 總館並立。

　　溫塞重視與外界聯繫，將附近大學所藏期刊編一聯合目錄，信息交流，避免重複。至於各館行政與管理，他不求一致，應照各個情形自行決定。他的年度報告及專題論文為當時人所閱讀，故海內外致書向他求教者，紛至杳來，他從不索取報酬。如果他如律師、醫生一樣收費，可成巨富，故有義務顧問之譽（A man who gives service for nothing）。

　　對於僚屬，溫塞採取自律主義，每人自由經營所擔任的工作，大家以與他共事為榮，感覺在哈佛圖書館工作有尊嚴，在社會有優越地位。除專門技術外，他灌輸同仁精神教育，即從事圖書館工作者須對學術有感情，對書籍有熱愛，這是專業基本條件。

　　溫塞在波士頓公共圖書館時，即採取與他館合作，以收集思廣益之效。當 Dewey, Poole 和 Cutter 發起成立美國圖書館學會（ALA）時，邀請他參加，並公舉他為第一任會長，杜威為 *Library Journal* 編輯，從此美國圖書館走上專業之路，為世界之冠。

　　溫塞是歷史學家，在大學未畢業時寫過一本 Duxbury 地方史，以後完成七部力作：

　　⑴《美國革命史》（*Reader's Handbook of American Revolution*. 1897）

　　⑵《波士頓史》（*Memorial History of Boston*. 1880-81.4v.）

　　⑶《細說美國》（*Narrative and Critical History of America*. 1886-89.8v.）

　　⑷《哥倫布發現精神》（*Christhopher Columbus … the Spirit of Discovery*. 1891.）

(5)《法國探險家在北美的發現》（ *Cartier to Frontena-Geographical Discovery in…North America*. 1874. ）

(6)《密西西比河流域》（ *Mississippi Basin*. 1895. ）

(7)《西進》（ *Westward Movement*. 1897. ）

因為這些偉大著作，美國歷史學會選他為會長。

溫塞也是繪圖法（Cartography）權威。他提醒地理學者留心繪圖的發展史，他研究探險家的工作歷程與地圖比較。當美國與委內瑞拉（Venezuela）發生疆界爭執，華盛頓利用他的地理知識來作調解。他喜歡一張地圖如同收藏家珍惜一幅古畫，不是因為它的年代，而是它蘊藏的陳跡。他將歷史和地理從測量的領域取出，列入人類思想的天地，為人類幻象力的一部分。

1897年第二次世界圖書館會議在倫敦召開，ALA 有鑒於溫塞在國外的聲望，復舉他為會長，率領美國代表團赴會。在英期間感受風寒病倒，回家不久，於10月22日去世，得年僅66歲。大家對他深刻的二點印象是：

第一、他是學者型的圖書館學家（scholar-librarian），是個實踐主義者而非幻想家。

第二、他對書籍有獨特的見解。他認為圖書館不是書籍的博物館，專事搜集與保存而已。圖書館工作，是傳播人類思想的一種程序。書籍貴用，使之「人性化」（humanized）。如果珍惜甚至吝嗇不肯借予其他圖書館，則是扼殺它存在的價值，使它含冤蒙羞。

除事業文章外，溫塞的性格也是成功因素之一。他忍耐、寬恕、友善、愛家庭、忠於所事，世所罕見。Peabody 教授對他的評價是這樣的：

溫塞對人友善是先天的。他富人情味、體諒、慇勤、親和

的性格無時無地不呈顯在人世間。他對需要他幫助的人，
傾其所有，作出奉獻，因此受到愛戴。

1976年美國 ALA 百年紀念，Colgate 大學圖書館館長 Ravin-
dra N. Sharma 撰文追念溫塞說：

我們應該對他心存感激。他提高我們的地位和專業的尊
嚴。他在1876年就任 ALA 會長演說中稱「圖書館將成為
高等教育的重要因素……它不是人文的儲藏室，而是知識
生活的競技場。」他的夢想實現，圖書館果真是大學校園
的中心。由於他的誠信、努力和行政能力，使圖書館成為
社會不可或缺的機構，美國圖書館也成為廿世紀的世界的
領袖。他不愧為76年代人（ALA 成立於1876，他是創始
人之一）。在學會百年紀念，也是美國開國二百年紀念的
時候，我們不要忘了向他致最大的敬禮。

1951年被選入 ALA 名人榜。

# 5
# 約瑟法斯·納爾遜·拉德
## Josephus Nelson Larned（1836－1913）

　　約瑟法斯·拉德一生撰寫歷史參考書及目錄，聞名於世。1876年美國圖書館學會（ALA）成立後一年，加入圖書館行業，成為美國圖書館史上一個傑出人物。1836年5月11日生於加拿大 Ontario 州 Chatham 市。父親為 Henry Sherwood，母親 Mary Hun Nelson Larned。父親為營造商人，各地遷居，約瑟法斯八歲時，由加拿大搬到紐約州水牛城（Buffalo），在公立學校就讀，以後未再入其他任何學校。1896年 Dartmouth College 頒贈他名譽碩士學位。

　　1861年4月29日與 Frances Anne Kemple MeCorea 結婚，廝守57年，生子女三人。17歲時，在航務用品供應社任會計工作，然後轉職二家運輸公司。1857到到愛荷華州（Iowa）闖天下，發現西部生活不適合又回到水牛城。一向喜愛寫作及新聞事業，在 Buffalo Republic 報館找到工作。二年後跳槽到 Buffalo Express 充當編輯13年（1859年-1872年），那時大文豪馬克吐溫（Mark Twain）也在該報作編輯，共事九個月。他所撰社論多關政治問題。馬克吐溫對他的評語是：「他是個有實際頭腦的政論家，我佩服他的勤奮，但缺乏我的見識。」在內戰時，他是站在北方一面，並鼓吹和平，呼籲停止戰爭。他佩服林肯的誠懇為人民服務。

　　1871年被聘爲水牛城敎育監督，第一次任公職。到任後，首先要求敎育獨立，擺脫政治羈絆。敎育監督受市議會敎育委員會節制，委員會有權干預敎育施政。監督任期2年，敎育委員會每年改組，如果兩個委員會意見不同，敎育政策朝令夕改，監督無所適從，制訂計畫有始無終。他呼籲民選敎育委員會，不受市議會控制，可以通過長久計畫，實行到底。他認爲學區不可分得太小，因爲好的行政人員難求，缺乏合格主管則濫芋充數，敎育不會上軌道。又鑑於在學兒童人數僅達學齡兒童之半，敎育失調，應實行強迫敎育。同時要求改進師資，尤其低年級敎師要遴選優良者，因爲兒童敎育基礎應在開始幾年培養健全。他見水牛城居民德裔族群甚多，主張學校應添授德文，否則家長會將兒童送往私立學校，若果公立學校有德文一課，則德裔兒童也可入公立學校就讀。對於校舍他亦提議改良，如：增添防火設備，廢除煤火爐，改用蒸汽保暖器，以防止煤氣外洩釀災。又建議多闢討論室，以免小的會議佔用大禮堂。可惜他的許多改良政策未被採擇施行。1873年掛冠而去，到一鐵路營運系統工作一年。發表 “Talk about Labour” 一文，討論勞資問題。稍後他參加州議員競選失敗，沒有從政機會。

　　1836年水牛城熱心公益人士成立青年會（Young Men's Association）（按：並非基督敎青年會 YMCA），爲提倡敎育開辦一所由會員納費的圖書館（Subseription Libpary）。1877年該館請拉德擔任館長，因爲缺乏圖書館知識，他先到紐約、波士頓及新英格蘭一帶考察觀摩，學習書籍分類法。在波士頓會見杜威，灌輸他十進分類法的優點，大受感動。1877年5月回到水牛城，將圖書館全部書籍30,000冊按杜威法分類編目。不到一年，大功告成。他對分類法十分有興趣，自己發明一個與杜威及卡特

（Cutter）不同的分類法，用字母作號碼，如「B」代表歷史，「BA」爲通史，「BAB」爲考古學，「BAD」爲碑銘。遭到杜威的反對，圖書館界也多諷刺而未使用。

　　1877年拉德加入 ALA 爲會員，列爲該會51名發起會員之一。哈佛學院圖書館館長 Samuel S. Green 認爲他是個頭腦冷靜，思想敏銳的作家，爲學會會務熱心努力的會員。他第一次出席年會時，發表演說支持杜威分類法，謂分類含有民主意義，使各種讀者皆可找到書籍。書籍若不分類，知識份子還是知道他們所要的書，而一般教育不高的人則不能。雖有人說19世紀末期教育仍是爲上流社會人士服務，他力主打破這種成見，強調圖書館須爲平民大衆工作。根據他自學成功的經驗，他要給無力受教育者一個機會。

　　惟恐人們將 Young Men's Association 與 Young Men's Christian Association（基督教青年會）錯認爲一個機關，他將館名改爲 Buffalo Library。到館後施行改革甚多，如：用專差遞送書籍；加購外文期刊；在報紙上刊載新書名單；以新法購書和記帳，省出經費多購書刊；用卡特編目法規編書目等等，館務由此漸上軌道。他對購書特別審愼，恐有遺漏，與 Worcester Public Library 及 Boston Athenaeum 交換新書目錄，以資比較。在 *Library Journal* 發表 " Selection of Books for a Public Library " 一文（1895年8月號），建議同業購書須向書評專家請益，以免收購無價值或不良書籍。又在 *Library Journal* 1895年7月號刊出 " The Freedom of Books " 一文，大意是書籍影響青年甚巨，庸俗和低級興趣的作品爲害甚大，爲提高文化水準，圖書館應供應品質優良的讀物。1906年將這幾篇文章印成一書，名爲 *Book, Culture, And Character*。1911年又出版水牛城史二册，爲地方

史最完備的史籍。

　　對於無力購書者特別關切：他准學校教師免費入會，給貧寒學生閱書券，開始只50張，後來增加到1,000張。1886年他開始將新書陳列在對外公開的書架上，俾讀者自由取閱。不久他又將書庫開放，許讀者進入查書，當時反對之聲所在多有，連Charles Cutter 都認為此舉難於接受。直到1890年時代，這種觀念才改變，認為開架即表示「我們對你有信心，歡迎進來」；閉架即等於說「我們不敢相信你能善用書籍」。

　　1880年拉德開始諮詢工作，讀者可將疑難問題向圖書館尋求答案。他將這些問題和答案整理成五本書，名叫 *History for Ready Reference*，1893年付梓，Buffalo Library 一直用作參考書直到1937年。他為 William F. Poole 的期刊索引工作過一段時期，1883年他擬仿照期刊索引編書籍索引（Index to Books），始終未能實現。但他為 ALA 編一種 *Index to General Literature*，十年後出版。

　　在1890年以前，圖書館只為成人服務，門口貼有佈告：「兒童和犬不准進入」。他重視兒童及青少年教育，希望圖書館的服務普及到這些人。在主持館務初期，他編印一少年書目 *Books for Young Readers*，每12冊售價2元。此目被同業採用，作為兒童讀物藍本。1896年闢兒童閱覽室，聘用專門兒童館員，派他們到各學校，調查兒童興趣。

　　拉德將小冊子（Pamphlets）一律分類編目，杜威反對。他辯護說：「小冊子若不編目，等於擲入廢物箱。」他保存很多報紙剪貼多為地方史料，以補藏書不足。星期日下午開放為1880年代的趨勢，他亦採行，讓週日工作者有機會到圖書館閱書找參考資料。他的報告指出，教育不高的男女在館遵守規章，秩序良

好。

　　拉德後來轉移其注意力於建築。1884年青年會撥款興建新廈，他到各地訪問參觀，親自計畫，1887年完工。當時認為模範圖書館，建館者向他請益，一時成為建築專家。1897年紐約公共圖書館在第五大道造新圖書館時，他對藍圖作出很多批評與建議。

　　拉德用文字及演講以及本館教育計畫影響美國圖書館的教育功能。1883年他在美國社會科學協會發表演講，強調公共圖書館的目標是，吸引大多數人從書籍中找到人生指標；一個小型圖書館將藏書整理得當，較一個大而無當的大圖書館效用還大。

　　因為注重教育，1887年他舉辦大學補習班（University Extension Courses）。他從約翰霍普金斯大學（Johns Hopkins University）Hervert B. Adams 處受到啟示，開設專題研究班，以12週為限。第一屆他請到麻州春田市（Spring field）Edward W. Bemis 博士主講「勞資關係」（The Relations of Capital and Labor），參加者約200人。開講前，將有關參考書籍陳列在演講廳供聽眾參閱，結果非常圓滿。杜威稱讚 Buffalo Library 為「人民大學」。1888-89年，他從哈佛請到 Edward A. Lunt 主講美國開國歷史。一年後限於經費，講習班停頓，始終未能在美國圖書館界廣為推行。

　　拉德在 ALA 一直扮演重要角色。開始在財政委員會（Finance Committee）工作七年。1884年被選為執行委員會（Executive Board）委員，包括杜威、Charles Cutter、Justin Winsor、Samuel Green、Ainsworth Spofford、William Poole、William Lane 等人，皆為一時之選。1887年，杜威在哥倫比亞學院成立美國第一所圖書館學校，請他到校作專題演講。1888年他提議學

會辦暑期學校，未被採納。他在館中自行開設暑期講習班，訓練低級助理館員。1892年他為參加 World's Columbian Exposition 籌備委員會成員，選出美國書籍5,000種在博覽會中展出，以備參觀者在本鄉辦圖書館時作選書參考。1894年當選為學會會長，在寧靜湖年會發表就職演說，謂以往圖書館所注意的是：編目、參考、為書作解題等事，現在則進展到開分館、設巡迴文庫、與學校合作、辦成人補習班。將來要超越以上舉措，更上層樓。圖書館是智識泉源，儲藏以往的智慧，以推廣書籍的使用為使命。此一使命不單靠書，還必須是好書。圖書館員應有選書的能力，是選擇（Choice）不是檢查（Censorship）。又說人類吸收知識智慧一如呼吸空氣，是人人應有的權利，故公共不收費的圖書館（free public library），是社會不可缺乏的希望，也是前途。

　　1897年是拉德生命的轉捩點。Buffalo Library 的經濟狀況每下愈況。在1890年代，所有美國私立圖書館皆已絕跡成為歷史，惟水牛城還依賴一個 Buffalo Library 苦撐著。他呼籲應將水牛城圖書館改由政府接辦。1896年青年會等公益團體免稅的權利受到損失，無法維持其圖書館，市政府受輿論的鞭策，願意將圖書館收歸官辦。1897年雙方簽署合同，市府擔任一切責任，改為 Buffalo Public Library。數日後，拉德認為他的使命達成，不欲與官僚打交道，決然辭職，圖個自在清閒。*Library Journal* 編輯感到遺憾，杜威也稱道他為最優異圖書館專家之一，為提升教育，不辭勞苦，20年如一日，難能可貴。

　　1897年他赴倫敦參加世界圖書館會議，提案國際合作編輯出版品索引及目錄工具書，未被付諸討論，失望而歸。從此，他將注意力轉移到歷史與社會問題方面。他參加各種慈善公益與公民會社。因為他在圖書館的經驗，美國歷史學會於1899年聘他為第

一任目錄委員會主席。他各地講演闡釋歷史的重要，教歷史與讀歷史的方法。他批評媒體，謂報紙所載新聞有時失實，以不良文字與內容博取銷售量，為害世道人心。對政治他反對兩黨政治，覺得執政黨把持政權，為黨求取利益，犧牲民眾，力主還政於民。人民若欲實行監督政府，必須具有知識和教育。大眾的教育得之於圖書館而非學校，故圖書館的功能有過之無不及。他一生崇尚和平，謂戰爭結束後，大家應反省功過，不可一心歌頌勝利，讚美英雄。一生為國為民，絞盡腦汁，言所當言，不屈服於惡勢力。他著有《美國歷史文獻》（ *The Literature of American History* ），1902 年由 Houghton Mifflin 公司出版，還有 *Seventy Centuries of the Life of Mankind* 二冊，1907年出版。

　　退休16年後，他於1913年8月15日在紐約州 Orchard Park 逝世，得年77歲，下葬於水牛城 Forest Lawn 墓園。

　　在他去世後，美國圖書館學會會員通過決議案，頌揚這位先進，謂他有智慧及敬業精神，曾為圖書館事業鞠躬盡瘁，死而後已，一生為提高人類生活意義而努力。他的眼光不侷限於圖書館，而是個社會與政治思想家。凡有社會的缺點，必口誅筆伐，予以批評。他的一生圖書館事業，顯示19世紀後期美國圖書館發展的過程。他對政治、經濟、社會的思想和言論，代表美國自內戰到第一次大戰期間的趨勢。很少圖書館界人士能像他將人生哲學貫徹在全部工作中。

　　拉德唯一的榮譽為被選入名人堂。

# 6
# 查理‧艾密‧卡特
## Charles Ammi Cutter（1837－1903）

查理‧卡特麻薩諸塞州人，1837年3月14日生於波士頓。父母為 Cobb Channey 及 Hamel Cutter。自幼與外祖父及三個未婚姨母一起生活，在濃厚宗敎氣氛中長大，智力發展甚速。1851年讀完中學，隨姨母遷居劍橋（Cambridge）。1855年卒業哈佛學院，得學士學位。1859年進入哈佛神學院（Harvard Divinity School）就讀，得神學學士學位。雖受神學訓練，但無意充當神職人員，反而投入圖書館事業。1857-1859年在神學院圖書館作學生助理，和一位同學將書架上的書籍重新排列，而且編出一部目錄，因此與哈佛學院圖書館副館長 Ezra Abbot 接觸頻繁。讀完神學到各地遊歷，遍覽群籍，偶爾在敎堂講道。1860年，進哈佛學院圖書館正式工作，Abbot 對他的職業造就和人格修養影響極大。1869年 與 Saral Appleton 結婚，五年連生三子。家中食指繁多，除二個姨母外，尚有妻妹及其丈 夫，一共九人。圖書館待遇微薄不夠維持生活，須兼任其他工作，以資挹注。他幫 Joseph Sabin 撰寫 *Dictionary of Books Relating to America* 文稿，同時在私立波士頓圖書館（Boston Athenaeum，以下簡稱波館）編特種書目；向 *North American Review* 及 *Nation* 二種雜誌投稿，內容多關文藝、目錄及圖書館等問題。他與 *Nation* 維繫長達三十年之久的關係，以圖書館專家身分在該刊提倡文化運

動中扮演一角。

　　哈佛給他良好學習機會,助 Abbot 編字典式分類卡片目錄
( Alphabetic – Classed Card Catalog )。到1868年,卡特的編目
技能、行政能力與一般學識大爲精進,波館對他深致矚目,聘爲
館長,以繼 William F. Poole 遺缺。當時該館在文化界地位崇
高,與哈佛配合,在波士頓與劍橋一帶影響文敎甚鉅。他1869年
1月1日到任,一連續聘24年。除遵循館中傳統作風外,參以己
見,將計畫按照先後緩急,次第施行,得到董事會的肯定與支
持。

　　卡特在波館前半期( 1869-1880 )成績卓著,他的施政反映
一個宏觀與制度化的理念,擴大服務範圍,恢復新書目錄( *list
of additions* )作介紹優良書籍工具。他深信圖書館工作是相互
依賴,故提倡館際合作;使讀者容易得到讀物,增進書籍的流通
量。又擴建館舍,以廣儲藏。諸般措施令董事會感到滿意。1880
年爲館中募到二大批贈書,爲增進藏書的圖書館樹立典範。

　　1876年,他在美國敎育局( U. S. Bureau of Education )特
別報告中發表二篇報告:(a)論圖書館編目,(b)編目規則( *Rules
for a Printed Dictionary Catalogue* )。這二種文獻關係19世紀
圖書目錄編製制度至深且鉅。1903年他去世後,編目規則出現三
個不同版本。

　　1876年卡特加入杜威等人的行列,共同發起成立美國圖書館
學會( 以下簡稱 ALA ),出版圖書館學雜誌( *Library
Journal* )。卡特不僅撰寫論文,還負責「編目」專欄,鼓吹合
作編目。波館 成爲聯合目錄( union catalog )的發展地和試驗中
心。受杜威十進分類法影響,他發明展開分類法( Expansive
Classification )。1880年發表第一分類表及著號碼表( Cutter

Numbers）。

卡特在波館下半期（1880-1893）工作仍算順利。1882年完成五巨冊書目（ *Catalogue of the Library of Boston Athenaeum* ）。購書費年年增加。展開分類法的研究仍在進行中，不過要將波館藏書全部改用展開法，至少需要十年工夫。值此期間，他的公私生活蒙上陰影。第一，他與杜威的感情惡化。1880年杜威創辦「讀者與作家經貿公司」（ Readers' and Writers' Economy Company ），他與其他友人投資合股經營，生意清淡，股東受到損失，與杜威發生齟齬。第二，與杜威在ALA爭奪領導地位。1880年前後，杜威作法獨斷，失去會中同仁擁戴，採取以退為進策略，卡特與一批老成份子漸取而代之。1881年卡特繼杜威為 *Library Journal* 主編，擔任各種委員會成員，又被舉為會長（1887-1889），儼然為主流派的代言人。守舊派認為圖書館是一種溫和性的教育事業，急進派則主張徹底改革。因此明爭暗鬥，互不相讓。卡特夾在中間，左右為難，有時支持杜威，尤其在教育方面；有時在兩派之間作魯仲連；有時不滿杜威的處事手段，不惜加以反對。到1892年局勢逆轉，杜威捲土重來，卡特一夥人失去控制力，招架不住。

值此期間，卡特公私生活皆不如意。1883年次子 Philip，1886年第二個姨母相繼死亡，受到打擊。波館董事會歷年改組，對他的態度起了變化。老的董事仍支持他擴展服務的構想，新董事則不以為然，他們主張服務對象應該是館的贊助人，於是對他的施政方針加以批評，甚至認為他過於靡費，予以阻遏。到了忍無可忍的時候，卡特不惜以辭職對抗。1893年他即拒絕接受聘書，因一時尚無去處，偕夫人赴歐遊憩，等待機會，也卸下 *Library Journal* 編輯任務。1894年回國，出任在麻州 Northamp-

ton 新成立的 Forbes Library 館長。新館同意每年寬予購書經
費，而行政費則不甚充足，他的薪金也比波館少得很多，但他還
是興高采烈地專心選購，達到90,000冊，全是重要著作。對音
樂、美術、醫書及兒童讀物特別注意，希望招來一批特殊讀者。
另闢一分館以應廣大民眾的需要。因爲行政經費缺乏，不能僱用
優良助手，他所訓練出來的幹部紛紛他就以獲高薪，致使編目工
作不能達到理想的水準。

　　卡特的出路只有致力於他的分類法。1891至1893年之間，他
發表六個分類表，以備大小不同的圖書館採用。第一表只有八
類：

　　　A　總類及參考書（General Works and Reference
　　　　　Books）
　　　B　哲學與宗敎（Philosophy and Religion）
　　　E　傳記（Biography）
　　　F　歷史、地理、遊記（History、Geography、
　　　　　Travels）
　　　H　社會科學（Social Sciences）
　　　L　自然科學（Natural Sciences）
　　　Y　語言及文學（Language and Literature）
　　　YE　小說（Fiction）

　　此表乃爲最小圖書館所設計。2－6表由簡而繁，由類分部，
由部分項，由項分目，繼續分剖以至無窮，故稱展開分類法
（Expansive Clssification）。第七表未成而卒，由其姪 W. P.
Cutter 完成。展開法的標記符號採字母與數字混合法，類號用一
個字母，類以下爲部、項可加用一個或二個字母。比如：L 爲科
學，LC 爲數學，LCI 爲 Interest Tables。他亦採用形式複分法

（form division），用一位數字，如1原理，2書目，3傳記，4歷史，5字典，6手冊，7期刊，8學會，9叢刊。以二位數區分國別及地域，如30為歐洲，39為法國，45為英國，60為亞洲，66為中國。舉例言之：Gibbon's *Decline and Fall of Roman Empire* 號碼為 F35G35，F 為歷史，35為羅馬。類號之後加著者號，按號（Cutter Numbers），Gibbon 為 G35。他將波館藏書用展開法分類，十年尚未完竣。國會圖書館分類法（簡稱國會法）與卡特分類法相近，因其編目卡上印就國會法號碼，採用國會法的圖書館日漸加多，故展開法未能實行開來。卡特以研究為滿足，處之泰然。

　　卡特中等身材，戴深度近視眼鏡。留著髯鬚的面孔，加上心不在焉的表情，顯示一副絕俗的學者風貌。在公共場所發表演說，條分縷析，極合邏輯。討論圖書館問題時，提出具體意見，繼以答案，從不言之無物。無論自己或別人工作，皆按標準嚴格審查，而不馬虎將事。對不合理之事，義正詞嚴予以無情批評。但與人相處，羞羞怯怯，顯得孤僻。但在摯交之前，則流露幽默與嘲諷的味道。從事輕微運動，如慢跑、爬山、划船，時請朋友一起參加。在文化方面，愛好法文及法國文學；有審美觀念，故嗜美術史。與人交往，保持赤子之心，真誠純正，沒有虛偽。對政治毫無興趣。

　　卡特是一有哲學思想的圖書館家。對圖書館的理念發自與生俱來的系統化習性。論事不用玄奧語句，深入淺出，亦無譁眾取寵之意。在波士頓與劍橋文化環境中成長，受一神教的感染，崇尚蘇格蘭人的現實主義。對於智力現象用理性的觀點加以分析；再則主張人與自然須相賞而不相違，即儒家天人合一的道理。於圖書館事業與工作程序，皆以此二個原則為出發點。他的編目規

則和分類法，皆以尋求眞實與達到和諧爲宗旨。他認爲人須求知，求知必須讀書。對他來說圖書館是終身事業，須有傳敎士的使命感。目錄是讀書的指南，字典式目錄爲讀者與讀物織成一個聯絡網。目錄不僅是書單，而是將人間佳作呈現在讀者面前，俾便得著資料。因此他對書目的編製非常重視，認爲劣等的書目有害於圖書館的意義。

　　卡特事業開始於哈佛與波館，所服務的對象爲學者型的讀者，而忽視一般市井之流，最後十年從事公共圖書館，觀念逐漸改變，也同意閱讀文藝與輕鬆小說之類的書。在去世前三年他在 *Library Journal* 發表一篇文章，題爲「圖書館只買好書嗎？」（Should Libraries Buy Only the Best Books？）或者「讀者只讀好書？」（The Best Book that People Will Read。）他說近百年美國圖書館史可用一句話概括：「圖書館雖是屬於適宜（fit）讀者的，同時也是屬於不適宜（unfit）讀者的圖書館。」

　　卡特與杜威疏離後，對於 ALA 活動甚少參與，致力於州與地方學會。1891年成立麻州圖書館學會（Massachusetts Library Club），1895年爲麻州西部圖書館學會會長。1897年赴歐洲出席第二次世界圖書館會議，及世界目錄學院（Institute Interna-tionale de Bibliographie）院會，在會中推銷他的分類法。在國內忙於各地演講，對新成立的 Drexel 與 Pratt 二所圖書館學校出力甚多。

　　到十九世紀末葉，卡特精力呈現疲憊。1896年最後一個姨母辭世，1898年又遭喪子之痛（Gerald），身心交瘁。雖有不幸，對圖書館的執著，仍不稍衰。1903年一場肺炎，幾遭不測，因未完全復元即開始工作，卒於9月6日，享年66歲。

　　J.A.Rathbone 在紀念他的文章中說：

他是不辭勞累、永無止息的工作者，他若活一百歲，他的展開分類法也會不斷增改。他為波士頓圖書館編的書目，為美國19世紀最佳三個目錄之一（另二為 Peabody 及 Surgeon General Medical Library Catalog）。他的著者號碼，名以書傳。與杜威相較，他是學者（Scholar）、目錄學家（Bibliographer）和知書之士（Bookman）。」死後被選入名人堂。

# 7
# 撒母耳・沙瑞特・顧林
## Samuel Seret Green（1837－1918）

撒母耳・顧林於1837年2月20日在麻州 Worcester 出生，爲美國圖書館學會發起人之一。擔任 Worcester Free Public Library 董事4年，館長38年，一共42年（1867-1909），以提倡圖書館服務有敎無類，著名於世。父親 James 爲五月花號（Mayflower）來美移民者的後裔，母親 Elizabeth 亦出名門。父親爲藥劑師，財力足以送三個兒子到哈佛深造，一個學醫，一個學法，一個學神學。並鼓勵孩子們作戶外運動，買馬給他們乘騎，鍛鍊身體。母親管束甚嚴，教孩子各種技能，甚至刺繡。撒母耳生來羞怯安靜，弱不禁風。一直到30歲才轉弱爲強，並且長壽。他認爲幼弱係母親呵護過度所致。但他對母親極爲孝順，終身不娶，侍奉她到93歲去世爲止。

他的啟蒙老師爲 Mrs. Wood，除敎私塾外，兼管二個圖書館，因此他對圖書館有深刻的認識。讀完 Worcester 中等學校，1854年進入哈佛。雖體質不健，四年後畢業，得學士學位。1870年又獲碩士學位。他身高僅5尺3英寸，在畢業紀念冊上顯得矮小。1877年被選 Phi Beta Kappa 榮譽學會會員。在哈佛時雖有朋友，因精神不振，生活孤寂。1859年夏乘 Racehorse 海輪到 Smyrna 旅行，對海洋發生興趣，以後常到英國旅遊。

1860年入哈佛神學院攻讀神學，仍以體力不勝輟學休息，一

年後捲土重來，終於1864年卒業。他常被宗教與哲學問題困擾，因為學養而得到解脫，生活沒有受到衝擊。

他家為一神教信徒（Unitarians），而且是自由主義派。他個人思想比自由主義更自由。第一次在教堂講道，使會眾大為震驚，從此他感覺他的言論不為人接受，放棄擔任神職人員的念頭。

讀神學院時，正值內戰方酣，他被徵召入伍，帶著醫生証明書去徵兵署，說明體格不合，若被錄取仍不克完成任務云云。但軍官未看醫生說明書就大聲喊叫：「你太矮了，去吧。」故爾免役。

離開神學院後，即到一銀行工作六年之久（1864-1870），因患風溫性熱症，被逼到西岸療養。

1867年，他被舉為 Worcester 圖書館董事會書記，因該館是他叔父 John Green 醫師1869年捐出7,500冊書及3萬現金，加上另二個學會的藏書合併而成，一共有書12,000冊，經費由市政府擔負。管理人為一失聲的牧師，利用藏書作研究，不知服務大眾為何物。顧林從西岸回到家鄉，見叔父的書未為人利用，圖書館虛有其名，乃提出改革意見。董事會有鑒於他對圖書館胸有成竹，聘他為館長。此為一明智的選擇，因他已33歲，學問淵博，與圖書館頗有淵源，加上他對圖書有熱愛和心得，還從銀行學得理財經驗，具備經濟常識。各種條件加在一起，他是最適當人選。1871年1月18日他走馬上任，不僅是他個人事業的轉捩點，也是圖書館事業的里程碑。

令人詫異的是他的健康忽然好轉，從就職以後，數十年不曾生病。有人謂他時來運轉，真正原因卻是他在西部養病時，飲食有節，加上工作使他心曠神怡，故能卻病延年。他雖視力衰弱，

得秘書之助，工作未受影響。

　　就職之後，第一步就是爲圖書館擴大知名度。他出席1876年在費城召開的美國圖書館學會成立大會時，印好一篇論文在會場散發，詳述他圖書館的工作及狀況。又在 *Library Journal* 發表文章，題爲 " Personal Relations between Librarians and Readers "討論館員與讀者的關係。這是他的第一篇專業論文，也是成名之作。他強調參考工作與圖書流通的重要性，詮釋他對服務的理念。此點爲他終身堅定不移的工作信條。他強調館員的態度必須親和，令人敢於接近。他認爲學者、有良好敎育及社會上有地位的人來到圖書館，他們有自信，毫無忌憚，從容不迫地提出問題，只要得到友善的回響就滿意了。而一般市井小民和受過管敎的男女學生來到圖書館，心懷膽怯，不敢發問。館員應以同情對待他們，才能使這種人有賓至如歸之感。

　　他提出很多性質不同的問題以及答案，供館員參考。這裡面有很多技巧，關係圖書館工作的成敗。因爲董事中很多是商業鉅子，所以他用生意經的口吻，綜結他的服務觀念爲：「一個理想的圖書館員不可讓讀者得不到解惑而失望離去，正如同一個好店員不肯見到一個主顧空著手走出店舖一樣。」

　　他對服務性的館員的描述，引起海內外同業的回響。波士頓、紐約、倫敦、甚至法、德的報導皆予好評。這篇文章爲現代圖書館勾出一個輪廓。

　　1877年英國繼美國之後成立全國圖書館學會，邀請美國派代表出席，共襄盛舉。顧林爲美國16位代表之一。因爲沒有安排美國代表宣讀論文，他們只能熱烈參加討論。談到小說書的違禁，他發表意見。他說：「我們不宜因爲一個女孩看了小說產生軌外行動而查禁小說，因爲無人能保證她不讀小說就不會犯錯。」

1913年退休後，他將英國會議寫了一篇回憶錄，載在他所著 *The Public Library Movement* 一書中。

　　第二個創舉為圖書館對學校的服務工作。雖然在他之前有人提倡此事，未見實施。顧林召集各學校當局開會，提出圖書館服務學校五點計畫。他將該計畫在 American Social Science Association 宣讀，又交1880年 *Library Journal* 轉載，廣為宣傳。1883年他將論及為學校師生服務的文章出了一本文集，名為 *Libraries and Schools*。在這方面的著作無人能及，居領導地位。

　　顧林是一多產作家，為圖書館各種問題他都發表意見，以他的經驗作根據。1876至1913年間，僅 *Library Journal* 就登載過他40篇論文、報告和討論，主要在發揮他對讀者服務的中心思想。

　　1872年，他開始實行星期日開放閱覽，後來波士頓公共圖書館也跟進。對於購書他顧到社會各階層的需要，嘲笑那些禁購小說的保守人士。他儘可能吸引工商界人士來利用圖書館，為他們作諮詢參考工作。提倡館際合作，實行互借。他為當地美術學會會員，在館展覽藝術家作品。1870年成立圖畫部，搜集照片、畫片、名畫、建築及雕刻的模型，為數以萬計。在1877年，他附和杜威的圖書館專業訓練計畫，反對保守派阻止成立專科學校的企圖。

　　顧林是個有口才的演說家。發音清晰悅耳，加以幽默語句使聽眾發笑。對 ALA 會務十分熱心，從1879-1911出席29次會議。每次發表宏論，皆載在他的著作裡。在各委員會擔任職務；為評議會成員及主席，1889及1896為副會長，1891為會長，並當選 American Library Institute 院士。

　　1884年他編出一部1,300頁的書本目錄，1889及1896年又出

二次續編。從1887年起他在哥倫比亞圖書館學校講授功課，後來學校遷往 Albany 州立圖書館，仍繼續執教。1890年麻州政府成立圖書館委員會（State Library Commission），推廣圖書館事業，聘他為委員，直到1909年退休為止。1891年杜威不能到加州主持年會，辭去會長職務，由他繼任三藩市會議主席，發表會長演說。同年四月，他的圖書館新廈落成，在博物館房屋未完成前，兼辦博物館業務。

　　1893年美國圖書館學會在芝加哥舉行的世界博覽會（World's Colombian Exposition）裡，展出一個「美國圖書館發展史」的展覽，同時在那裡召開年會。顧林宣讀一篇論文 " The Adaptation of Libraries to Constituenies "，討論圖書館與讀者的關係。自此以後，他放慢生活步調，對學會會務較少操心，但仍撰文、講演，全力灌注本館業務。1895年 Worcester Library 的藏書，由 Albany 圖書館專科學校派人全部按照杜威分類法編目，同年成立了八座借書站，後來都擴大為分館。1900年兒童圖書館揭幕，業務鼎盛。

　　除圖書館外，顧氏對其他學術團體亦發生興趣，積極參與。歷史是他的最愛，與十數個歷史相關組織發生關係。他常為 American Antiquarian Society 撰文，關心英國、古羅馬的考古工作。20世紀初，常到英國觀察。

　　雖然20世紀轉型時期顧氏在圖書館界聲望很高，Worcester Library 也因他業務輝皇，地位突出，不過在他工作的最後六、七年間發生不快，氣氛凝重。董事會一小部分人對他不滿，欲代以新人，請杜威來館調查實況。杜威對顧氏工作認為滿意，只須加聘一副館長以紓其勞。他有意辭職，經董事長婉留，但時常發生事端，令他灰心。1909年1月12日在服務42年後，年近72歲，

決然離去，將館務交付副館長 Robert K. Shaw，他改爲榮譽館長，有辦公室及秘書等待遇。市長 James Logan 設宴餞別，請名流40人作陪。Arthur P. Rugg 法官致辭：「Worcester 市民也許不感激顧君的成就，但圖書館歷史書上不能沒有他的名字，而且是用大號字標誌出來的。」

顧林退而不休，每日到辦公室寫作。他寫了一本他的神學觀（*Peace in Doubt*），但未出版。他的回憶錄 *The Public Library Movement in the United States；from 1876，Reminiscences of the Writer*，1913年波士頓出版公司發行。在書中他將圖書館大事一年年記下來，主要根據他的記憶及 *Library Journal* 的資料。書中有 Justin Winsor、William Poole、Pearsall Smith 及 Charles A. Cutter 等人的略傳。最後一章追述他自己的貢獻。文字亦莊亦諧，膾炙人口。

後來健康衰退，1918年11月27日最後一次到圖書館稍事停留而去，12月8日溘然逝世。享年81高齡。葬於紐約長島 Forest Hills。

1926年 Robert K. Shaw 爲他作傳，由 ALA 出版。1951年適逢 ALA 75週年，*Library Journal* 選出40名圖書館名人，顧氏留名榜上。其實他的名字應列在前十名，因爲他對圖書館專業教育、業務皆盡了最大努力，是個拓荒的專家；撰文論及各種問題，並實行他所標榜的主義，完成偉大的任務。

# *8*
# 約翰‧蕭‧畢林茲
# John Shaw Billings（1839－1913）

　　約翰‧畢林茲不僅是美國醫學界多才多藝罕有的人才，更是科學界聲望極隆的傑出人士，最後甚至成爲圖書館界不同凡響的巨擘。他是外科醫生、公共衛生專家，在統計學、醫學教育、醫院建築、科學團體組織與研究等方面，無一不有驚人成就。又爲軍醫署圖書館及紐約公共圖書館創下永垂不朽的功業，令人嘆爲觀止。

　　約翰爲 James 及 Abby Shaw Billings 夫婦的獨子，還有四個妹妹，只有一個與他長大成人。祖先來自英國。1839年4月12日出生在印地安納州瑞士郡的棉城（Cotton Township），出世後遷居羅德島（Rhode Island）州鄉下。稍大時即幫助父親下田工作，冬季可在鄉村小學讀三個月的書，但家中有新英格蘭的傳統，收藏著許多書。母親常到圖書館借書，傳記、小說、遊記、哲學無一不好。他受到感染，亦以讀書爲樂。從當地牧師學拉丁文，頗有進步。爲讀大學，他要求父親給他最少的經濟援助，願以應得家產讓給妹妹。他考上俄亥俄州牛津市（Oxford）的邁阿密大學（Miami University）時才十四歲。他對功課毫無難處，餘暇則看課外書籍。學校規定每人可借書二冊，很多同學放棄權利，將機會給他，所以他每次從圖書館滿載而歸。有一年暑假他未回家，住在學校爲兒童補習功課，他從房頂天窗爬進圖書館獨

享讀書之樂。1857年，從邁阿密大學得到文學士學位。因為無錢進醫學院，19歲與一賣藝人浪跡江湖一年，賺取所須學費，然後到俄亥俄州辛辛那提（Cincinnati）醫學院就讀。靠著在解剖室及門診部工作，維持生活。每週只能花七角五分錢，在宿舍壁爐上煎雞蛋，佐以牛奶麵包充饑，不以為苦。1860年得醫學博士，才22歲。

　　為寫論文花了很多時間搜集資料，他知醫學文獻萬千，但不知他所需者在何處，須到歐美各大學及各醫院去發掘。有此經驗，他深覺欲作醫學研究必須有醫學圖書館，否則海裡撈針，浪費時間太多。

　　1861年內戰爆發，他投考華盛頓陸軍軍區醫院，如願被錄取，授職外科醫師。翌年與密西根聯邦眾議員 Hester Lockhart Stevens 之女 Katherine Mary Stevens 結婚，生有子女五人。戰事激烈時，每日前線運回傷兵數百人，斷臂缺腿，他須為他們接骨療傷，救人無算。先在華盛頓及費城軍醫院，後調到紐約服務。1863 年參加駐紮在 Potomac 軍隊，到 Chancellorville 及 Gettsburg 兩個戰場工作。軍醫署總監率領幾個醫官來看他作手術，他手眼靈活，操刀俐落，得到讚賞。因為工作過忙，身心交瘁，調到後方休養30天，再回到紐約上班。因為他有辦事能力，以後職務以視察管理居多，他騎著馬到各醫院收集統計資料，分配醫藥器材及救護車等行政工作，間或也施手術。除操刀外，擅長撰寫報告，草擬軍令，甚至可在馬上執筆，為人所不及。1864 年他左腿癱瘓，不良於行，不能在戰地服務，陸軍部將他調到軍醫總監署（Surgeon-General's Office）工作，一直做了三十一年，以中校官階退役。

　　到軍醫署不久，即派他管理圖書館。他努力搜集醫學資料，

以供培育醫學人才之需，並以達到歐洲的水準為標的。起初館中只有書1,800冊，到1876年館藏增到40,000冊，外加小冊子40,000件，有世界出版的醫學雜誌75%。至1895年，從採購、交換和捐贈所得的圖書達到308,445冊，為西半球最大的醫學圖書館，在全世界也列為十大藏書之一，奠定今日國家醫學圖書館（National Library of Medicine）的基礎。

圖書增長甚速，他開始解決編目問題。在他撰寫畢業論文時，即感到書目缺乏的痛苦。庫藏雖富，沒有開啟的鑰匙，也是枉然。他和助手Dr. Robert Fletcher計畫書目編製工作。1876年先印一個樣本「Specimen Fasciculus of a Catalogue of the National Medical Library」，頗受歡迎。從1880-1895年出版目錄16大本，書籍與期刊兼收，書籍有著者及分類款目，期刊只有刊名，統稱 Index Catalogue。畢氏進而著手編期刊論文索引，他每日將收到期刊帶回家中，飯後一人將重要文章作一記號，讓館中士兵及眷屬閒時抄錄在卡片上，印成 Index Medicus，1879年由一書局出版。開始時入不敷出，直到1903年從卡內基基金會得到補助，才順利地發行至今，為醫學界不可缺少的工具。1879年開始提供諮詢服務，每年向他們尋求答案的問題多達二千件。同時辦理館際互借，團體與私人只要交一點保証金即可向圖書館借書，方便研究人員。

除軍醫署工作外，畢林茲兼職甚多。1869年為財政部調查海軍醫院（Marine Hospital Service），設計改組方案，擴大業務改名公共衛生服務處（Public Health Service）。1870-1875年整頓陸軍部醫院，在華盛頓成立軍人之家（Soldiers' Home），即退伍軍人醫院。他熱心參與美國公共衛生學會（American Public Health Association）會務，創立華盛頓哲學會並為會長，被選為

國家科學院（National Academy of Sciences）院士。自1875年起與約翰霍普金斯大學發生關係，爲校長 Daniel Coit Gilman 的醫務顧問。首先興建一所醫院，圖樣設計及內部設備均出他一人之手。由1877年開始，到1889年完成，耗費十餘年精力。又爲醫學院製訂課程表，造就研究與實際兩種醫學人員。他重視財政與病房記錄的管理，並講授醫學史一課。在波士頓和紐約一帶演講醫學史，忙得昏頭轉向。多次出國訪問，1881年在倫敦第七屆世界醫學會議發表一篇講演，極受敬重。1886年又去倫敦，在英國醫學會作精湛演說，鋒頭之健，無與倫比。

　　因爲他對公共衛生及生命統計，素有研究和經驗，美國政府作第11、12、13次人口普查時，特請他參加。他發表大量調查報告，強調疾病與死亡的統計至關重要，可以顯示死亡的原因。爲記錄材料，發明卡片打孔機（Punch-card Machine），即萬國商務機器公司（International Business Machine, IBM）作業的先導。1895年10月1日他從軍醫署退休，接任賓州大學（University of Pennsylvania）醫院院長及保健學教授，兼保健實驗室主任，定居在費城。11月30日美、英醫學界259人在一大旅館舉行宴會，餞別這位對醫學及醫學目錄有最大貢獻的功臣。爲他繪了一幅油畫像，懸掛在軍醫署作爲永久紀念。又贈送他一銀盒內裝美元支票一萬元，表示酬謝之意。

　　到費城不久，新的使命又加在他身上。1895年5月紐約公共圖書館成立，社會名流荐舉他爲紐館館長。紐約不是沒有圖書館，而且很多，但是沒有一個像倫敦大英博物院或巴黎法國國家圖書館那樣大型規模的。紐約有錢的律師及大商人將三個私人藏書合併起來，成立一個可以媲美英法的大圖書館。第一個是 Astor 家族，有二十多萬冊圖書，小冊子三萬種，也有館舍，公開

閱覽，但因經費短缺，管理不善。第二個是 Lenox Library，所藏多爲善本，如1800年以前的美國史書、英法文學、聖經及樂書，形同一個書籍博物館。典守不當，書籍紊亂，也無力維持下去。第三個是 Samuel J. Tilden 藏書，Tilden 1886年去世，遺產由一保管委員會處理。因家族不服，纏訟多年，最後決定以二百萬元及善本二萬冊辦一圖書館，尙無館址。於是有人提議將三家藏書歸併爲紐約公共圖書館，1895年5月23日正式成立。董事會欲物色最有聲望及成績的高手來主持，故以高薪聘請畢氏出馬。因爲賓大不肯放手，經過半年協商，他才到紐約視事。因董事會有力爭上游的誠意，畢氏有做事的才能，互相尊重，合作無間。董事會負責政策制訂，主持人則全權辦理不受干擾，樹立權責區分的好榜樣。館分二大部門，一爲參考部，一爲流通部。

　　Astor 與 Lenox 兩館相隔數里之遠，工作不能集中，董事會向市政府請求撥土地與經費新建大廈爲參考部（ Reference Department ）。市政府覓得坐落在第五大道及四十二街一塊黃金土地，開始建館。投標包工的公司數十家，最後由 Carrere and Hastings 得標。1902年11月11日行奠基禮，經過九年歲月，於1911年5月23日落成。建築由大理石砌成，外表爲新法國文藝復興式。爲要給紐約作地標（ Landmark ），建築師設計時顧到三個條件：第一，符合畢氏適用的原則，即合乎平民(Popular)，學者（ Serious ）及專家（ Special ）三種人的需要。第二，給人一個深刻印象的紀念碑（ Monument ）。第三，顯示市府對人民慷慨的德政。內部裝飾旣美觀又科學化。三館書籍集中在參考部。至於流通部還得縝細籌劃。市政府託畢氏將紐約現有流通圖書館作一調查。報告顯示，紐約爲市民閱讀所擔負經費僅全市收入的0.35%，遠在波士頓（ 2.1% ），水牛城（ 1.0% ）及芝加哥

（0.85％）之下。於是將原來的 Free Circulating Library 歸併到新館下，改作流通部（Circulation Department）。1901年卡內基基金會捐出5,200,000元，作建造分館的費用。土地及維持費由市政府負責。在曼哈頓（Manhattan）、布朗士（Bronx）和史泰登島（Staten Island）三區建造40個分館，以鮑士偉博士（Bostwick）爲流通部主管。

　　大問題解決後，畢氏開始整頓內部：調整行政組織，改善空間分配，增聘館員，制訂讀者服務規程，購書及編目政策，研擬分類法等。規模之大，若軍醫署圖書館與之相較，有小巫見大巫之概。

　　畢氏愛書、讀書、知書，所以買書是他看家的本領。終日埋首在書店書目及各圖書館目錄中，以交換、徵求、勸贈各種方法增加書籍資源。針對社會需要，決定購書目標，例如：當年歐洲猶太族裔及斯拉夫人移民紐約者極多，他爲此建立猶太及俄文圖書室。又成立版畫部（Print），搜集圖片照相，除國會圖書館外，爲世界最大收藏。他到館時，藏書500,000冊，在他去世時增加一倍，外加流通部藏書1,000,000冊。

　　關於用人，他矚目可造之才，加以培訓提攜，擢升爲幹部。爲糾正 Astor 及 Linox 兩館萎靡頹廢的現象，特別重視紀律。集大權於館長室，發號施令。言必行，行必力，沒有敷衍妥協的餘地。但對重要主管仍給予應有的權力，可以獨力自主地去執行他們的任務。因爲他的智慧及親和力，使部屬效忠而生敬愛之情。當時沒有退休制度，爲爭取員工福利，他非常用心和努力。

　　除館務外，畢氏對醫學、科學、社會公益，竭力贊襄，身兼華盛頓哲學會、美國公共衛生學會、美國圖書館學會會長；美國統計學會副會長、美國國家科學院司庫、卡內基基金會董事長，

另外還是40多個團體的會籍。各地奔走，席不暇煖。

他所得名譽學位有：愛丁堡（1884）、哈佛（1886）、耶魯（1901）、約翰霍普金斯（1902）法學博士（L. L. D.）；慕尼黑（1899）、都柏林（1892）醫學博士（M. D.）；牛津大學民法博士（D. C. L.）；布達佩斯神學博士（D. D.,1896）；集醫、法、神學於一身，世所罕見。

畢林茲一生勞碌過度，晚年精力衰退，疾病叢生。從1900到1908年，爲皮膚癌、腎臟炎、膽結石種種，動過四次手術。1912年夫人過世，受到衝擊，1913年3月3日住進約翰霍普金斯大學醫院。離館前，與重要主管握手只說了「再見」，未說別的話而去。4日施行手術，不數日轉肺炎，於11日晚間與世長辭，14日遺體移至 Georgetown 的聖約翰教堂——51年前結婚的地方——舉行追思禮拜。以全副軍禮下葬於阿靈頓國家公墓，執紼者有內閣閣員、法官、黨政和文化界名流，備極哀榮。紐約公共圖書館曾贈他二萬元養老金，油畫一幀，懸掛在圖書館大廳。1914年，慈善家 Anna Palmer Draper 捐贈紐約公共圖書館200,000元購書費紀念畢林茲。

蓋棺定論，一致讚揚他的人格、思想和功業。他身軀魁偉，留短鬚，儀表莊重，謙遜恭謹，沉默寡言，正直不阿，良知博學，頭腦清晰，時時求新。原是一個個人主義者，但在軍隊服務33年，爲社會團體工作；雖不親近低層社會，有些階級矜持，但關心大眾的幸福，建立圖書館增進知識。他有一句名言，也是他成功的秘訣：「凡事只要開始去作，世間無難事。有人多愁善感，考慮太多，越考慮越出問題，卒至一事無成。我則著手去作，反而得到成果。」

Lydenberg（見另傳）爲他作傳記，最後說：

他忠於朋友及主義，有熱烈的情感和遠大的眼光，擇善固執，勤勞不息，求他人利益多於為己，使他成為一個非常人、軍人兼學者、書籍愛好者和科學家、也是一個正人君子。

# *9*
# 威廉·艾薩克·福萊柴爾
## William Issac Fletcher（1844－1917）

　　威廉·福萊柴爾是美國圖書館事業萌芽時期絕出人物，他是圖書館教育拓荒者、多產作家、編輯人、索引家，也是成立美國圖書館學會的發起人之一。1844年4月23日生於佛蒙特（Vermont）州的 Burlington。父親經營印刷業，在他小時遷居麻州波士頓市郊 Winchester 城。自幼身體羸弱，未讀完高中即被迫輟學。七歲時，他父親有次到波士頓圖書館（Boston Athenaeum）查資料，帶他同去。他見高聳的廳堂，琳瑯滿目的書架，大吃一驚，極為嚮往。後來自己獨去一次，被人轟了出來。由於有過這一次苦惱的經驗，當他從事圖書館工作時，立志要善待來館者，尤其是兒童。

　　第一次投身圖書館事業，是在本城公共圖書館主持館務二年。他常去波士頓逛舊書店，因之得到許多有關書籍的知識。1861年他進到波士頓圖書館，填補他哥哥的遺缺當起館員，其兄是由當地牧師推荐給館長 William F. Poole 的。起初他負責借書櫃作出納，有餘暇的時候，就整理將要編目的書籍，於是有機會瀏覽內容。在館五年接觸社會各階層的人，內中最難得的，如：名人 Julia Ward Howe，哲學家兼詩人 Ralph Waldo Emerson 等頂尖人物。

　　1866年離開波館，到麻州 Lawrence 及 Taunton 二地圖書館

工作。後來轉到康乃狄克州（Connecticut）Waterburg 圖書館當館長。最後到 Hartford 的 Wathinson Library 當副館長。該館藏書26,000冊，在康州除耶魯大學外，爲第二大的圖書館。他離開波館後一連串的工作皆很順利，從館長 Poole 受益良多，他曾回憶說：

> Poole 博士有仁心和感染力。我只想有他充滿活力及博聞強記的稟賦。他用常識指引我走上正路。他待屬下寬厚，詳細解說後將工作交付我們，不再監督，任我們自動自發地去完成任務。他關心我們，使我們對他忠心和敬愛。

　　1883年9月麻州阿模斯特學院（Amherst College）約他面談，隨即獲得聘用，11月到校視事。他以何種關係進到 Amherst，無案可稽，但跡象顯示是由杜威推荐的。他和杜威雖然經常爲專業問題有所爭議，但二人私交還是不錯的。到校不久，校園的人對他印象很好，學生會刊物上讚許他是個好心腸和負責的人。一年後，校長在年度報告中表示對他滿意。校長說：「本校從來沒有聘到像今年這樣一位同仁，他對其工作徹底明瞭，勝任愉快。圖書館得到一個最有能力的主管。」在1884-1885年學院概況手冊中，出現論及圖書館資源與服務的文字，爲以前所未見。1884年學院頒贈他名譽碩士學位。霎時間，他成爲社區最受歡迎與尊重的人物。

　　他攜1869年結婚妻子和一女二男來到校區定居。不久在 Amherst 又添一丁，一家六口生活安適。他被舉爲當地公立學校董事，歷史學會發起會員，學院教堂書記，領導查經班25年。春風化雨，人際關係極佳。

　　當福氏來到 Amherst 時，正值學院轉型期，由一個典型宗教教育機構，逐漸增加一般人文科學及近乎專門技術的課程。同

時校園內課外活動驟增，如兄弟會及體育項目。他初到時，藏書類別有所偏重而不均衡，亦未整理有序，少爲人用。在他離開時，圖書館成爲學生經常光顧的地方。藏書由1884年的42,906冊增到1911年的102,485冊，內容由偏重哲學與宗敎而變得多元化。購書經費經他呼籲由2,175元加到7,000元。

　　至於館務興革方面，第一件事是開放書庫，准許學生進入查書，開館時間延長一倍。重要參考書都陳列在流通處顯著的地方，俾讀者自由查閱。卡片目錄日益改正和擴充，分類法亦隨學術的發展而更新。爲使讀者明瞭圖書館的組織和工作狀況，每學期開學時，他對新生講解讀書及使用工具書的方法。後來，改在敎室上課，最後一年他加強服務，增聘從事這項工作的職員。

　　1911年福氏退休，其子 Robert 繼任館長。Robert 生於1874年，1897年由 Amherst 畢業，在 Buffalo、Bradford、Pittsburgh、Brooklyn、New York 各圖書館工作有年，又回到母校作副館長。父子二人從1883到1935年，爲 Amherst 奉獻52年之久，士林傳爲佳話。1938年時，1897年級學生在舊圖書館 Morgan Hall 釘上一塊銅牌，鑄著頌辭說：

> 1897年同人立此牌，以紀念本校1883-1911年圖書館館長福萊柴爾先生。那時圖書儲藏此樓。他是圖書館專業的播種者，在索引方面貢獻奇多，愛書愛人。

　　福氏對圖書館敎育熱心，起源於執敎於杜威的圖書館學校。自1891年起，他自己在 Amherst 開辦夏令講習班，爲小圖書館沒有受過訓練的館員，傳授分類、編目、購書等重要工作的知識。每屆六星期，每星期五天，每天四小時，上課外加實習。除功課外，他們夫婦安排社交活動，在他家聚敍，到山間野餐，使學生感到賓至如歸的溫馨。他關心學生的前途，多年之後仍記得

他們的姓名及面貌，常與通信，提供意見。在校時相處友善，不論在教室或舟車之中，他幽默的談吐和小動作，在學生內心深處留下深刻印象，終生不忘。學生來自四方，西從印地安納，南到華盛頓。開始為30人，1902年為54人。1905年，福氏年老力衰才停辦。當時，福氏的夏令補習班堪為全國楷模。1895年威斯康辛大學受其影響，也開始作同樣的教育工作。

福氏參加美國圖書館學會為1878年，在成立二年之後，他的會員証為184號。一直積極參與會務，直到退休。他參加年會23次，1891-1892年被選為會長。1892年會章修改後，他為十個評議員之一。他擔任各種委員會工作，最重要的為出版委員會，主持學會索引計畫。其次為合作編目委員會，促成國會圖書館出售編目卡片。在國會兩院圖書館聯合委員會檢討國會圖書館的組織與任務時，他和杜威、Putnam、William Brett 幾位著名專家代表學會出席聽證會，提供意見。

福萊柴爾為一多產作家，除在圖書館專門雜誌撰寫論文外，還常向一般雜誌如 *Cosmopolitan*、*Critic* 及 *Nation* 等發表文章，介紹學會年會紀事、國會圖書館及波士頓圖書館現況。1896年美國教育署出版 *Public Libraries in U. S. A.*，其中有他三篇論文。1894年自己出版 *Public Libraries in America* 一書，發表他的圖書館哲學與對圖書館在社會應扮演的角色的看法。Jesse Shera 曾說：

> 他描寫圖書館不是平地一聲雷冒出來的，乃是從社會現象變化而產生出來的。在萌芽時期，從社會學的出發點解釋圖書館的成長，這還是第一次，確可稱得上是前無古人。

在他書中附有他自創的分類法的簡表。他將學術分為13大

類，以字母代表，小類以數字代表，只是他的興趣，並未實用。
福氏是一個索引編輯者，原先幫 Poole 編期刊論文索引 *Poole's Index to Periodical Literature*。1848 和 1853年，Poole 自己出版二期，第三期由福氏參加，於1882年出版。以後五個補編（1888-1893）他出力多。1894 年 Poole 去世，三個續篇（1872、1903、1908）包括1892-1906年的資料，由他一人主編。1901年他將37種期刊論文編成索引，以應小圖書館需要，1905年出版。自1901年以後，H.W. Wilson 公司發行 *Reader's Guide to periodical Literature*，Poole 的索引即告終止。福氏曾為 ALA 編 *Index to General Literature*，第一版於1893年，第二版於1901年出版，所取多為散文、自傳、遊記等文藝作品。日後改稱 *A.L.A Essay Index*。他又為出版家 R. R. Bowker 編 *Anunal Literary Index* 年刊，由《出版週刊》（*Publisher's Weekly*）發表。

　　除實際工作外，福萊柴爾對圖書館有許多獨特的見解，他認為圖書館不僅是藏書供人閱覽而已，它有更高的教育及文化的使命。圖書館應該是自由，享受和娛樂的場所。固然是自我進修的機構，其主旨則是靈性與書籍的交流。他覺得一個優良的圖書館員，不該只是一個行政人員。若館員祇求將組織、分類、編目、流通建立各種系統，即使作業運轉順暢，仍是不夠的。他認為館員更須以利他的態度，不待讀者來尋求即將精神食糧從他們喉嚨裡灌下去。館員不該僅是個一知半解的學者，知道許多作家和其著作而已，但須徹底明瞭館中所儲藏的資料，以及它們所牽涉的問題--歷史的、科學的、以及文藝的--正反二面的，成為一個真正的學者。對於分類他的看法與杜威等人迥異。他反對在小數點上斤斤計較，認為再精細的分類對於讀者並無大益，比較重要的

是印本書目。分類不過是書籍的順序，要增進學識，還是書本目錄來得有效。

　　對於圖書館教育當時有兩派：一為學徒制，一為學校制。他說早年的圖書館名家如 Jewitt、Poole、Winsor 等人，都沒有受過專門訓練，完全依賴他們的天才、努力與秉賦，一點一滴試驗出來的。不過學徒制，日復一日做著同樣的機械工作，是一種浪費。學校教育是有計畫的、有系統的教授方法，所以大圖書館的高層次工作，還是應由受過專業教育者來擔負。

　　福萊柴爾是一思想前進的人，他認為圖書館有許多觀念近乎迷信，須要打破：第一，圖書館建築不一定需要堂而皇之高聳的大廈，因為從厚牆的窄窗戶中射入的微弱光線，無法滿足照明的需求，常常還須從房頂開天窗照明。第二，圖書館藏書多多益善的迷信。除複本外，任何過時與無價值的書都不肯拋棄，甚至不敢賣掉，只能以書易書與人交換。他主張無用的書最好以拍賣方式淘汰，還可賣得好價錢。此外，他覺得還有二種錯誤的觀念須予糾正：⑴圖書館員的工作就是看書（按：在2、30年代，中國大學畢業生想在圖書館找事，為的就是方便看書，而很少想辦事。）；⑵凡識字的人都可以作編目工作。其實，圖書館員以服務為天職，不求一己之私；而編目有其技巧，並非人人可作。這許多觀點，皆由其親身經驗得來，非深知其中究竟者不能道出。

　　福萊柴爾是一實行家兼理論家，一生埋頭苦幹，口手並用，苦口婆心鼓勵從事圖書館工作者做到最理想的成績。他身材弱小，態度和藹親切，1917年6月15日在麻州 Amherst 南部與世長辭，不為後世所知。當其噩耗傳出，美國圖書館學會在 Louisville 年會中致誄辭說：

　　　福萊柴爾離我們而去，使我們失掉一個最活躍與最有益的

同工。他以一生精力盡瘁於他的職守，做到完美無缺，使
圖書館工作走上專業的途徑。他無遺憾於人間，他所成就
的功績，永世難忘。

在1917年 *Amherst Graduates Quarterly* 九月號也有追悼文
字說：

福萊柴爾先生是 Poole's Index 的合作與改良人。在會議
中或課堂裡與他接觸的人，都眾口同聲讚美他是圖書館的
典型，將其學識與方法傳授給人，他應該享有先知所應得
的榮譽。當他離開塵寰時，人們不知校園裡有多大的損
失。他不是課堂與教堂的常客，但他在目錄與編輯中隱藏
著，使治學者得到便利。他走了以後，工作繼續前進，父
傳子，老傳幼，沒有中斷。書籍與目錄仍靜悄悄地存在
著，與他在世時沒有不同，但對我們一群同工、朋友、鄰
居分別可大了。他與我們共事30多年，不論在館內或館
外，都可感受得到他溫柔的、仁慈的熱情。他將常存我們
心中。

一代哲人的思想與事業是值得後世研究的。在生的榮譽為
Amherst 所頒贈的榮譽碩士學位，死後哀榮為名人堂名人。

# *10*
# 威廉‧豪華德‧布特
# William Howard Brett（1846－1918）

　　俄亥俄州克利夫蘭公共圖書館（Cleveland Public Library）館長威廉‧豪華德‧布特，1846年出生於俄州 Breceville 農村。自幼喜歡讀書，課餘之暇即到書店打工。多年聞到書香，與之結不解緣。雖在密西根大學（University of Michigan）及 Western Reserve 兩校肄業，均因經濟缺乏而輟學。在克利夫蘭找到售書工作，頗受歡迎，自己也感到滿意。1884年接受克利夫蘭公共圖書館的召喚前去負責館務，歷34年之久，直到去世為止。沒有正式學歷，缺乏圖書館經驗，一躍而為一大館館長，而且終身不渝，堪稱奇蹟。

　　布特就職，在美國圖書館學會成立八年之後，圖書館事業尚在萌芽時期，各地正在試驗該以何種方法服務民眾以及服務的層面。到1918年以後才大致定型，只須在技術上精益求精。布特脫穎而出，全仗他書籍的知識與社會的需要，故一拍即合。他是個平凡務實的人，為人謙遜，不恥下問。凡不知道的，向人求教借鏡；如有心得，亦公諸於世與人分享。他雖向人學習，但不囫圇吞棗，必須消化然後加以取捨，甚至改進。凡職業團體會議所討論的結果，或圖書館學者所傳播的專門知識，他擇其善者而行之，改進館務。有時還自出心裁，為人所未為。總之，遇有問題必設法解決，如有疑難非找出答案不可。他最大的志願是將書與

人結合起來，使書有讀者，讀者有書讀。克利夫蘭圖書館董事會知道他這些特點，所以不問他資歷學歷而重用之。他另一長處是得人而用。利用部屬的優點，使他們心甘情願，奉獻心力與他合作，把事作好。不論成績多寡，只要每個人盡其所能，眾志成城，走向成功之路。

　　他的時代尚無圖書館學校，一般圖書館的藏書和設備皆很簡陋，嗜書的讀者也不多，可是發展圖書館事業的浪潮澎湃，各地都在摸索前進。克利夫蘭的情形更差，布特須以開荒的精神，白手起家。經過十個月的觀察，他在給董事會的報告中著重二點：

　　1.如何使偏遠地區的市民得到服務。

　　2.須設法使市內外的青少年利用圖書館。

　　針對以上二點，他設分館、開放書庫、闢兒童閱覽室、編印期刊論文索引等，以實現他的夢想。

　　對於內部技術問題，他注重分類與編目方法，採用杜威十進分類法，略加修改。小說與傳記不須分類，只按照作者及傳主姓名列序，既省事又方便。編目除一般常用的分類目錄（Classed Catalog），另編著者、書名、標題混合的字典式目錄（Alphabetic Form）。他的新法為各地圖書館採用，成為風尚。

　　茲將開架、兒童閱覽室、編輯期刊論文索引三大政策略述如下：

　　開放書架：布特經營書業時，讓買書人隨意攜取陳列之書翻閱，並不需購買。圖書館在當時反而不能做到，他覺得很不合理，故開放書庫採行開架制度。先向董事會提議，經過多年辯論，1890年終於實行，開全國風氣之先。Brett 與 open shelf 成為同義詞。開架問題醞釀很久，1899年美國圖書館學會在亞特蘭大（Atlanta）召開年會時，曾提出討論，贊成者與反對者爭論

不休，改革派仍以少數遭到失敗。匹茲堡卡內基圖書館用
300,000元建造的館廈完工半年，還不能決定開架與否，而克利
夫蘭早已捷足先登，布特眼光遠大，走在別人前頭，不能不令人
折服。

　　兒童專室：布特喜愛兒童，信任他們。他准許他的兒女進到
他的書房翻閱書報，他也願天下兒女有同樣機會，所以他主張圖
書館應為兒童開放。在1884-85年度報告裡，他即提出要求，請
董事會考慮。1886年他為青少年開闢專門閱覽室，二年後將出納
部一部分空間隔成兒童閱書處，自己親自主持，並帶孩子們進到
書庫去參觀找書。布特之前，雖然在明尼亞波利（Minnea-
polis）、丹佛（Denver）、密耳瓦基（Milwaukee）及紐約 Pratt
Institute 有兒童閱書設備，然闢專室，選專書，派專人管理，並
許借出館外等突出的措施，仍以布特之功最大，被人譽為「兒童
圖書館巨擘」（The Greatest Children Librarian）。

　　期刊論文索引：公共圖書館諮詢參考員最感困難的，為讀者
詢問有關某一問題的論文在何種期刊內可以獲得。雖然有些飽學
之士能用超人的記憶力來解答，但這種人不多，於是很多圖書館
編期刊論文索引。布特認為大家作著同樣的工作頗不經濟，應該
有人編好索引，印出賣給各圖書館，以免重複。克利夫蘭圖書館
編一 Cumulative Index to Periodical Literature 收期刊70-100
種，由本市 Helman-Taylor 印書公司出版，風行一時，後因 H.
W. Wilson 公司專印各種索引，也發行 Readers' Guide to Peri-
odical Literature，克利夫蘭終止編印。

　　克利夫蘭公共圖書館除普通閱覽室外，另設各種專科閱覽室
（Subject Departmentation），一律開架，有：宗教、社會學、
工業、文學、歷史、地理、遊記、外國語文及期刊等。各閱覽室

不僅內容充實，而且佈置美化，懸掛名畫，陳列陶器，牆壁油漆
成各種顏色，頗具匠心，使讀者置身其中，心曠神怡。

　　克利夫蘭爲歐洲各種族裔移民雜處之區，初來移民不懂英
文，布特購置他們母語的書籍，有：波蘭、捷克、意大利、匈牙
利、德國等30幾種文字。當第一次大戰發生，這許多族裔人士表
示忠心美國，作出貢獻，布特的政策得到效應。

　　布特對圖書館法規研究有素，首先編了一部《俄亥俄圖書館
法規彙編》。卡內基基金會後來出資，請他將全國有關法律作一
摘要。該書於1916年出版，名爲 *Abstract of Laws Relating to
Libraries in Force in 1915 in the States and Territories of the
U.S.A.*。但他沒有署名，表示功成不居的謙遜態度。

　　布特的成功，得力於他的用人政策。凡無圖書館專門知識者
須加培訓。1896年到1906年，每二年辦講習班一次，爲期有二週
或五週甚至長達五月者。後來卡內基基金會捐款，請他在 West-
ern Reserve University 辦一正式圖書館學校，以他爲系主任。

　　布特聘用職員須先考試，在面試時他注重人品、對書籍是否
有緣、工作能否忠於其事、能否與人合作、有無進取之心等等學
識以外的條件。結果經他精挑細選的一批幹部不負他的期許。規
定上午八時開館，許多人七時到館，檢討當天所作的事。眞是死
心塌地，全力以赴，皆因他以身作則，受他人格感化所致。

　　布特是個富有愛國心的知識份子。第一次世界大戰發生，美
國圖書館學會成立戰時服務處，將書刊送到前線和後方軍營，鼓
勵士氣，調劑情緒。他積極參與，不僅掛名且實地工作。1918年
他率領一批同事到維吉尼亞 Newport Center 服務站，作了幾天
勞累的工作（ Long Hour ），回到館中，他讓同仁回家休息，自
己卻留下來拆閱堆積的公文，結果回家就病倒了，竟致不起，得

年七十有二。他是個以生命作代價的工作者，他的人格與德政長存在人們記憶中，在克利夫蘭公共圖書館的史冊裡永久留名，全國名人錄中他有一席之地。

# *11*
# 卡羅琳·赫溫斯
## Caroline M. Hewins（1846－1926）

　　卡羅琳·赫溫斯於1875年加入圖書館行業，沒有受過專業訓練，全由實務得到經驗而成大業。她最大的貢獻，爲成立兒童閱覽室，並研究兒童讀物，得到兒童圖書館之母的美譽。在男性佔最大多數的情形下，脫穎而出，巾幗不讓鬚眉。

　　赫氏1846年10月10日出生在麻州 Roxburg，爲 Charles Amase 和 Caroline Louise Hewins 九個孩子中最大的，有七個妹妹，一個弟弟。她常打趣說：「我們八姊妹，每個人有一弟弟。」遠祖 Jacob 與 Mary Hewins 1658 年從英國移民來美。父親爲一富商，與人在波士頓合辦一百貨公司。她自幼在富裕家庭長大，有快樂的童年。她家宅第寬敞，佔地五畝，有大花園，異草奇花，姹紫嫣紅。有曾祖母、祖母、二個姑母、一個叔父四代同居，爲十數口的大家庭。父親藏書甚多，四歲即能閱讀。一個暴風雨的下午，烏雲舖天蓋地，雨下不停，關在房間裡將一本 Washington Irving 的 *Alhambra* 讀到雨過天晴才放下。一個十足的書蟲。

　　因與外界隔離，沒有朋友，惟一消遣就是看書，所有經典名著，如天方夜譚、伊索寓言、安徒生童話、愛麗絲夢遊記等，一一讀過。到15歲，所有英國大文豪如 Scott、Dickens、Thackeray、Burns、Gibbons、Shakespeare 等人的名著，無一不讀。她

幼時居家及讀書生活，在她所撰 *Mid-Century Child and Her Books* 一書中有詳細的回憶。

赫溫斯對讀書有獨特見解。她父親希望她在德、智、美三育方面同時發展，一天給她一本 Pope 的 *Messiah*（深奧的書），她反感地說：「他以一塊鮮美的牛排和陳年美酒來餵嬰兒，不但不能給他（她）營養，反傷其胃。」據此經驗，她一生堅持兒童讀物必須加以選擇，父母師長要多予指導。

除與弟弟上私塾外，她父母為培植她教育根柢及文化基礎，常常帶她去聽音樂演奏，看歌劇及話劇表演，學習跳舞，參加宴會。稍長她進了 Jamaica Plains 初中。雖然規模設備簡陋，她能適應這種環境，拉丁文及法文閱讀能力進步很快。初中畢業後，到波士頓女子師範中學就讀。雖然不喜歡人多的大班，她下定決心要與在不同環境生長的女孩一較高下。因為背景不同，有許多地方不如公立學校造就出來的人，但她覺得在語言、歷史、傳記、文學、美術等方面的知識還不太差。她知道求知要靠自己，必須多讀課外讀物來補充。幸好她家藏書很多，沒有的也可向親友去借。West Roxbury 鄉村圖書館也有許多法、德文書可以借閱。

書籍是她命中注定的宿緣。學校校長 William Seavey 研究一個問題，差她到波士頓圖書館（Boston Athenaeum）去查資料。她著迷於館中環境與氣氛，鼓起勇氣走到館長 William F. Poole 桌前，表示願意找一工作。Poole 將名字記下，數週後通知她去上班。館長是一資深圖書館家，期刊論文索引編輯，雖不直接指導她的工作，但間接從他學到一切圖書館的基本知識。

赫溫斯在波館只待了一年（1866-1867）就去波士頓大學上課，同時在私立學校教書，但未忘情圖書館工作。1875年她的朋

友 Harriet Green，是另一名圖書館專家 Charles Cutter 的弟婦，將她的名字寄到康乃狄克州首府 Hartford 的 Young Men's Institute。該校是一平民教育機構，兼藏書籍，正在物色一位圖書館員，就錄取了她。她父母恐她遠走他鄉，特為她造了幾間房子籠絡著她，她卻毅然決然到外面去闖天下。那時她29歲，作了該圖書館第五任館長。

圖書館藏書只有3,000冊，主要供在校學生之用。經費來自會員會費，經費不充裕，不能添購新書。她到任不久，將書公開給市民，改稱 Hartford Free Library，三年後又改為 Hartford Library Association。1888年紐約財閥摩根（J. P. Morgan）家族捐出25萬元，地方自籌九萬，將圖書館接過來改作 Hartford Public Library，慢慢圖書增達40萬冊。

赫溫斯初到館時，Hartford 只有人口五萬，每年高中畢業生僅46人。一般學生繳不出三、四元的借書費。1884年赫氏與學校當局達成協議，圖書館供應16所學校書籍，核發借書證及其他利用圖書館的權益。1905年館中所購兒童書籍達3,000冊，後因館址缺乏空間，全部贈給學校。1899-1900年度借給學校的書為6,384冊次，到1912-1913年則增到17,270冊次。

圖書館將兒童書與成人小說混合在一起，按書名排列，找書不易。她發現她幼時所讀過的世界名著都有，但兒童不去借閱，反喜讀成人不良的小說。她憂心如焚，請家長注意子女的讀物。她在館刊上發表兒童須讀的書目，在地方報紙 *Hartford Daily Courant* 上闢「讀書指導」專欄。進一步，並得到學校同意，要求學生作讀書報告，交她評審。又到學校與學生談話，解說讀書方法與心得。因此名氣大彰。

赫溫斯雖對兒童費盡心力，但館中仍無一個兒童閱覽室。為

引起民眾注意，她在報紙上披露一照片：星期日下午，參考室僅
有成人一男一女，卻有51個小朋友。以這樣一個對照來刺激輿
論。終於在1904年從館舍鄰近一棟老房子裡，找到幾間房作為兒
童閱覽室。州內外聽見她達成宿願，各地禮物源源而來，有裝飾
品、壁爐、自鳴鐘、圖書、玩具、鳥獸標本、洋娃娃，琳瑯滿
目，從此兒童來得更多。自從兒童室開幕以後，館中所購新書中
有25.33％為兒童讀物，一年借出的書為35,000冊次，到1925年
為98,526冊次。

　　兒童工作展開，需要一個專人管理。管理員 Sarah S. Eddy
遵照館長計畫，籌備展覽，舉辦講故事、填字謎（Puzzle）、演
話劇等活動。赫氏親自導演話劇，甚至撰寫台詞。同時，每年在
康州物產展覽會（State Fair）展出兒童書籍，供市民參考，買
回去給子女閱讀。

　　赫溫斯不僅是兒童圖書館專家，而且是兒童教育家。她寫了
一本討論1450-1850年400年間兒童書籍的發展史，於1888年在
*Atlantic Monthly* 發表。1882年她編出一書目 *Books for the
Young：A Guide for Parents and Children*，成為暢銷書，美國
圖書館學會出增訂本三版，風行一時。《出版週刊》（*Pub-
lisher's Weekly*）編輯 Frederick Melcher 極為讚賞，認為是一最
完善的兒童書目。1895年又發行館藏兒童書目 *Books For Boys
and Girls；Books in the Hartford Public Library*。她鼓勵兒童
讀書說：

　　　　你若一週讀一本故事書，比七天讀六本更為有益。如果你
　　　　希望得到與你興趣相合的書，儘管開口說出來，我們一定
　　　　為你找到。一本書不厭多讀幾遍，愈讀愈有味。假期除看
　　　　故事書外，不妨涉獵其他與實物有關的書，如飛鳥、昆

蟲、駕獨木舟（Canoeing）。*我們為你準備任何你所喜愛*
*的讀物。*

她還不時發表簡短專題書目，如：" Selection of Books "、
" New and Old Books, What to Buy? "、" Our Vacation Book
Talks "。許多兒童圖書館按照她的選書方法和書目，發展他們
的藏書，因為她的書目是根據她的讀書心得而編出的，在品質上
勝人一籌。她選書的標準是以道德為出發點，因為好書可以充實
人生，啟發人們向上的意志。她不斷研究兒童讀書問題，發出問
卷向25個辦兒童圖書館的專家調查情況。她提出的問題是：「你
用什麼方法增進男女小讀者讀好書的興趣？」第二次她擬就更詳
盡的問卷發出166份，收回答案152份。她將調查結果在 *Library*
*Journal* 上發表，名" Report on Reading for the Young "。

對於成人亦有其見解。她認為公共圖書館的對象是一般市民
及工商界，學者與學生次之。有人以為圖書館是為愛好美術、文
藝、研究歷史與文學的學者而設立的，她不以為然，主張應以技
工、商人為主。購書時應以他們的需要為優先，如有餘力則兼顧
學術資料。她的文章多為討論公共圖書館的目標與宗旨，公共圖
書館與學校的關係，尤其強調小型圖書館對社會的重要性。

赫溫斯注意僚屬的教育與能力，尤其沒有受專門訓練的館
員。她承認女性在某些地方不如男性，但應努力爭取地位。她們
須有強健的身體，應變的心理準備，適應各種不同的讀者，有分
析事物的能力和高度的記憶力，能操數種語言，熟諳書籍，辦事
有條不紊。至於低級職員，也須能記數字和讀者的面孔，對人謙
恭有禮。可能她的要求過高，但寧願以高標準培育人才，以期工
作完美。

赫氏是一散文作家，她用書信體裁撰寫遊記：*A Traveler's*

*Letters to Boys and Girls*，將她在歐洲遊歷所見所聞向小讀者報導，使他們如同親臨其境，分享樂趣。她熱心地方公益，與 Hartford 教育、社會、文化、商業各界人士交往，和大眾傳播媒體及豪門世家、專業領袖接觸，參加各種婦女團體，組織康州圖書館學會。

1893年康州州議會為促進圖書館事業，指定公共圖書館委員會（Public Library Commission）負責推動。斯時，美國只有四個這樣的官方機構。為脫離政治干預，委員不由州長任命，而改由教育委員會聘用，每年選出五人充之。赫氏為惟一女性，並兼書記。她經年騎馬到各鄉鎮視察，政策皆出自她手。她鼓勵地方興建圖書館，編製書目幫助它們購書，呼籲重視兒童服務。這樣在她的領導之下，全州圖書館走上軌道，作出成績。受益的，不僅是她自己的圖書館。

赫氏1877年加入美國圖書館學會，在大會勇於發言，嶄露頭角，提出問題與大家討論，成為女性的代言人。所有圖書館界知名之士對她矚目，她的名字在圖書館期刊及會報上屢見不鮮，打開知名度。美國圖書館學會執行委員會多次邀請她報告兒童圖書館的狀況。她的 "Yearly Report on Boys' and Girls' Reading"，是兒童圖書館的里程碑，每年出現在 *Library Journal* 上，為一重要文獻。她的兒童書目問世後，即成為兒童讀物的權威，人皆奉為圭臬。1885 她被選為學會評議員（Councillor），1891年為副會長，1897年為參加世界第二次圖書館大會二個女性代表之一。開始時，學會的女會員不多，1897年登記入會的，男性有109人，女性才6人。在50年會齡中，女性充會長的只有三人，所謂男女平等，徒託空言。

赫溫斯不僅才能出眾，學養深厚，她的人格更為人景仰。一

個出生富貴人家，在象牙之塔裡長大的大家閨秀，願到一小城，住在屯墾區簡陋房子裡，過著儉樸的生活，毫不以爲苦。瀝膽披肝爲兒童求幸福，50年如一日，沒有愛心和耐心何能出此！她不是因一個小圖書館成名，乃是因她爲當時與後世所有兒童所作出的貢獻，而留名千古。在世紀更替時期，她成爲典範。不論大小圖書館及著名圖書館家，凡是與兒童有關的問題，無不向她求教，她的奮鬥得到同業及社會的肯定。凡與她接觸的人無不受到感染，對於知識的爭取倍增熱忱。1911年 Hartford 惟一學府 Trinity College，鑒於她的苦心孤詣，頒贈她榮譽碩士學位，校長 Luther 高呼「三一學院第一個女兒」（ Hail，first daughter of Trinity！）掌聲雷動，久久不息，頒贈典禮幾乎中斷。

爲紀念她服務50年的勤勞，圖書館送她一筆錢，由她選擇去歐洲遊歷，抑或捐出作助學金。她毫不遲疑地選擇後者。她說若要去歐洲，隨時可出發，惟助學金有長久意義，得天下英才而教是一件美好的事。聞者無不欽佩得五體投地，因爲她總在爲他人著想，而從不顧到自己。助學金1926年成立，爲訓練兒童圖書館專門人才之用。

1926年秋，美國圖書館學會慶祝成立50週年紀念，同年也是赫溫斯服務50年之期，她被選入名人堂（ Hall of Fame ）。她因患支氣管炎，未克赴會。病癒後，到紐約參加紐約公共圖書館所舉辦的兒童萬聖節派對（ Halloween Day ），乘便也洽妥她最後一本書 *Mid-Century Child and Her Books* 簽約出版事宜，所以她十份愉快地回家，與朋友大談在紐約的開心事。忽然於11月4日油乾燈滅，溘然去世，高齡八十。噩耗傳出，唁電如雪片飛來。在追悼會上牧師頌揚她說：「感謝上帝賜給我們一個偉大的公僕。」（ Thank God for a Great Public Servant ）

　　1946年，《出版週刊》（ *Publishers' Weekly* ）編輯 Frederick Melcher 出資成立赫溫斯講座（ Hewins Lectureship ），每年在新英格蘭圖書館學會舉辦一次有關兒童的講演會。她的精神不死，遺愛常存人間。

# *12*

# 理察‧羅傑茲‧鮑克
# Richard Rogers Bowker（1848－1933）

理察‧鮑克一生事業多元化，出版目錄、編輯雜誌、撰寫詩文，熱心圖書館事業及政治革新。他與 H. W. Wilson（見另傳）一樣站在圖書館圈子外，卻對圖書館事業做出重要貢獻。1848年9月4日在麻州 Salem 出世，為 David Rogers 和 Theresa Maria Bowker 獨子。他兩系的祖父在新英格蘭商場極有地位。父親經營煤和鹽生意，1857年因經濟不景氣而失敗，遷居紐約市辦機器廠，後來沒有被火燒掉，卻被大風暴席捲一空。原來父母打算送他到哈佛深造，因財盡而罷，只能入紐約市立學院就讀。他主持學生自治會，編輯 *Collegion* 校刊，因過於活動遭到西點出身的校長不滿，反對他為 Phi Beta Kappa 榮譽學會會員，他終於以99.3成績畢業，名列第五。

畢業後他考慮將來職業，在律師、新聞記者、或進入商界三者間徘徊，因為辦報有經驗，於是進 *Evening Mail* 報館採訪本埠新聞，一年後改為編輯，作到1875年辭職。同時寫文章、書評及詩詞，在著名雜誌如 *Cosmopolitan*，*New York Press*，*Boston Daily Globe*，*London Publisher's Circular*，*International Review* 上發表。他從不計較財富，以無私的心態求生活的充實。

1871年他撰寫" Literature in America "一文投稿 Frederck Leypoldt 主編的 *American Catalogue and Weekly Trade Cir-*

calar。Leypoldt 為德國人，1855年由 Stuttgart 來到美國費城開
設書店，進口歐洲書籍。1869年在紐約開一分號，二年後將費城
總店歸併到紐約。1868年發行 *Literary Bulletin* 做售書目錄兼
載美國生產的書刊，行銷三萬份。1869年將 *Literary Bulletin*
各集彙積為 *American Catalogue*，另編 *Weekly Trade Circular*
（後改稱 *Publishers' Weekly, P. W.*）。鮑克被聘為兼任編
輯。1875年 *Evening Mail* 經營不善，他專任 *P.W.* 編輯。
*P.W.* 的宗旨是為售書商、出版界及圖書館服務。原先他只寫書
評，繼而擔任行政工作，注意書籍出版和社會及政治上的問題。
他強調廉價書籍若是經營得當仍有利可圖，社會與讀者均受其
益。書業有三個問題：版權、關稅及郵資，他主張著作權應該被
尊重，而且得到保護；關稅也不宜定得太高，影響外國書籍進
口；郵資過重則增加購者負擔。他經常為這些問題發表意見，極
力主張出版業與售書商組織工會，保障本身利益，於是
Booksellers' Protective Union 及 American Books Trade Associa-
tion 次第成立。

　　1876年他為 *Philadelphia Centennial* 籌備展出美國書籍，
亦在巴黎博覽會辦理美國書展，且為後者寫了三篇文章：
"Books and Book Trade in Americat"，"Book Trade Bibliog-
raphy"，"The Library System"。

　　除書籍出版外，鮑克注意圖書館訊息，1872年為 *P. W.* 出
了一期圖書館專號。1874年 Amherst College 年輕圖書館館長麥
裴爾・杜威要求 *P. W.* 闢一 Library Corner 專欄。杜威早想在波
士頓出版圖書館雜誌，由 Ginn Co. 發行，尚未實現，故先利用
*P. W.* 的篇幅。1876年杜威到紐約與 Leypoldt 及鮑克會商組織
圖書館機構計畫。鮑克根據他為出版和書業組織工會的經驗，發

出通函邀請百餘圖書館人士到費城開會，成立美國圖書館學會
（ American Library Association ALA. ）。大家擁戴他爲會長，
他堅辭，認爲會長應由專業人員擔任，於是公選哈佛學院圖書館
館長 Justin Winsor 爲第一任會長，他在幕後共襄盛舉。同年9月
10 日 出 版 *American Library Journal* （ 後 簡 稱 *Library
Journal* ），由 Leypoldt 爲發行人，鮑克爲總編輯，杜威爲經理
編輯，Charles A Cutter 爲目錄編輯。杜威從訂金及廣告費中抽
20％的報酬。出版到第四卷（ 1876-1881 ）Leypoldt 賠了2,400
元。後來由鮑克接手來辦，稍有盈餘，他以5,000元將 *Library
Journal* 從 Leypoldt 手中買下，並聲明若是 Leypoldt 將來經 濟
情形好轉可贖回。從此鮑克擁有 *P. W.* 及 *L. J.* 。Leypoldt 仍
主持 *Trade List Annual*，*Literary News*，*Monthly Book List*
及 *Index Medicus* 四種刊物。

　　1880年鮑克代表 *Harper* 雜誌駐倫敦二年餘，又將 *P. W.*
租給 Leypoldt。他在英國結識名流名人甚多，如 Robert Brown-
ing , A.C. Swinburne，Thomas Hardy 等作家。

　　1884年 Leypoldt 驟逝，鮑克趕回美國收拾他留下來的爛攤
子。二年之內他將債務還淸，還將 Leypoldt 遺孀及子女的生活
危機挽救過來，闔家感激。又將賠錢的 *American Catelogue* 完
成出版。另出版美國政府出版品，美國學術團體出版品，州政府
出版品三種目錄。與 W. I. Flechter 合編 *Annual Literary In-
dex* 以及外國進口圖書目錄。

　　鮑克重掌 *P.W.* 後，積極參與國際版權法的商討。他是美
國版權同盟（ American Copyright League ）副會長，也是作家及
出版界工會成員，利用 *P. W.* 的空間鼓吹版權法。Thorvold
Solberg 將他的論文編成 *Copyright*，*Its Law and It Literature*

一書。他自己出版 *Copyright, Its History and It Laws*。這些活動促成 1891 和1909 二次版權法的立法。

　　鮑克對圖書館成長極為關心，雖然 *Library Journal* 仍未穩固，他決心支持，俾有助於圖書館專業。他呼籲圖書館員積極參加社會發展工作，也應留心國際情勢，打倒政府腐敗與種族歧視。圖書館的地位最能化解民族、階級、教育等歧見，以民主方式服務社會。1882-1889年他曾五次出席 ALA 年會，八次其他圖書館會議，二次英國會議。1897年專程赴布魯塞爾參加國際圖書館會議。他是 ALA 評議員，American Library Iustitute 院士。1885年杜威組織 New York Library Club 推舉他為第一任會長。1870年為國會圖書館館長人選問題，他與哈佛館長 W.C. Lane 一同晉謁 McKinley 總統於白宮，推荐 Herbert Putnam 成功。他雖不是專業人員，但圖書館大事無役不與。

　　1902年鮑克與劍橋鋼琴家 Alice Mitchell 結婚，在麻州 Stockbridge 有一別墅，長期住在紐約。

　　同年他將紐約市 Brooklyn 區幾個圖書館合併到 Brooklyn Public Library 任董事30餘年。常到 Pratt Institute 演講有關圖書館問題。還以餘力幫助 City College Library，Brooklyn Museum 附設參考圖書館，任 Stockbridge Library Association 會長24年，捐贈 Library of Congress Trust Fund 一萬元作書目之用。贊助改組梵蒂岡圖書館及國際聯盟圖書館的成立，對 American Library in Paris 慷慨捐輸。

　　鮑克自幼從父親得到近視的遺傳，因為日夜作校對工作，1901年視力開始惡化，十年後完全失明成為盲人。這種打擊任何人皆難以承受，何況像他活躍世事的人。可是他失明後23年仍能將出版社擴大為公司，擔任 *P. W.*，*L.J.* 的編輯，同時發行

*Publishers*, *Trade List Annual*, *Publications of Societies and State Publications*, *Private Book Collectors*, *The American Book Trade Directory*, *The American Library Directory*, *The Bookman's Glassary* 等書刊。

　　他在出版、目錄、圖書館三方面的成就，掩蓋了他在政治上的活動。他是個自由主義者，對自由貿易、稅務政策、國民住宅、成人教育、監獄改良等社會問題，無一不在幕後推動。他以基督徒的精神，悲天憫人的情操，充實人生，提高窮人的生活水準，反對資本財力集中。1890年他任紐約 Edison Electric Illuminating Co. 副總裁，認為公司應為大眾服務，利潤不得超過10％，反對予特種用戶特別優待，勞資雙方分享利益。本身至為廉潔。1896年紐約時報給他行政要職，他不接受，始終不肯全力投入商界，胸懷大志，追求世界和平，反對戰爭及科學家發明武器。

　　1933年不景氣達到高潮，他即與世長辭，得85高齡。他的文件書函存在紐約公共圖書館及國會圖書館者有29卷，159箱。另有專書數種：*Of Work and Wealth*，（1883），*Economics of The People*，（1886），*Copyright*，*It's History and Its Laws*（1912），*Civil Service Examinations*（1886），*Election Reform*（1889），*The Arts of Life*（1900）等。

　　鮑克遺愛存在人們心之深處，逝世後各方悼念文字甚多，茲摘錄圖書館界誄詞三則如下：

　　國會圖書館館長 Herbert Putnam 說：

　　　　查理・羅傑茲・鮑克是我的摯友，我以非常沈重的心情來追念他，我只能舉出與他親近人士所深知幾點作一概述。他是個理想家，本著原則做事。辦事能通權達變而不固執，

願意接受協調。他所作所為皆帶有服務性。無論在政治、
經濟、商業、及文化方面，所作的決定都是健全的。他對
作家、出版界、圖書館界，朋友以及社會福祉無不關心，
為他們謀幸福。他嗜好廣闊，富同情心，無限寬恕，過分
慷慨，忠誠不移，對人類不計差別，一視同仁。他雖失
明，從不自我中心，對人類仍充滿感情。他是大同主意
者，致力撤除人為的障礙，排斥國家主義及意識形態所造
成的敵對觀念，不僅形之於筆墨，而且付諸實施。我們行
業的各種團體無不從他學得熱情與合作的精神。在我們這
一行，他並沒有專業的義務，而他致力於我們的宗旨之宣
傳，尊嚴的維護與友誼的增進，實為難能可貴。

布碌崙公共圖書館館長 Frank D. Hill 稱：

鮑克的去世，聯繫 ALA 與創始人的鎖鏈折斷了。他不僅
是碩果僅存的一位創始人，而且是對圖書館事業最熱心的
人。他與圖書館的關係有57年之久（1876-1933）。他和
我在幾個委員會服務，有三次同人推他為會長，皆謙辭不
就。他曾擔任 New York Library Club 第一任會長，是因
為非他不能成立。他為 Brooklyn Public Library 董事30
年，因此我們成為莫逆。我們接受他的指教和意見，引導
我們走向正確的方向和道路。

英國圖書館巨擘 Arandell Esdaile 表示：

當我 1927年在 Edinburgh 與他邂逅以來，我對他無盡的
精力與高尚之人格印象深刻。他在失去視力之後，仍然進
行他的事業，打了勝仗。像他那把年紀，一般人應該安享
餘年，而他依舊工作不少衰，殘而不廢。他並不是圖書館
專業人員，卻完成組織 ALA，編印 *Library Journal* 兩件

大事，實屬罕見。哲人往矣，典型猶存。後起者應繼續他的精神，高舉火把前進！

Allen Nevin 在為他寫的傳記中稱道：

凡認識鮑克的人，無疑地都承認他是個充滿時代精神的人。只因參與的事過多，消耗精力過度，受到損害。若是他不那麼多才多藝，可能成功的範圍較少而更深入，但是美國正需要像他這樣的人，所以他不得不將難於抑制的熱情投入不同的事業。

茲以他自撰詩兩首作為結束：

(一)

我見生命向我走來，
轉瞬帶著笑容消逝。
人們喊叫說：
「哦！那是死亡！」
我說：「哦！那是生命的永恆」

(二)

上帝在他眼中塗上香膏，
打上印信使他成為盲人。
但他的內心光明，
不為失明抱怨，
因為他能見到有眼者
所看不見的東西，
顯示給失去視力者
寓言中真實的奧祕。

# *13*
# 查理‧艾凡斯
## **Charles Evans**（1850－1935）

　　查理‧艾凡斯是美國圖書館學會創始人之一。但一生坎坷，沒有在一個圖書館工作八年以上，而且每次皆爲主管的董事會解雇，時常賦閒找不著工作，生活困難，極不得意。主管方面以他冥頑固執，不通人情。51歲退出圖書館界，從事美國古書書目編輯，30年茹苦含辛，到84歲去世前，完成12冊四開本大書 *American Bilbiography* 傳世之作，至今爲人讚頌不已，得到學術界認同，卒能揚眉吐氣，一雪30年之恥辱。書目第12冊在他去世前不久問世，John Carter Brown Library 館長 Lawrence C. Wroth 寫信給他說：

> 你的書目又添了一冊，我要向你致賀。這樣的工
> 作，經常有許多助手一同工作，而你一人一字一句
> 的完成。回顧既往，你一定感到滿意。我們研究美
> 國古書版本的人，每天參閱大著，心存感激。

　　十二冊四開本巨製，一個人自己搜集資料，編輯、抄寫，古往今來未曾得有，可說是奇蹟。

　　艾凡斯1850年11月13日生於波士頓，爲 Charles Peter 和 Mary Ewing Evans 次子。父親有丹麥血統，擅航海業，從愛爾蘭將妻、子帶到美國謀生，生活極不穩定，八年之內遷家五次。1859年，查理九歲時父親突然失蹤；母親死亡，與哥哥皆成孤

兒。幸得波士頓慈善家 Dr. Samuel Eliot 將他兄弟二人收留在他
所辦的農商學校（Boston Farm and Trade School）。Eliot 對查
理尤其矚目，願作他的監護人。農商為職業學校，對學生的品
行、功課、宗教信仰皆甚嚴謹。兄弟二人品學兼優，後來約翰竟
在母校作校監，查理 1914 與 1918 年兩次被母校邀請去講演，
他以報德的心情講出內心的感激。

七年後 Eliot 又給他一次造就的機會，派他到他所主辦的
Boston Athenaeum 當練習生，待了六年，對書籍知識頗有心
得，學識精進。日後他稱圖書館是他的文理學院和目錄學的母
校。館長 William Poole 是當時圖書與目錄學的權威，德高望
重，他所訓練出來的職員都成大圖書館的主管，查理也是突出的
一位。有一次館內一本書不在架上，Poole 讓查理去查，並說若
是他找不到，則無計可施。結果他將它找到，Poole 對他非常器
重。

Poole 不僅是艾凡斯的偶像，也是他的恩人。每有困難，精
神的與物質的，都由上司為之解決。1869年艾凡斯離開波士頓圖
書館，館的贊助人合買一支金錶送給他做紀念。1872年 Poole 將
他介紹到印第安納波里（Indianapolis）公共圖書館作館長，到
任之初，當地報紙因為他來自波士頓（Boston Import），對他
歧視，反應不佳。他置若罔聞，努力工作。二年後克服困難，成
績卓著，館的地位名列全國公共圖書館第六位。市民對他口碑極
佳。

值此期間圖書館界人士發起成立美國圖書館學會（Ameri-
can Library Association），Poole 邀他參加。在簽名簿上杜威第
一，他居其次。還在會中宣讀論文 " The Sizes Of Printed
Books "，被選為司庫。1877年第一次世界圖書館大會在倫敦召

開，他為美國出席代表之一。1878年以後他時常更換工作，無心為學會效勞，1926年學會慶祝50週年時，選他為榮譽會員。

　　印第安納波里圖書館館務蒸蒸日上，而政治風暴對他不利。因他執行館章過嚴，董事會以5-5票表決不予續聘，他終止服務，閒居一年。1879年他到德克薩斯州 Fort Worth 做些不相干的事，為文具工廠推銷員，在報館作會計，維持生活。1884年與德州畜牧場兼五金行老闆的女兒 Lena Young 結婚，完成終身大事。

　　婚後，巴爾的摩（Baltimore）巨富 Enoch Pratt 捐資興建一所圖書館及四個分館，向主持芝加哥 Newberry Library 的 William Poole 求賢，要聘一位副館長。Poole 又提出艾凡斯的名字，於是1885年1月他進入 Enoch Pratt Free Library 擔任副館長之職。二年之間他為圖書館總館選購了20,000冊書，分館12,000冊，皆編目就緒，厥功甚偉。但本性難改，他與館長 Lewis H. Steins 發生摩擦，館方要求他辭職。Enoch Pratt 對他辦事能力非常欣賞，但批評他「不會侍奉主子」。

　　艾凡斯失業，一家四口，嗷嗷待哺，不免再向老上司求救。Poole 將他薦到 Omaha Public Library 作分類及編目工作。一年之後，預定工作竣事，還將圖書館搬到新建館廈，內部一切就緒。禍不單行，又與董事會不睦而走路。1887年4月又告失業，他回到巴爾的摩閒居一年。1888年秋印第安那波里的朋友發起復職運動。此事曾於1883年做過一次，他拒絕接受。這次 Poole 警告他，故無條件回館復職，並升為館長。1889年3月19日破鏡重圓，他將前任的弊政，一一除掉，將藏書改用新分類法，一切納入正軌。1891年因為興建館房舍與建築師發生歧見，1892年又蹈上第一次的覆轍。1892年 Poole 將他請到 Newberry Library 主管

分類與參考工作，與上司共事，水乳交融，不成問題。1894年
Poole 去世，新副館長 Alexander J. Rudolph 將他踢了出去。

1895年8月艾凡斯在芝加哥 McCormak Theological Seminary
找到臨時工作，翌年，芝加哥歷史學會 Edward G. Manson 請他
為該會處理圖書，他不願辭卻神學院工作而婉拒。1896年還是轉
到史學會作秘書兼管圖書。1897年他工作繁忙，要求添聘助理失
敗，到1901年為董事會不容而被解聘。

艾凡斯下了決心與圖書館告別，不再作馮婦。他工作勤奮，
每次為人完成任務，對同工和藹可親，但對掌握大權與制訂方針
的董事會則不相投。董事會責他剛愎自用，缺乏容人之量；他則
擇善固執，堅持原則，毫不相讓，走投無路，只有獨自工作一
途。

1902年他發表一個長達八頁的廣告，宣布他要編印一部美國
書目（ *American Bibliography* ），將美國1639年開始印書起到
1820年止，所有出版的書籍、小冊子、雜誌作一詳細目錄，以保
存古籍及文化。每冊售價15元，以預約方式交款。希望得到 300
訂戶，即可發印云云。因他從前未曾發表任何目錄書，目錄學家
及圖書館界對他頗為質疑。但他信心十足，要以此壯舉一雪以往
失敗之恥，令世人知道有查理・艾凡斯其人，做出一件無人與爭
的大事。從51歲到84歲三十餘年朝於斯，夕於斯，廢寢忘食，完
成了12冊四開本的巨製，至今為研究版本的藍本。

有人推測他的美國書目可能開始於波士頓圖書館，以後各地
擔任圖書館工作，無處不在蒐集資料，因有足夠資料才敢發行預
約。

艾凡斯斷絕一切社交、娛樂甚至家庭歡聚，終日埋首字紙堆
中。他到國會圖書館查資料，寫信告訴妻子，他從上午九時到下

午九時四十五分，除找書外沒有離開座位，連午晚兩餐飯都忘了吃。在圖書館不開門時則到動物園看禽獸，或兒童遊樂場看孩子騎木馬，苦中尋樂，以免與人接觸。

　　爲了出書他須到各地調查，旅費堪虞。既無財團支持，又乏學術團體資助，堪稱虐待自己。爲出版第一冊，他向印第安納波里友人求援，他們代他與銀行接洽，以預約金爲擔保。銀行透支他款項以6％利息及100元手續費爲條件。從1-8冊，皆用此種方式，其出版次序如下：

| 冊數 | 包括年代 | 印刷者 | 出版年月 | 頁數 |
|---|---|---|---|---|
| I | 1639-1729 | Blakely | Nov. 1903 | 446 |
| II | 1730-50 | Blakely | Mar. 1905 | 448 |
| III | 1751-64 | Blakely | May. 1906 | 446 |
| IV | 1765-73 | Hollister Press | Oct. 1907 | 440 |
| V | 1774-78 | Columbia Press | May. 1909 | 455 |
| VI | 1779-85 | Columbia Press | May. 1910 | 445 |
| VII | 1786-89 | Columbia Press | Dec. 1913 | 424 |
| VIII | 1790-92 | Columbia Press | Apr. 1915 | 432 |
| IX | 1793-94 | Columbia Press | Jan. 1926 | 491 |
| X | 1795-96 | Columbia Press | Feb. 1929 | 451 |
| XI | 1796-N. 97 | Columbia Press | Feb. 1931 | 399 |
| XII | 1798-99M | Columbie Press | Feb. 1934 | 419 |

　　第八冊出版後，歐戰爆發，國外訂戶取消預約，停頓了十年。艾凡斯感到失望與灰心，經費的支持者亦已死亡，直到1924年西北大學（Northwestern University）圖書館館長 Theodore W. Koch 建議 ALA 組織一委員會處理善後，先將所存25部目錄賣掉，徵求新訂戶。查理重振旗鼓，再操舊業。第9冊隔了10年

才問世，定價漲到25元一冊。第10冊出版時，紐約股票市場崩潰，不景氣開始，經費更加困難。美國古物學會（American Antiquarian Society）和 Clarence S. Brigham 等人代爲向美國學術團體評議會（American Council of Learned Societies）申請到1000元，將第11冊印出。接著美國學院圖書館協會（ACLS）補助3000元，完成第12冊。不久愛妻 Lena 去世，艾凡斯受到重創，結婚50年，夫人未曾享福，故興「貧賤夫妻百事哀」之感。他也再無精力完成第13冊了。

他以爲身後才會有人評估其成就，到晚年就得到學術界的肯定。1934年布朗大學（Brown University）頒贈他榮譽文學博士學位。他喜出望外，引以爲榮。畢業典禮時是他有生以來最快樂的一天。1835年2月8日艾凡斯在芝加哥寓所逝世，骨灰安葬於 Evanston 的 Memoral Park Cemetery 與他愛妻及早殤的女兒 Constance 在一起。

1958年美國古物學會圖書館館長 Clifford K. Shipton 編出第13冊，將1799－1800的資料加入，完成了艾凡斯預定的目標。1959年 Roger P. Bristol 爲13冊做了一個索引，接著在1961年又編了一印製者、出版者及銷售者索引，爲第14冊。

在 Shipton 指導之下 Readex Microprint Corp.將目錄中的單行本書籍製成顯微本，Shipton 和 James K. Mooney 又爲顯微本做了索引二冊，起名 National Index of American Imprints through 1800，即總目的簡明目錄。最後在1970年 Bristol 印行續篇 Supplment of Charles Evans' American Bibliography 又加了11,000種書，合前13冊共計50,000種書。在補篇序文裡 Frederich Goff 說：

　　　新書名將來會繼續出現，但可以說70年前艾凡斯所開始的

美國書目已告一段落。現在有一個完備目錄工具供世界學術界研究美國古籍以及印刷史憑藉。

Lawrence C. Wroth 在1952給艾凡斯兒子 Eliot 的信上說：

你看見你父親的著作成為長久的歷史與文藝的參考書，必引之為榮，我們忝為他的朋友也為他的成就感到驕傲。

Ralph Shaw 及友人編了一個續篇加了50,000條，名 *American Bibliography*，*a preliminary check list for 1901 – 1919*。

# *14*
# 威廉 E.福斯特
# William E. Foster（1851－1930）

　　威廉‧福斯特為1876年美國圖書館學會成立時七大巨頭之一。他為人謙遜，不願自我膨脹而埋頭苦幹。淡泊名利，甚至應歸他的榮耀，虛懷若谷地拒絕接受，誠一恂恂儒者。

　　福斯特1851年6月2日生於佛蒙特州（Vermont）的 Bratteboro。1869年中學畢業後進入羅得島州（Rhode Island）布朗大學（Brown University）受高等教育。他很喜愛大學生活，常到圖書館坐擁書城作消遺。如果某一門功課不能引起他的興趣，即刻改習另外一門以代。大學圖書館館長 Reuben A.Guild 對他矚目，令他在館工作。畢業後 Guild 勸他以圖書館為終身志業。得到學士學位後到麻州 Hyde Park 公共圖書館主持館務，直到1876年。後來轉職到蘭道夫的 Turner Free Library 作編目員，專心學習，奠定後來負責大圖書館的基礎。因當時沒有圖書館學校，他到波士頓公共圖書館，向館長 Justin Winsor 求教，拜他為師。1877年到 Providence 公共圖書館服務。該館為1871年私人組成的藏書樓（Athenaeum），但准大家免費閱覽。1877才改為公共圖書館，由一董事會負責管理。藏書只有10,000冊，每年經費10,000元。經 Winsor 及布朗大學薦引，20多歲的福斯特一躍而為館長，算是少年得志。就任之初，職工甚少，選購、編目、分類成為他的獨腳戲。藏書、人事、經費皆不理想，前途並不樂

觀。他有困難無處問津，只得自己摸索解決問題。最傷腦筋的是分類工作，他自編一分類法應用，直到杜威十進法問世，問題才迎刃而解。二年後圖書館搬到市中心一座建築物內，成為社區不可或缺的學術機關。

福斯特想到圖書館內部應該按學科區分為許多小組，不能採取無所不包的大閱覽室。他首先將兒童與成人分開，另闢兒童閱覽室，即兒童圖書館的濫觴。他的施政多屬創舉，而且成功多於失敗，因此很多地方想聘請他，甚至母校布朗大學也欲聘他負責大學圖書館。但他對 Providence 情有獨鍾，始終不肯離開。董事會為擴大館務，決議新建一所現代化的館廈，1900年完工，開始作業。

新館有許多特點，皆是按照福氏的理想做的。設諮詢處（Information desk），為讀者答覆參考問題。成立專科部門，如美術部陳列藝術資料；音樂組陳列樂譜、唱片，還有鋼琴，供人玩賞；工業部為工程師，機械師及實業家供應資訊；外國語文部為各地移民不同族裔準備不同文字的讀物。除嚴肅的閱覽室外，加設自由瀏覽室（Browsing Room），陳列休閒書刊，讓人自由自在地享受讀書之樂。這樣一座圖書館，對社會各階層的人都顧到，形成一成人教育的重鎮。除一般知識和教育性的書籍外，他還搜集各種特藏，如建築、南北戰爭、奴隸制度、珠寶、紡織、印刷等有關民生的門類。內部作業，井井有條。與外界則連絡媒體代作宣傳。每週在 *Providence Journal* 披露新書目錄，達50年之久。

福斯特認為公共圖書館應為公民教育做出貢獻，如訓練小學生培養讀書習慣，指導中學生使用圖書館方法及參考工具書。圖書館不只是市政府一個部門，而是一獨立教育機構，與正式學校

有異曲同工之效。

　　福氏為一自由主義者，不墨守成規，樂於創新改進。他請市民介紹書單，提出要求。凡是高級興趣的著作，他都照購，使讀者有同工的心態（Sense of partnership）和參與感。他突破借書數量及期限，由二個星期延長為一個月；為滿足讀者願望，將新版書，尤其是暢銷書，多備複本，稍收費用，以免向隅。雖然書商批評他違反免費讀書的原則，向法院提起訴訟，最後他是勝利者。

　　除例行公事外，福氏撰寫甚勤。一個秘書不能分擔寫作，他自己執筆操作。同時樂於以書信與國內外同業交換意見。也不常用電話與同事接洽公務，喜與人面對面交談，將話說清楚，甚至分館主管也時常見面溝通。他的著作每每引經據典，被人稱為〔Footnote Foster.〕其重要著述有：

　　　　　　*The Civil Service Movement*, 1881
　　　　　　*Libraries and Readers*, 1883
　　　　　　*Stephin Hopkins, a Rhode Island Stateman*, 1884
　　　　　　*Town Government in Rhode Island*, 1886
　　　　　　*The Point of Views in History*, 1906
　　　　　　*How to Choose Editions*, 1920

　　對於社會與學術團體，福氏積極參加，如美國歷史學會，美國古物學會，羅得島圖書館學會，麻州圖書館學會，且為後二者會長。1876年布朗大學頒贈碩士學位，1901年後贈以榮譽文學博士學位。

　　1886年與出生 Providence 的 Julie Appleton 結婚，無所出。

　　福斯特穿著守舊，而思想前進。他有獨特的性格，從不人云亦云。拿禁酒一事來說，他有自己的意見。他在用餐時喜小酌幾

杯，故反對奪去這點自由。

　　福氏功成不居，很多事在幕後完成，不爲人知。1925年Providence 公共圖書館慶祝50週年紀念，董事會安排他演講，他堅辭不肯。他說：「今天是爲圖書館作紀念，不必在我身上貼金。」有人送他一幅畫像，他亦謙辭，在盛情難卻之下，勉強爲之。美國圖書館學會50週年紀念，他籌備一個展覽，避不出席。寫就一篇論文 " Five Men of 76：Winsor, Poole, Cutter, Dewey and Bowker. "（按：此五人爲學會創始人七人中的五位巨擘），請人代爲宣讀。文中他對此五位巨擘的評價爲：

> Winsor--平衡的智慧（Well balance Wisdom）
> Poole--成熟的人生觀（Mellowviow of life）
> Cutter--正確的學養（Acourate scholarship）
> Dewey--擇善固執（Tenacity of purpose）
> Bowker--頭腦清晰（Clear-headed perception）

　　因爲1876年美國圖書館學會成立時，他與以上五人同心協力，組成專業團體，深知他們的優點，故在紀念會上爲之表揚。他則一生退居幕後，不圖虛名。幾度大家欲推他做會長，他皆婉謝。寧願在館實地工作，不願在外奔走。他嗜好不多，郊外散步是其最愛，時常到新罕布夏郊遊，穿越羊腸小道，注意途中一草一木，居住的人家和房屋。凡不明白的事物，回家後，都得考究一番。一個好學深思的讀書人，和他接觸的人可從他得到經驗與智慧。他外表雖然嚴肅矜持，但所到之處總可交到朋友，成爲永久良伴。

　　他就職的時候，藏書與經費皆微不足道，在董事會大力支持之下，藏書逐漸增加，到他退休時已達400,000冊，除總館外，尚有12個分館，每年出納的書達130萬冊次，借書人數爲八萬。

在他任期內收到捐款300萬元，顯示社會對他的工作的肯定。服務53年後，於1930年退休，改職爲榮譽館長。他數十年不斷的改進，使 Providence 公共圖書館聲名遠播，爲世矚目。他奉獻出他的博學和常識，爲兒童、成人、學者、各種族裔收集資料，使他們的人生發生巨大變化；他自己也得到無窮的快樂，陶醉在他的志趣中。

布朗大學圖書館館長 Dr. Herry L. Koopman 讚頌他說：

> 捨大學圖書館長而不爲，終生奉獻於公共圖書館事業。一個天生學人，爲知識的傳播與普及而努力。他告別的圖書館不僅是一棟灰泥的建築物，其中藏有萬千圖籍，是一智慧永不消失的紀念碑。這一座全民教育與學術匯萃之所，是由一個殫精竭慮，永無休止，舉世聞名的圖書館專家建立的成果，也是爲他留下的紀念品。

福斯特在他退休不久去世。「春蠶到死絲方盡，蠟炬成灰淚始乾」是他的寫照。去世幾個月後，圖書館牆上懸上一塊銅牌，上面鐫刻著：

> 爲紀念威廉·福斯特（ 1851-1930 ） Providence Public Library 第一任館長（ 1877-1930 ）。他建設此館創下傳統，予世界無比的影響。

# *15*
# 麥斐爾·杜威
## Mevil Dewey（1851－1931）

　　麥斐爾·杜威是一傑出人物，也是個具爭議性的角色。他對圖書館的貢獻爲其分類法所掩蓋，還須徹底檢討與評價。他是實踐主義者，有眼光、自信、和實現其目的的技巧。保守派認爲他的觀點是幻想，但許多事經過他播種，後來都茁壯成爲事實。他的說服力鼓舞人們信從他的主張和走向，但也因具煽動性，如不受到愛戴，就可能引起反感。因爲多種人格，他的存在，引人矚目，他的片段的或一生的經歷，常被選作撰寫傳記的題材。他永遠受到非圖書館界的認知，是任何圖書館家所不及的。

　　杜威於1851年12月10日在紐約州水城（Watertown）的Adams Center出生，是Joel和Eliza Areen Dewey五個孩子中最小的。他家是1630年移民到麻州者Thomas Dewey的後裔。他自小安份守己，有時意氣用事，主意多端。教育則斷斷續續，並非一氣呵成。曾在父親鞋店打工，也當過小學敎員。父親商店關閉後，移居Oneido，他在該地神學院及Alfred大學就讀，準備到國外傳敎，因爲宗敎家庭常到敎堂及主日學課班服務。他憎惡懶惰，崇尙勤勞，反對煙酒及一切不良嗜好。性喜讀書，出入市區圖書館，到附近康乃爾及羅契斯特（Rochester）大學參觀，逐漸感到敎育合乎他的興趣，發生熱誠。他認爲敎育有二種：一爲正式敎育，由幼稚園到大學階段；一爲終生不息的自我敎育，活

到老，學到老。圖書館在二者中均能扮演重要角色。他認爲欲從事圖書館事業，應辦好四件事：促進圖書館的專業學會、研究圖書館學的刊物、供應標準用品及設備的公司、訓練人才的專科學校。爲要完成這四種工作，他放棄傳教的念頭，選擇圖書館爲職業。

1870年杜威轉學到麻州阿模斯特學院（Amherst College），因爲該校有體育課程可以鍛鍊身體。在校交遊甚廣，以 Walter S. Biscoe 最爲莫逆，後來成爲他一生得力助手。三年級時到圖書館作助理員，畢業後任主任。在工作時，發現書籍之排列是按書架架數及層數號碼固定，而非按照性質分類的，因此引起他研究書籍分類問題。他到波士頓圖書館，哈佛學院及其他50多處去考察，發現各館所用的書籍標誌系統紊亂 而不統一，故欲發明一個合理而簡易的方法處理圖書。從此念茲在茲，日思夜想無時或忘。直到有一星期日到敎堂禮拜，牧師講道索然無味，他閉目暇思，驀然得到靈感，將人類知識分爲10部，部分10類，類分10目，以百位代表部，十位代表類，個位代表目，目以下以小數點隔之，分得愈細，小數點愈多。先在自己圖書館試用，認爲成功，然後印成44頁小冊子，定名爲〈圖書館刊物目錄排列分類法及科目索引〉（ *A Classification and Subject Index for Cataloging and Assigning Books and Pamphlets of a Library* ）。

1876年是杜威成名的關鍵年，連續發生三件大事：一爲分類法問世，二爲圖書館雜誌（ *American Library Journal* ）創刊。原先他爲 Frederick Leypoldt 和 Richard R. Bowker 發行的 *Publishers' Weekly*（P. W），撰寫圖書館狀況，後來應同業要求，改爲獨立刊物，自任編輯。從此他宣稱圖書館專業化之日來臨，其效能較學校有過之無不及。第三件大事爲美國圖書館學會

（American Library Association，ALA）的成立。圖書館從業人員103人，在 Justin Winsor，Charles A. Cutter 及杜威倡導之下，在費城組織學會，公推 Winsor 爲會長，杜威爲書記兼司庫。他先後擔任書記14年，會長二次。

　　會後杜威離開阿模斯特住在波士頓，爲學會立案花了二年工夫，使之成爲合法團體，批准之日恰巧是12月10日他的生日。他爲學會擬了個會訓「以最佳的書籍，用最經濟的方法，供大多數人閱覽（The best reading for the largest number at the least cost）。

　　1877年杜威同美國代表團赴倫敦出席聯合王國圖書館學會（Library Association of the United Kingdom）成立大會，代表中有衛斯理女子學院（Wellesley College）圖書館主任 Annie R. Godfrey，對他的思想與分類法由欽佩而生愛慕之情，翌年二人結爲夫婦，獨子 Godfrey 於1887年出世。杜夫人精幹賢淑，日後對夫婿偏執的主見和衝動的言行多所制衡，且助其發展事業。

　　倫敦會議認同 *American Library Journal* 是所有圖書館的喉舌，無須冠以國名，故將 American 一字刪去，改稱 *Library Journal*。日後杜威與發行人 Leypoldt 及 Bowker 發生齟齬辭去編輯職務，由 Cutter 繼任。有部分讀者感覺學會中人有爭權現象，表示失望。但 Leypoldt 認爲杜威對他爲 *P.W* 多年撰寫"Notes and Querries"，代讀者解答疑難，讚謝有加。

　　杜威所重視的另一事業爲圖書館用品標準化。1877年他同 Cutter 等六人合夥組織 Readers and Writers Economy Co. 製造標準卡片（7.5×12.5cm），登記簿，排架片及其他文件表格出售，因管理不善，他在1880年退股，另辦 Library Bureau，任董事長25年，後來併入 Remington Rand Co.。

　　除圖書館活動外，杜威對簡化英文拼字拼音極感興趣，他原名 Melville 簡寫爲 Melvil。他與熱心此道人士組織拼字改良學會（Spelling Reform Association）擔任書記。*Wagnall's Standard Dictionary* 公開聘他作該字典拼字與拼音顧問。1906年卡內基基金會捐款成立簡化拼音委員會（Simplified Spelling Board），聘他爲執行幹事。同時他對度量衡米突制（metric system）亦甚熱心，與贊助人士成立美國米突局（American Metric Bureau），哥倫比亞學院校長 Frederick A.F.Barnard 爲會長，他充書記。1876年成立三個學術團體，皆以他爲書記，其忙碌可想而知，但他樂此不疲。

　　1883年哥倫比亞學院新圖書館落成，校董會欲物色一新館長以圖改進。杜威離開阿模斯特後，一直沒有擔任圖書館實際工作，因爲他的分類法及學術論文的影響，專家名氣大彰。院長 Barnard 見他在米突局表現出衆，認爲他是適當人選。政治系名教授 John Burgess 任敎阿模斯特時，對他印象深刻，於 是二人連署向董事會推荐他出任斯職。圖書館小組委員會邀請他到校發表意見，聽後對他刮目相看。5月7日校董會發表他爲館長，爲期三年，年薪3,500元。他欣然接受，即刻到館工作。先將原有館員全部遣散，一次聘用13個新人，其中有七位女姓，六個來自衛斯理女子學院，當時人譃稱爲「衛斯理半打」（Wellesley half dozen）。這批人員既無訓練，缺乏經驗，還得一邊學一邊作，因此他感到有辦理圖書館學校的必要。

　　施政方面，百廢待舉：先將分散在校園各處的圖書集中到總館，將不適用者淘汰掉，應有而尙缺者速購，將30,000冊常用的書陳列在大閱覽室，供人自由取閱。在入口處放置使用圖書館手冊，令大家明瞭館的組織，藏書情況，借書手續諸要點。學期開

學，他向新生講述使用圖書館方法及分類編目等問題。改書本目
錄為卡片式，延長開放時間（夜館），減少假日閉館，准許校外
男女市民來館閱讀，聘用人文及科技專門人才加強諮詢參考工
作。編製曼哈坦（Manhattan）及布碌崙（Brooklyn）兩所公共
圖書館聯合目錄。眞是脫胎換骨，煥然一新。他的第一次報告發
表後，致書向他請益者紛至沓來。

　　創辦圖書館學校一事，早在1876年學會成立時就有人提出，
當杜威至哥倫比亞學院後，同業催促他實現此一夢想。他與校長
Barnard 商議，校長即表同意，向校董會提出建議。1884年5月5
日校董會公佈開辦 Columbia College School of Library Eonomy，
以圖書館館長用 Professor of Library Economy 名義兼任校長，
附帶條件為不動用學校經費，教師以圖書館高級職員兼任，不得
用圖書館房間作課堂。在此苛刻條件下，杜威委曲求全，將新館
通到外面走廊中一間儲藏室清理出來作課堂，挑了些斷腿的桌
椅，略加修理，不敷時從他家中搬來湊數，因陋就簡地於1887年
1月1日開課。開學遲了二年多的原因為招收女生問題，校長和杜
威都認為女子最適宜於圖書館工作，校董會則堅決反對，相持不
下，終由校舍委員會提出不佔用學校空間，爭論才告一段落。

　　第一次招收學生20人，17人為女性。上課時間為三個月（外
加參觀時間），收費50元。杜威、Walter S.Biscoe 及 George H.
Baker 三人分科講授，另從校外敦請名人如陸軍部軍醫署圖書館
主任 John S. Billings, 麻州渥斯特公共圖書館館長 Samuel S.
Green，布朗大學館長 Reuber S. Guild，國會圖書館館長
Ainsworth Spofford 等人來校作專題演講，皆為一時之選。第二
屆投考者100人，錄取22名，連同上屆留校深造者共33人。學期
為七個月，學費仍為50元。課程有圖書館書法（library hand-

writing），編目，分類，登錄（accessioning），排架，出納
（charging system），目錄學，圖書館史，印刷史，字典式目
錄，會計學。

　　1886年2月在學校開學前，杜威與校董會及教授之間發生裂
痕，反杜之聲浮出檯面。董事 Charles Stillman 書面向董事長
Hamilton Fish 指摘圖書館開支浪費，指出學校藏書僅七萬冊，
不及哈佛四分之一，而用人27名幾與之相等。物理系教授 Ogden
N. Read 抱怨圖書館行政經費10,000元，物理系購書費才50元，
懸殊過大。還有教授因借書逾期罰款而記恨，甚至不會使用分類
法生氣。杜威成為眾矢之的，追源禍始，他處事武斷，不屑與人
溝通，加上剛愎自用，弄得不可收拾。1888年5月 Barnard 校長
因病辭職，失去保障，緩頰無人，校董會趁機下手，11月4日通
過決議案，解除他的職位。免職公文即刻送到他手中，但他按兵
不動。

　　杜威不是省油的燈。早在七月，紐約州立大學（University
of the State of New York）請他到首府 Albany 講演圖書館與敎
育的關係，他精采的言論得到大學行政管理委員會（簡稱行管
會）的青睞，立刻聘他為州立圖書館顧問，希望他作出改進計
畫。經過細心研究，他將整個紐約州的教育制度作了全盤檢討，
尤其圖書館的任務，人事品質，規畫周詳。12月8日行管會委任
他為該會秘書，州立圖書館館長和家庭教育部（Home Educa-
tion Department）部長。至於他是否可以出掌州館，他向圖書館
友人徵求意見所得到的答覆是肯定的，大家一致公認以他的能力
遊刃有餘。接到委任狀後，他即向哥院校董會辭職，惟請求將圖
書館學校轉到州立大學。次年校董會同意，於是4月1日學校遷到
Albany，改名 New York State Library School。

　　杜威在哥倫比亞五年（1883-1888），毀譽參半。反對者因他去職而稱快，擁護者為他不平。本校畢業的年輕教師 Nicholas M. Butler 回憶說：

　　　先前我們學生不知圖書館的存在。經杜威先生整頓，館務突飛猛進。大家知道他是改革派 Barnard、Burgess、Dewey 三人搭檔的中堅份子，作出重大貢獻。他的離去是學校一大損失。

　　Butler 後為哥大校長數十年，國際聞名的大政治家，他的評斷足以代表當時中立人士的心聲。

　　杜威到達 Albany 後，積極推動工作，其重點有：繼續培育圖書館專門人才，加強圖書館對教育的重要性，他兼四職，各部工作分途並進，先將州立大學（主管高等教育）與公共教育（State Department of Public Education）（掌管中小學教育）的職權劃分清楚，並立法將前者的功能與權力增強在後者之上。將州立圖書館的形象塑造成平民大學，內部組織分為：醫學、婦女、社會、盲人、兒童、巡迴文庫等部門。除書籍外，還搜集版畫、相片、幻燈片、唱片，後二者除在館內放映外，並可借出館外。提倡使用機械如打字機，電話等工具以節省時間。

　　這許許多多的措施，顯得氣象蓬勃。州長 Theodore Roosevelt（後為美國總統），大為欣慰，在就職典禮時對杜氏美言嘉許，譽之為「圖書館杜威世代」（Dewey Decade）。1889年州長任命他為統一教育委員會委員。杜威意氣高昂如日中天，不僅是圖書館權威，也是紐約州政治要人。

　　物極必反，樹大招風，杜威受到妒忌。在檢討統一教育之際，謠言說他有意將初等教育收歸到他管轄之下。他為避免政治糾纏，於1900年1月1日辭去州立大學行管會秘書之職。行管會稱

許他有組織天才，行政能力，創造頭腦和毅力的教育領袖。

　　杜威仍負責圖書館，圖書館學校及家庭教育部三個單位。1904年州議會通過統一教育法案，成立州教育部（State Education Department），將全州教育，包括圖書館，統統置其管制之下。委曾任公共教育部長，而當時任職伊利諾大學校長 Andrew S. Draper 為部長。Draper 曾經受過杜威壓抑，捲土重來，意圖報復，批評圖書館施政方針。正值此時還有猶太裔公民控訴他有歧視猶太民族之嫌，向圖書館尋釁。圖書館界領導人士，如國會圖書館館長 Herbert Putnam，哥倫比亞大學圖書館館長 James H. Canfield, *Public Libraries* 編輯 Mary F. Ahern 出面為他聲援。惟他不想戀棧，寧願回到山明水秀的風景區，過著自由清靜的生活，離開勾心鬥角的政治漩渦。1905年9月21日先辭却卻圖書館及家庭教育部二個職位，12月4日再辭學校校務，皆在1906年1月1日生效。結束了24年圖書館生涯，時年54歲。他的辭職給圖書館界莫大震驚與遺憾。

　　先是杜威夫人 Annie Godfrey 在紐約 Adirondocks 的寧靜湖（Lake Placid）畔造了一座別墅，作休假之處。後來擴大改成俱樂部，歡迎低收入的教師，圖書館及神職人員來此休憩。它是由入會會員組成的合作社式的休息之家，氣氛與旅館不同。因入會嚴格之故，引起猶太人的攻擊，致使他與州立圖書館脫離關係，專心經營私人事業。俱樂部拓展迅速，數年之間面積由412畝擴充到10,000畝，房間由412間增加則1,500間，每年營業由4,800元成長為300萬元。

　　1922年成立寧靜湖教育基金會（Lake Placid Education Foundation），在紐約立案。標明宗旨三點：⑴幫助低收入教育界人士恢復疲憊的身心，⑵建立和扶植該地區學校，圖書館及其

他教育機關，(3)利用基金會設備，以出版、會議、座談方式促進社會改良。爲了第三項他在1923年蓋一大禮堂，1924年建起敎堂，每年安排音樂節，有戲劇演出、歌詠合唱，水上運動各種消遣活動。1932年第三屆冬季奧運會即假寧靜湖舉行，因之聞名世界。1921年元配逝世，二年後與她的助理 Emily M. Beal 結婚。二人在佛羅里達州購地3000畝，包括七個小湖，成立 Lake Placid South 分社，30年代因經濟不景氣歇業。

在離開 Albany 後，杜威終不忘情於圖書館事業，不斷爲 *Public Libraries* 寫通訊，邀請紐約圖書館學會到寧靜湖開會。對十進分類法仍然關心，請 Walter S. Biscoe 爲增補負責人，子 Godfery 和 Mary Seymour 監製第11版，原先由 Forest Press 發行，他一直想交付一大學出版。1927年編輯部從寧靜湖遷到國會圖書館，政策由 Lake Placid Club 和美國圖書館學會編輯委員會共同主持。也曾要求國會圖書館將杜威十進法號碼印在國會卡片上，不幸在他去世後始克實現，未及親見。

1926年美國圖書館學會慶祝成立50週年紀念，請杜威出席講演，他以“ Our Next Half-Century ”爲題，作了前瞻性的展望，博到全場熱烈掌聲。1931年12月26日在他80華誕後16天，患腦溢血症去世，骨灰安葬在寧靜湖俱樂部地穴。歐美圖書館界舉行哀悼會；一代曠世奇才，長眠地下。

爲明瞭他一生事業起見，茲將其圖書館貢獻列表爲下：

1.1876年發起成立美國圖書館學會，任書記14年，會長二次。

2.1877年代表美國出席倫敦英國圖書館協會成立大會，被選爲榮譽會員。

3.1880年成立 Library Bureau，出產圖書館用具。

4.1885年組織 New York Library Club。

5.1889年成立 Association of State Librarians（後改名為 New York State Library Association）。1889-1892任會長。

6.1895年與國際書誌學會（Institute Internationale de Bibliogaphie）及國際書誌局（Office Internationale de Bibliographie）商定編製 Classification Decimale Universelle, 1905出版

7.1895年出席 International Library Conference 於倫敦。牛津大學圖書館館長稱讚他的貢獻較其他所有人的總合還多。

8.1895年 Library Bureau 出版 *Public Libraries* 期刊，由 Mary E Ahern 為編輯、為全國教育學會圖書館組長。

9.1904年助編 *A. L. A Catalog：8,000 Volumes for a Public Library*；*New Iuternational Encyclopedia* 將他的全國圖書館調查表收入該百科全書「Libraries」條。

10.1905年成立 American Library Institute 學院，以 ALA 會長及有大功者為院士。

杜威所得榮銜及獎章有：

1.Alfred 及 Syracuse 二大學榮譽法學博士。

2.1900年巴黎博覽會（Paris Exposition）頒發美國九個獎章，杜威獨得三枚。

3.1904年聖路易（St. Louis）舉行 Louisiana Purchase Exposition 頒贈他金牌一面。

4.1925年中華圖書館協會成立，聘他為榮譽會員。

5.1938年哥倫比亞大學設置 Melvil Dewey Professorship of Library Service，並以12月10日為創校人日（Founder's Day）。

6.1951年美國圖書館學會75週年，也是杜威百年冥壽，選出40位名人（Hall of Fame），杜氏留名榜上。

　　杜威個性倔強，擇善固執。天賦創業精神，一事未了，一事又來，永無止息。有人嘲笑他永遠追逐彩虹。80歲生日他寫信給朋友說：「我不是一隻破舊的錶被人拋棄，我乃日晷儀的輪齒，永不生鏽，永不脫軌，不斷旋轉。」其自信可見一斑。

　　他身軀壯碩，聲音洪亮，演說煽動。主持會議能把握現場，圓滿結束。主張男女平等，嚴肅而親和，進取而正直。能同時擔任幾個職務，應付自如；惟好大喜功，有時不能履行承諾，計畫層出不窮，後續乏力，須別人為之完成；忙於事功，不能專心治學，非學者型文化人。

　　他的日常生活非常豐富，夫婦二人皆甚好客。辦學時校中師生是他家座上常客。在寧靜湖常有晚會，跳舞唱歌，撫琴吹號，彈子桌球，騎馬開車，無一不備，堪稱多采多姿。Frank P. Hall 說：「杜威是我們生活中最有影響和效力的人。」誠非過譽。

# *16*
# 魯賓・哥德・戴威特斯
# Reubon Gold Thwaites（1853－1913）

　　魯賓・戴威特斯爲歷史學家，一生從事蒐集、編著、發行美
國西部史料，組織地方歷史學會。雖非專業圖書館人員而提倡圖
書館不遺餘力，得到圖書館界認同，公舉他爲美國圖書館學會會
長，列入名人榜等殊榮，堪稱圖書館事業家。

　　戴氏於1853年5月15日生於麻州 Dorchester，時值父親
George，母親 Sarah Bibbs Thwaiters 從英國 Yorkshire 移民到美
國後第三年。13歲隨家庭遷居到威斯康辛州（Wisconsin）
Omro，在公立學校就讀，同時幫父母在農地工作。1872年到
*Oshkosh Time* 報作採訪記者。雖未進過大學，卻能到耶魯大學
選修英國文學，經濟學及國際公法等課一年。受到經濟學大師
William Graham Sumner 的感染，成爲史學專家。

　　1876年進麥迪遜（Madison）*Wisconsin State Journal* 作編
輯，周旋於新聞界及政治圈子，因之認識各種各色的人，也學到
對人與辦事的經驗。從報館印刷室得到排版、校對、印字方面的
知識，對書籍的製造也很在行。自幼喜讀歷史，在報館工作時寫
了二本歷史書：一爲印地安人酋長 Oshkosh 傳，一爲威州 Win-
nebago County 地方誌。

　　1882年與 Jessie Tuvell 結婚，生一子名 Frederick。

　　戴氏經常到威州歷史學會（Wisconsin Historical Society）圖

書館查資料受到該會執行祕書 Lyman C. Draper 的青睞，培植他作退休後的接班人。1883年進入學會作助理通訊員。1887年1月6日 Draper 申請退休，致函董事會提到：

> 我十分滿意我們會裡以後的舵手是一有學養、風度、旨趣、勤懇的人。我深信你們一定會接受他為我的繼任者。
>
> 我誠懇地希望貴會加以信任和激勵，也求上蒼假以歲月，使他以忠心服務為榮。

於是他在32歲就登上威州歷史學會第一把交椅。他以自強不息的努力，使學會馳名海內外，與麻州歷史學會相伯仲。他一再主張學會應經濟獨立，不拖累州政府，也超然於政治，不受干預。

到任之初，並無激烈改變，只在編輯史料及建立圖書館二方面努力。首先編印幾種史料叢刊如：*Jesuit Relations*（73冊，1898-1901），*Early Western Journals*（32冊，1904-1907）。他為工作程序定下個裝配線（assembly line），由他選好文件，交付秘書打成稿本，再由一人重新編排，加寫注釋，然後付印、校對、裝訂成冊。有了固定程序，老練熟手，進行迅速，百餘冊巨製，按照計畫完成。

美國內戰50週年紀念，戴氏說服州議會成立戰史委員會（War History Commission），將南北戰爭史料編成10冊。另籌經費將前任執行祕書 Draper 所編美國革命史料印成三冊，一共出了文獻叢刊183冊。

發展圖書館是學會使命之一，其艱難不亞於編書。戴氏同樣規畫一定步驟，按地方區域和科目一年年蒐集起來，規定每年以2,000-10,000冊為成長目標。聘用館員11人，每人擔任一學科，從事採購與徵求。各方捐贈之書，雖複本亦不拒絕，可用以與他

館交換，在會刊上披露捐贈者的姓名，以表謝忱。

　　圖書館目錄向爲三年一次的登錄名單，他改爲卡片目錄，隨時排入目錄櫃，供人檢索。他有計畫地收集威州報紙，要求新聞學會（Wisconsin Newspaper Society）捐出早期舊報。他任職期間圖書館藏書由118,000冊增到352,000冊，成長三倍之多。

　　除收藏書刊外，他推廣圖書館的效用，以私立圖書館，擔任公共圖書館的業務。任何人可到館檢查目錄，學生准入書庫，添設英美史學研究室供高深學人之用。他發現來館讀者中，威斯康辛大學學生佔90％，需要更多空間，以免向隅，因此興建一所堂皇而且巨大的新圖書館，美輪美奐。圖書館學會深爲欽佩，選他爲會長。他的哲學是圖書館爲學人的工廠，學人爲文化的核心，前者的重要可想而知。

　　對於地方圖書館，戴氏著力很多，創立威州圖書館學會，自任會長，促使政府成立州立圖書館委員會（Wisconsin Free Library Commission）建設公共圖書館（Free Public Library），利用卡內基基金會捐助建館經費，在大城市造圖書館，使勞工及白領階級均霑其惠。

　　戴氏在圖書館附設博物館，使不讀書的民眾看到實物及標本，可以得到書中同樣的知識。他聘用博物館專家 Charles E. Brown 主持其事，對燈光、陳列、分類，說明等項作出改良，吸引觀眾。威州建州50週年，他發動各郡、市、縣、鄉鎮同時舉行紀念會，鼓勵大家到歷史學會圖書館採集資料，增進人民對鄉土的認識與感情。

　　當印刷資料收集相當齊全，戴氏開始蒐集國內外孤本及寫本文獻，從本州 Green Bay 開始，推展到 Prairie de Chien Fox River Valley 一帶，甚至加拿大與歐洲的抄本都傳抄回來充實館

藏。結果所藏珍本爲任何圖書館所不及。

　戴威特斯喜遊歷，寓考察於娛樂。所到之處，記其山川、名勝、民俗和人情。常到深山訪問印地安人，知曉其生活與經濟情況。1890年出版威州史（ *The Story of Wisconsin* ），繼之以殖民史（ *Colonies* ）。爲歐洲考察寫下 *Our Cyling Tour in England*。1894年駕獨木舟訪問 Ohio 流域，撰寫 *Afloat on the Ohio* 及 *The Storied Ohio* 二書以記其遊。他的歷史著作包括加拿大、美國中西部、密蘇里河（ Missouri ）流域及西岸太平洋西北各州，一共有書15本，論文及演講稿百餘篇。

　1913年戴氏意氣風發，事業如日中天，忽然去世，年僅60。噩耗一出，各地歷史機關、團體、報紙、友好，紛紛致電慰問家屬。葬禮由州長 McGovern 親自主持，州議員、法官、威大校董皆出席致哀。他的好友哈佛教授 Frederick J. Turner 對他推崇備至，譽爲不朽人物。美國圖書館學會通過專案，向他致最高敬禮。*Wisconsin State Jouranl* 稱他爲政治圈外最知名人士。25年中除歷史學會秘書外，兼職及所得榮譽列爲下表。

　　美國圖書館學會會長（ 1899 ）
　　American Library Institute 院士
　　Wisconsin Free Library Commission 委員
　　Misissippi Valley Historical Association 會長
　　威斯康辛大學榮譽法學博士（ LL.D ）
　　加州大學及威大歷史學講師

　此外對市立醫院，大學俱樂部，Unitarian Church 等社會團體非常熱心，多盡義務。他對人有一種魅力，人皆願與之接近，助他工作。他愛家庭與鄰居，提攜後進更不遺餘力，對需要者有求必應，人有急難，助之惟恐後人。他以歷史學及圖書館爲人民

作出貢獻，激發他們愛國愛鄉的情操。他是一個淡泊名利，避免
自我宣傳的純潔的學人、正人君子。

# *17*
# 沙樂美·卡特拉·費爾柴德
## Salomer Cutler Fairchild (1855－1921)

　　沙樂美·卡特拉，費爾柴德爲紐約州立圖書館學校副校長，輔佐杜威從事圖書館教育工作21年（1884-1905），不僅是行政幹才，且爲良師，對萌芽時期的圖書館教育致力甚多，有其歷史上的地位。

　　她原姓卡特拉（Cutler），1855年6月21日出生麻州 Dalton 城。父母爲 Artenis Habbard 和 Lydia Wakefield Cutler。父親來自新罕布夏州的 Hinodale，爲造紙商人，在她出世不久雙目失明。她自小即唸書給父親聽，深知失去視力殘廢者的苦悶。

　　在內戰方酣，干戈擾攘之際，她們家鄉有一公理會牧師 Edison Clark 熱心兒童教育，希望良好教育能爲他們開創光明前途。苦口婆心勸說不願花錢的納稅人興辦學校，建立一所圖書館。卡特拉即在這所學校就讀。愛好文學，她的作文簿仍保存至今。她第一本課外讀物，就是克牧師介紹給她的，以後與書結不解緣。克牧師深信書籍可使人聰明、快樂、向上，用各種方法將人與書串聯起來。15歲時克牧師有意請她在圖書館工作，因爲計畫到 Mount Holyoke 女子學院深造而婉謝。日後回憶那時她幼稚一無所知，謝絕邀請對她和圖書館都是幸事，因爲她不可能作出理想的成績。

　　1875年她從 Mount Holyoke 畢業，留校敎拉丁文三年。因

健康不佳,辭職回家休養。1876年美國圖書館學會成立受到衝擊,她到一間鄉下圖書館作編目工作。不久寫信給杜威謀一公共圖書館職位。1884年杜威受聘為哥倫比亞學院圖書館館長,即刻邀她到館任編目員。當杜威的第一所圖書館學校開課,她任講師。1889年杜威被逼離開紐約,到 Albany 高就州立圖書館館長,學校隨之搬遷,她升為副校長,處理內部一切經常業務,並授編目、選購、圖書館史三門功課。還兼盲人部的職務,非常忙碌。可惜作出成績皆由多采多姿的校長獨享,她祇是個無名英雌。但她為學校付出心力,實現杜威夢想,功不可沒。

　　她成就三件大事,得到肯定:(1)提高入學標準,甚至要求大學畢業為入學資格,提升圖書館學地位,(2)課程經她精心規畫使學生受到完整的專業教育,(3)安插數百男女畢業生到各地著名圖書館作出貢獻。因此紐約州立大學於1891年頒贈她榮譽 B. L. S 學位,以資酬庸。

　　1897年42歲,與較她小十歲的 Edwin M. Fairchild 牧師訂婚,數月後即舉行結婚典禮。先生在教會教育委員會(Educational Church Board)工作,她仍操舊業,從此改稱費爾柴德夫人。她的好友伊利諾大學圖書館學院院長 Katherine Sharp 寫信給她說:

　　　　我衷心祝福你今後生活快樂。為你著想,我希望你卸除仔肩,在家休息,為圖書館事業計,我希望你繼續工作。

　　沙樂美費爾柴德除行政教課外,還勤於寫作,時常有論文在 *Library Journal*, *The Library Association Record*(英國出版),*Public Libraries*,*New York State Library Bulletin* 等刊物上發表,討論範圍甚廣,如週日開放閱覽,圖書館兒童服務,女子與圖書館事業及慈善事業等社會問題。她最愛書籍選購及圖書館

史。

她對美國圖書館學會會務極為熱心，常出席年會，擔任副會長二次（1894-1895,1900-1901），為評議會成員（1909-1914）。1903年為美國出席在英國 Leeds 召開的世界圖書館會議代表，宣讀論文「美國公共圖書館對兒童及青少年工作」，受到歡迎，刊載於 *Library Association Record*,1903年11月15日號。1895年為學會籌備在芝加哥世界博覽會（World's Columbian Exposition）的幾個展覽。以前此種事多由男性承辦，她和15個女助手經過三年時間，展出驚人的陳列品。其中最受人矚目的是「美國模範圖書館」，實際展示個小城市公共圖書館的內部設備，桌椅、書架及應有的工具。還陳列一套500冊的代表著作，附以書目。這個展覽轟動一時，尤其外國圖書館人士極為欣羨，得到獎牌。

費爾柴德夫人高瘦的身材，扁長的面龐，脆弱的體格，一身兼任行政、教務、演講、寫作，身心交瘁，完全靠她當仁不讓的精神支持。1905年正值杜威與當局發生抗爭時退休下來。她的離去與杜威無關，純為健康問題。辭職後在精力許可之下，偶爾擔任專題演講，講題仍是書籍選購和圖書館發展史。她用幻燈片配合，助長聽眾了瞭，開現代視聽教育的先河。

1909年 Drexel Library School 校長 Alice B. Koeger 突然去世，費夫人出來代理校務四個月，待新校長接事才離開。晚年她住在馬利蘭州，距華府不遠。健康日益惡化，延至1921年12月20日，在一療養院以腦溢血去世。她的遺產由她丈夫捐給她所創辦的 National Institute Fund 作為基金。隨後，還有她的學生（女生350人，男生100人），共同捐出更多的錢設置 Cutler Fairchild Memorial Fund，紀念一個圖書館專家和教育家的老師。

　　1951年 *Library Journal* 提出一個圖書館名人名單，請20位對圖書館歷史有研究的人及美國圖書館學會代表共同評審，選出已去世而有貢獻者40人，稱為「A Library Hall of Fame」，費爾柴德夫人名列榜上，在歷史上爭得一席之地。

　　她的逝世引起她的學生對她的懷念，茲舉出一、二於下：

1897年畢業的 Isabel Ely Lord 說：

> 費爾柴德夫人的人生觀和工作理念，是盡人皆知的。她對任何事情都心平氣和地深加考慮。她擇善固執，正直不阿，奉獻盡其所有。這許許多多的美德影響學生最深，令我們難忘。

1989年級女生 Caroline Munderhill 亦有同感，她道。

> 費爾柴德夫人有深厚的熱情，懇切地尋找方法教育我們。她愛好書籍與讀書，因之學識淵博。我們從她得到激勵，終生受用。她慷慨付出，一種稀有的人格，令我們珍視她的友誼。

　　男生中有 Edwin H. Anderson（畢業後曾任母校校長及紐約公共圖書館館長）對她頗有好評：

他說：

> 我為人與治學，從費老師所得較任何人為多。這是鐵的事實，我樂於作證。

　　但她所得的評價也不是絕對的。1909年畢業的 Sidney B. Mitchell 在1950年10月號 *Library Quarterly* 上寫到：

> 大致說來，費夫人對學生的影響是不可否認的，不過固守著當時的教條主義，不肯接受新的觀念，潔身自好，不合潮流。

　　沙樂美費爾柴德不僅辦學成功，在學理上有三個突出的創

見：(1)對書籍選擇的原理，(2)美國圖書館史研究，(3)圖書館哲學。她曾撰寫圖書選購專書 *Selection and Use of Books*，但未完稿，在她其他著述中可窺其軌跡。有一次在 Utica 發表演講，詳細討論這個問題（載 *Public Libraries* 8：281期）。

　　對於二、三兩點，她寫過二篇文章。第一篇" American Libraries；a Method of Study and Interpretation。"（*Library Journal* Feb，1908）。指出圖書館史的重要強調從事圖書館工作者，不能不知曉圖書館的發展脈絡。第二篇名為" The Function of the Library "（*Public Libraries*，6：527-532），她認為每個圖書館從業員應該抓住圖書館的功能及其理念，不只做機械性的例行公事，知其然不知其所以然。當初成立圖書館團體的人富有熱情，得到成功，但是缺少哲學。哲學不欲取熱情而代之，乃是要支持，加強熱情，並且為它建立一個基礎。有了哲學，圖書館的發展不會趨時或偏向，而能團結各式各樣的圖書館，實行合作，互相尊敬。圖書館是社會教育，若是將教育侷限於狹義方面，以為有秩序的訓練，從幼稚園到大學才是教育，那是極危險的事。圖書館員應熱心社會的活動，圖書館的功能是發展與充實人生，將大眾所需書籍送到他們手中。自己酷愛書籍，才能使讀者寶貴書籍。將圖書館的理念灌輸給大眾，可收事半功倍之效。根據這些概念，費爾柴德不僅是個圖書館家，也是一教育家。

# *18*
# 德瑞莎・威斯特・厄姆多夫
## Theresa West Elmendorf（1855－1932）

德瑞莎・威斯特・厄姆多夫為美國圖書館學會第一任女會長，有書籍知識及辦事能力終能脫穎而出，壓倒群儕。她原姓West，為 Hubbell 和 Helen Robert West 之女，1855年11月1日誕生在威斯康辛（Wisconsin）州的 Pardeeville 城。父母為使四個孩子均能有受良好教育的機會，在她六歲時遷居威州大邑密爾瓦基（Milwaukee）。她先在公立學校讀書，後畢業於 Miss Wheelock's Seminary，一個高等女子學校。

德瑞莎1871年到密市基督教青年會（Y. M. C. A）的圖書館工作，開始近半個世紀的圖書館生涯。沒有圖書館學訓練，她只能從美國教育署（U. S. Bureau of Education）出版的 *Public Libraries in the United States of America* 一書中學到一般圖書館知識、理念、實務，甚至服務精神。後來青年會圖書館合併到公立圖書館，改名為 Milwaukee Public Library，她任助理館員。1880年密市人口增加115,587萬人，業務展開，升為副館長。

在任副館長期間，Theresa West 將圖書館藏書編一分類目錄，*The Systematic Catalogue of the Public Library of the City of Milwaukee*（ 1885-1886），共1,700頁。所採用的分類法為杜威十進法。

　　1892年館長 K.A.Linderfeet 因爲盜用公款之嫌被捕入獄，德瑞莎接任館長，她是女性出任大都市主管第一人。那時密市人口增加到20萬人。在職四年，兼辦博物館，管理完善，深得社會及讀者嘉許。

　　1882年 West 即加入美國圖書館學會爲會員，時常參加年會。年會是兩性會員結識而戀愛的場合，1892年她認識 Henry Livington Elmendorf，不久二人成爲夫婦。Elmendorf 爲學會副會長，出任 Missouri, St. Joseph 公共圖書館館長。結婚後，Elmendorf 被 Library Bureau 派往倫敦主持業務，德瑞莎隨夫定居倫敦一年，回國後，Elmendorf 改任紐約水牛城 Buffalo Public Library 館長。人們以爲她將爲家庭主婦，不會出任公職。事實不然，她幫助丈夫事業在暗中作個「無聲的夥伴」( silent partner )。因爲 Milwaukee 圖書館的書比 St. Joseph 藏書四倍之多，她的經驗較其夫豐富，所以許多改革出自她的規畫。首先她爲 Buffalo Public Library 編了個特藏書目 *Descriptive Catalogue of the Gluck Collection of Manuscripts and Autographs in the Buffalo Public Library*, Buffalo, 1899。這種特藏內容是一般公共圖書館所鮮有的，其中有美國大文豪 Samuel L. Clemens ( Mark Twain ) 所撰 *The Adventures of Huckberry Finn* 的手稿本，非常珍貴。

　　當時美國公共圖書館多實行閉架式，水牛城改爲開架式。她極力推動圖書館與學校之間的合作。她在紐約州教師協會 ( New York State Teachers Association ) 演講討論圖書館對學校工作狀況。後來將講詞擴大爲一小冊子，名 *Buffalo's System of Public School and Public Library Cooperation*。

　　因爲她是義工性質，故有時間作研究及寫作。1904年她爲

ALA 選編 *Catalogue of Books for Small Libraries*。也常在 *Library Journal*, *Public Libraries* 和非圖書館刊物上發表文章。對美國圖書館學會會務非常熱心，被選爲評議會成員。American Library Institute 院士。

1906年 Henry Elmendorf 辭世，董事會有意聘德瑞莎爲館長，但爲情勢所不許，故升副館長 Walter L. Brown 爲館長，而她則爲副館長，一直作了20年，到退休爲止。

1911德瑞莎被選爲 ALA 會長，她是第一個女性擔任斯職，全國女會員都以她爲榮。在加拿大渥太華（Ottawa）發表就職演說時，提出美加二國合作的意見，遭到加國出席代表的反感，因爲加人對合作一詞極爲敏感，惟恐成爲美國的附庸。有人批評她犯了政治錯誤。雖然一場軒然大波，但結果還是收到合作效果。

德瑞莎喜愛讀書，曾看過數百種小說，一般書的知識也很豐富，極力鼓勵閱者養成讀書興趣，編製各種書目指引他們。她對詩詞頗有心得，1917年編了一部詩集目錄 *Poetry, The Complementary Life*。1921年又編一美國書目 *United States*，由水牛城出版，美國圖書館學會又重印一次。

1926年德瑞莎退休，但仍從事書籍編輯工作。1928年她重編詩集與詩人書目列入 Joseph Auslander 和 F. E. Hill 二人合編的 *Winged Horse* 叢書內。後經人擴充並加註釋，由美國圖書館學會出版，書名爲 *Poetry and Poets, A Reading List*。另有一本 *Classroom Libraries for Public School*，1923年由水牛城圖書館印行。

1923年9月4日，德瑞莎・厄姆多夫在水牛城家中只病了四天，突然去世，得年77歲。她一生享受豐滿的生活，爲女中強

人。

　　在她去世前一年 *Bulletin of the Bibliography* 發行人兼編輯 Frederick W. Faxon 將她的一生作了簡介，最後他有感而發地說：

> 當我們回溯早期美國圖書館創始人的時候，即感覺到現下的圖書館從業員缺乏當年創業精神，而德瑞莎·厄姆多夫是一例外，故本刊要特別予以表揚。

　　威斯康辛大學圖書館學校校長 Mary E. Hazeltine 聞到噩耗，感嘆曰：

> 厄姆多夫夫人長於選書及圖書館行政，對書的知識無出其右者。對現代圖書館建立書藏問題的瞭解為人所不及。1904年她為美國圖書館學會編〈小圖書館選書書目〉，然後在水牛城公共圖書館供職20年，即是見證。1912年被選為美國圖書館學會會長是應得的殊榮。她有一股力量提升人們對文藝的愛好。她喚醒同業對此道的注意，步她的後塵向新的領域邁進。她是個有吸引力的嚮導，有生命活力的導師。詩是她的最愛，退休後完成詩集目錄，送給圖書館界一個最後的禮物。

　　1951年 *Library Journal* 選出40名著名圖書館家，德瑞莎·厄姆多夫榜上有名，足證她的貢獻常存在人們心中。

# *19*
# 瑪利・萊特・卜姆摩
# **Mary Wright Plummer**（1856－1916）

　　瑪利・卜姆摩—圖書館家、教育家、詩人——1856年3月8日
誕生於印地安納州里乞蒙（Richmond）市的一個教友會（Quak-
ers）家庭。爲 Jonathan Wright 及 Hannal Plummer 六個孩子的
大姐。父親爲藥材商人，頗富有，中年遷居芝加哥。祖父
Thomas Plummer 出生於馬利蘭州，爲醫師，語言學家，博物專
家。瑪利自幼受宗教及家教的影響，養成獨特的人格：寧靜、沈
默、好遐想的個性，獨立自主及大無畏的精神。從小在家鄉公立
學校就讀，有「書呆子」之名。25歲到麻州衛斯理女子學院
（Wellesley College）肄業一年（1881-82），又回到芝加哥家中
自修四年，博覽群籍，精研法、德、意、西四國語言及文學，常
寫詩投稿 *Scribner's Magazine* 及 *Atlantic Monthly* 等著名刊
物。一日在芝加哥報紙上看到紐約哥倫比亞學院創辦圖書館學校
招生廣告，寫信報名。錄取20名，男生3人，女生17人，她是其
中一個。在校嶄露頭角，出席美國圖書館學會（American Li-
brary Association, ALA）年會時，代表哥校學生發表演說，介
紹學校情況 " The Columbia College School of Library Economy
from a Student's Standpoint "，頗受歡迎。第一期讀完，留校深
造，兼授一年級同學編目學。1888年卒業，年已32歲。到聖路易
公共圖書館（St.Louis Public Library）爲編目員二年，編出一

部館藏社會與經濟學分類目錄（*Class List of Social Science and Political Economy*），1889年由該館印行問世。

1890年受紐約布碌崙 Pratt Institute Library 之聘，負責館務並辦圖書館員訓練班。圖書館正在計畫興建一所新館廈，給她一年休假到歐洲先進國家考察圖書館狀況及建築。她在歐洲各地訪問，虛心學習。回國後寫了一文，在 *The Nation* 上發表，敍述她在 Bayreuth，Nürnberg，Venice，Rome，Florence 及 Paris 等地所見所聞有關圖書館的事，尤其讚揚義大利的圖書館制度。她嚮往義大利政府將各種圖書館組織成一個系統，而且重視圖書館人員的品質。在投身圖書館職業前，須經過嚴格考試，視其學識修養如何。她對這一點深受感動，作為後來訓練學生的基本原則。她雖不盼望入學條件如義大利之高，但學生對文字與文學及書籍須有相當造詣，不容濫竽充數。

回國後，監督建築工程，設計一個美術參考室及一個兒童閱覽室。為兒童健康起見所有家具尺寸須適合兒童。她強調兒童有求知權利，撰寫 " The Work of Children in Free Libraries "，以資提倡，希望各地效法。

1893年卜姆摩在芝加哥 World,s Columbian Exposition 為 Pratt Institute 辦了一個教育展覽。1900年她同美國代表團參加國際圖書館會議（International Congress of Libraries），隨後在巴黎博覽會（Paris Exposition）展出圖表二月之久。撰寫介紹美國圖書館文章「美國公共圖書館與公立學校合作概況」，及一篇目錄學論文。

卜姆摩開始在 Pratt 辦短期圖書館訓練班，一如杜威在哥院一樣，後來擴大為正式學校。各地來的學生很多，在中國武昌文華書院辦公書林的韋棣華，就是她的學生。因為她自己沒有任何

學位，而學識過人，故對入學條件，不需要學位，只要文字有根底，語言有基礎，能讀外國書籍，於西方古代及近世文學有認識，即為合格。

Pratt 規定每年上課300小時，274小時實習，28門功課，包括書籍選購、書史、圖書館史、建築、索引，及各國文學史。1896年增開一門 " Historical Course "，按照歐洲圖書館的傳統，講授專門圖書館及處理善本古籍的方法。此外加目錄學、高級編目法、印刷史、裝訂技術、速記學、圖書館調查等。

卜姆摩在 Pratt 也曾訓練兒童圖書館專門人員，研究兒童心理，帶學生到兒童圖書館實習，為小朋友講故事。她勉勵學生將兒童圖書館的問題多加思考，隨時改進。後來 Carnegie Library at Pittsburgh 開辦兒童圖書館專校，她才結束訓練班，以免重複。

1911年紐約公共圖書館新廈落成，附設圖書館學校，聘卜姆摩為主任。紐約館設備規模較 Pratt 更加完善，學生也多。韋棣華曾派她的學生沈祖榮和胡慶生前往求學。可惜主持校務五年後，身染癌症。1915年她被選為 ALA 會長，應以會長身分作就職演講，因病不克赴會，請人代為宣讀講詞。文情並茂，聽眾動容，更為她的健康憂慮。於1916年7月21日在伊利諾 Dixon 去世。

她一生鼓勵學生深思明辨，並一再告誡對讀者應有禮貌。不論來者是高教育的人或凡夫俗子，一視同仁，不令人有自卑感。她視學生如弟妹，盡照顧體貼之能事。常在家中招侍同學，領她們登紐約 Catskill Mountains，遊赫德遜河，到中央公園散步，百老匯聽歌看戲，參觀大都會博物館，聽名人政要演講。凡是對青年有益身心的事，無不為之計畫安排。

　　至於圖書館工作是否適合女性，她心知肚明，但不形之筆墨。當時此一問題爲爭論的焦點，很多人仍以男性爲主。她因秉賦敎友會和平細胞，噤不吭聲，但有機會即用文字表現女性的重要。訪問歐洲時，她在佛羅倫斯（Florence）Biblioteca Maucelliana 遇見一位 Sacconi Ricci 女士，她父親是該館館長。她讀完高中即參加圖書館考試進入圖書館學校，畢業後以成績優良升到副館長。那時在義大利，女子從事文化事業者甚少，而 Sacconi-Ricci 掙掉禁止女子受高等敎育的桎梏，卜姆摩非常欽佩。1898年她寫了五個世界著名圖書館家小傳，她將這位女子列入（美國只有一人），標榜女性，不言而喻。

　　卜姆摩熱心圖書館團體，曾擔任：紐約市圖書館學會會長二次（President, New York Library Club 1896-1897, 1913-1914）紐約州圖書館學會會長（President, New York State Library Association, 1906）。美國圖書館學會會長（President, American Library Association, 1915-1916），未滿任逝世，美國圖書館學會敎育委員會主席（Chairman, Committee on Library Training of A.L.A 1903-1910）

　　卜姆摩爲詩人，其文藝作品有下列數種：

《詩集》（*Verse*）1896 及 1916，二版，私人印行；

《小說家心目中的近代西班牙》（*Contemporary Spain as Shown by Her Novelists*, 1899）

兒童書籍：

*Roy and Ray in Mexico*, 1907

*Roy and Ray in Canada*, 1908

*Stories from the Chronicle of the Cid*, 1910

關於圖書館：

《圖書館教育的正反二面》（*The Pros and Cons of Training of Librarianship*，1903，ALA *Manual of Library Econony* 第13冊）

《小型圖書館概要》（*Hints to Small Libraries*）1894，第四版1911，第三版爲 S. Povarnin 譯成俄文，1905年在莫斯科出版）

《讀書七樂》（*The Seven Joys of Reading*，1909對紐約圖書館學會講話，1910年在 *Sewance Review* 10月號發表，1915年印單行本，出過二版。

　　卜姆摩去世後，各地圖書館友好與門人開會追思。伊利諾大學圖書館學院師生開會追悼，對失去的領袖表示仰望。並向 Pratt 及紐約公共圖書館兩個學校的同仁、校友以及卜氏家庭致最由衷的慰問。

　　紐約圖書館界於11月16日晚8時在紐約公共圖書館召開紀念會，出席者除友好外，有圖書館界領袖如：出版家 *Library Journal* 編輯 R. R. Bowker，普林斯登大學圖書館館長，Ernast C. Richardson，密西根大學圖書館館長 Warner W. Bishop，國會圖書館館長 Herbert Putnam 等人。Bowker 讚揚卜女士爲一偉大的女性，偉大的友人，偉大的圖書館學家。她 Pratt 的同事 Caralaic W. Barrett 推崇她眼光遠大作事盡心盡力，絲毫不苟。Richardson 稱道她提升圖書館的地位與尊嚴，不遺餘力，在她的理想上建立高度的標準，使她所造就的人材都有良好的品質與工作能力。Bishop 稱許她爲偉大的圖書館人員的教練，一個偉大的女性。Putnam 特別著重女性對圖書館工作的重要，他說：

　　　　女性不僅是補充男性的工作者，而是比肩相輔而行。女性
　　　　若缺乏男性的特質，可在時空中慢慢學到，男性缺乏女性

　　的特質，則非與她們合作不可。　卜女士是女性中的突出
人物，她的逝世是圖書館事業不可補償的損失。

　　她的好友 Helen H. Haines 討論她的文學創作，發現四種美
德：熱愛人類，因為她對人類完全了解和同情，故她崇尙民主，
是非分明；愛好文藝，她的詩詞充滿悲天憫人的情懷；愛兒童，
在她的事業中醉心兒童工作，為他們寫書，培養幼小的心靈將來
的人格，頗具赤子之心；幽默感，她有敎友會信徒寬恕與容忍的
天性，以幽默與協調代替爭議和鬥爭。這樣一個完整的人格是不
容易見到的。

　　這樣的口碑勾勒出一個不世出的偉大女性！

# *20*
# 約翰‧卡登‧德納
## John Cotton Dana（1856－1929）

　　約翰‧卡登‧德納没有圖書館學專業訓練，是半路出身。他與杜威一樣，是個爭議性人物，但在圖書館界是最有影響力的人。他對公共圖書館的理念與實踐，留下典範，爲後世景仰。他不只知名於圖書館界，全國媒體無不知有其人。

　　德納於1856年8月19日誕生在佛蒙特州（Vermont）的Woodstock。父親 Charles Dana, Jr 和母親 Charitie Scott Loomis Dana 爲英、法、蘇格蘭混血後裔，生育五個孩子，他行三。父親本是讀書人，從 Dartmouth College 及佛蒙特大學得特別榮譽碩士學位，在他出世時，經營祖父遺下來的一家雜貨店。父母以新英格蘭的方式敎養子女，家中藏有圖書供他們瀏覽。約翰於1874年進入 Dartmouth 肄業，品學兼優，喜課外活動，如田徑賽、兄弟會、級刊編輯等。畢業時，代表全班致辭。成績優異被選爲 Phi Beta Kappa 榮譽學會會員。學成後，返鄉在一律師事務所見習。因身染肺結核病，須到氣候乾燥地方療養，投奔在科羅拉多州（Colorado）Rica 的級友 Frank Wadleigh Gove 處，作一土地礦產調查局測量員。1882年因母親去世，回到 Woodstock。不久住在紐約的醫生哥哥 Charles 家中，繼續學法，兼作家敎。1883年律師考試及格，但一職難求，加以病魔纏身，到明尼蘇達州 Fergus 另一同學 William D. Parkinson 家，住了一段時期，

移居 Ashby 執行律師業務，並充 *Ashby Avalanehe* 報編輯。1884年父親去世，受到衝擊，因爲父親對他的爲人處世時予指導。喪事完畢，他又回到科州的 Colorado Springs，與表兄 Edward Sabine 住在一起。1885年加入一家鐵路公司作測量工作。二年後與肯塔基（Kentucky）的 Adine Rowena Waggener 結婚，沒有生育。

　　1887年德納發表一篇文章批評科州公民教育，引起丹佛市（Denver）教育局長 Aaron Gove 的注意。局長是他級友的兄長，對他加以青睞，委他爲丹佛第一學區圖書館館長，館址設在新建東丹佛高級中學內。正值州議會立法准許教育委員會向地方徵收捐稅爲圖書館購書。又將第一學區圖書館改爲丹佛公共圖書館。開始只有書2,000冊，全年流通書籍爲6,000冊次。到1893年藏書增到23,000冊，每日來館讀者約1,000人，服務程度達到新英格蘭的水平。所購書刊皆爲市民所需有關商業資料。又與科州醫學會合作，加購醫學書，後來發展爲丹佛醫學圖書館。他簡化借書手續，開放書庫，供給學校教學用書。1894年特闢兒童閱覽室，爲全國首創之舉。開辦圖書館人員訓練班，發行 *Books* 月刊，收購博物館藏品，更替展出，延長開館時間，由上午九時到晚間九時。業務蒸蒸日上，1896年圖書流通量達到每人四冊。

　　科州畢竟是山地，比較閉塞，發展很難。德納靜久思動，加以購書政策受到批評，急欲求去。有紐約市布碌崙（Brooklyn），水牛城（Buffalo）及麻州春田市（Springfield）三處圖書館由他選擇。最後接受春田邀請，1897年辭去丹佛職務，回到東岸。

　　春田情形與丹佛大不相同，藏書已達100,000冊，但政策比較保守，董事會及現有館員，惟恐他作法過於前進，可是他不顧

一切仍然向傳統挑戰，要將圖書館改成社會有生氣的教育機構。他重視市民利益，使他們方便來館使用書籍，拆除一切交通障礙，安裝電梯以免上下之勞。鼓勵兒童看書，搜集畫片，還可借出。添置商業資料以應社區之需，凡在丹佛行之有益的措施，照樣採行。又接受 David Ames Wells 的經濟圖書及90,000元的捐款，加購有關經濟文獻。

除圖書館外，春田還有一所美術博物館及一所自然歷史博物館，兩館董事由圖書館董事兼任，他認為博物館也應由他兼辦，在社會扮演重要角色。博物館保管員為 G. W. V. Smith，館中藏品多為他所有。因為星期日開放問題，二人發生歧見，Smith 以攜走屬於他的藏品威脅他就範。董事會也分兩派，爭執擴大，德納大為不快，以去留爭。董事會主席 *Springfield Republican* 報主編勸他稍安勿躁，暫且忍耐。日久情形沒有改善，他決定辭職。因為他聲震遐邇，紐約及波士頓爭聘他為館長者有三處之多，他選擇新澤西州紐華克公共圖書館（Newark Public Library）。1902年1月15日到館視事，一直作到生命盡頭。

當紐華克董事長 Richard C. Jenkinson 來春田與德納接洽時，告訴他紐華克不是讀書社會，也不是圖書館中心。他不假思索地說：「讓我們將它變成二者都是。」結果他果真將紐華克圖書館辦成全國突出的都市圖書館，得享盛名。他發現該館有一所新館廈，相當豐富的圖書，一批健全的工作人員，一個理想圖書館的條件俱備，同事中以副館長 Beatrice Winser 最為得力。Winser1889年畢業於哥倫比亞圖書館學校，在紐館擔任副館長，十餘年忠心耿耿，扶助館長 Frank P. Hill，成績卓著。德納請她位居原職，主持內部工作，他即可專心對外，主持大計，二人一心一德，水乳交融，合作無間。

　　德納為紐華克圖書館作了三件大事，分述如下：

　　⑴第一件事是宣傳工作（Publicity）。宣傳對圖書館的成長有直接關係。宣傳方法甚多，利用本地報紙，本館所編讀書書目，組織讀書會，展覽，海報，講演，與學校及社會團體連繫。他對各種方法無所不用其極。宣傳的用意只為二個字：一為得（access），二為用（utility）。「得」即是使讀者能得到所需的資料，換句話說就是資料能為讀者得著。「用」是使資料能夠被利用。圖書館購書的目的，是知識的交流，若將人類知識包裝在精美的書衣裡，藏之高閣以飽蠹魚，智慧就被埋沒了。圖書館最大的使命是「讀者有書，書有讀者」，否則就是一種浪費。他編印很多書目如：*A Thousand of the Best Novels*，*White List of Business Books* 等分類書目，加上定期的「館訊」（*The Newarker* 後改名 *The Library*）。他的宣傳政策宏偉，到任之初藏書只有79,000冊，登記借書者20,000人，一年流通量為315,000冊次；1928年藏書達400,000冊，借書人數為90,000，書籍出納為800,000冊次。因為宣傳成功，1946年起美國圖館學會與威爾遜出版公司（H. W. Wilson Co.）每年經辦宣傳競賽獎，即以他命名，稱為「John Cotton Dana Award」。每年參加比賽的圖書館以百計，獲獎者被邀到學會年會接受獎狀。

　　⑵第二件事是成立商業分館（Business Branch）。他在丹佛及春田即收集沒有永久價值而為一時之用的書刊。他深信有永久價值的書自當長期保存，而現時流行的書刊品亦須購置，任人盡量使用，待至風流雲散則予淘汰。當他開闢第一分館時，管理員 Sarah B. Ball 對他說，分館設在商業區，來找資料的人以商界最多，何不將館名改為「商人分館」（Business Men's Branch）。專搜有關貿易工業的著作，如：市政手冊（City directaries）、

廣告、企業管理、財經報告、股票行情、地圖、小冊子、剪報以及近代小說。

商人分館成立，績效甚彰，Sarah B. Ball 與其他專門性質的圖書館，如紐約商會圖書館（Merchants Association Library）的主管人 Anna Sears 聯絡，於 1909 年 ALA 年會在新罕布夏州（New Hampshire）Bretton Woods 召開時，成立專門圖書館學會（Special Library Association, SLA），選德納為會長。1910年年會他提出以 SLA 為 ALA 的子會，未得通過，引起他對 ALA 的不滿。

(3)第三件事為創立紐華克博物館。德納向來喜歡在圖書館附設美術古物陳列室，辦理展覽以廣招徠。他到紐華克後，即感覺紐市在紐約大博物館陰影之下，沒有本州的博物館為憾事。1903年他舉辦一次美國美術展覽，將工商業設計圖案盡行展出，吸引觀眾。他認為「美」不一定以古（age）、罕（rarity）、貴（price）為條件。當他辦玻璃器皿展覽時，所陳列的展品皆是從市內商店買來的一元錢的便宜貨色，還是可以引起民眾的好奇與興趣。1905年他在圖書館四樓闢出一科學博物館，逐漸擴大博物館的空間及人員，規模乃具。1908年他從藥劑師 George T. Rockwell 借來一批日本瓷器、板畫及絲織品在館展出，反應甚佳。後來市政府將這批珍藏買過來，由博物館學會保管，以他為該會秘書。1913年改為正式博物館，由他兼任館長。1916年新澤西州祝建州250週年，德納建議興建一座獨立的博物館廈。籌備委員會主張造在郊區，他不同意，辭去委員名義，事情停頓下來。直到1925年，市政府在市中心距圖書館不遠覓得一塊土地，富商 Louis Bamberger 捐資50萬元興工，1926年落成，從此兩館在他領導之下，互相輝映，為市民作文化服務。

　　德納對圖書館機構致力甚多。1895-1896爲科羅拉多州圖書館學會會長，在春田他發起組織西麻州圖書館學會（Western Massachusetts Library Club），在新州他二度爲新澤西圖書館學會會長（1904-1905，1910-1911），他擔任紐約圖書館學會副會長（1905）及會長（1906）各一次。他於1891年第一次參加ALA年會，會員對他已不陌生，選他爲幾個委員會成員，1894年爲副會長，1895年爲會長。四、五年即成圖書館名人。

　　後來德納對ALA頗爲不滿，對會務亦不熱心，原因甚多。他在會長就職演說中即以"Hear The Other Side"爲題，批評圖書館界報喜不報憂，只聽正面的話，不重視負面的聲音。他責怪同仁沒有盡到責任，目標懸得很高但成事不大。在演說中還大談他的Access與Utility道理。1994年Carl A Hanson撰文 *Access and Utility： John Cotton Dana and the Antecedent of Information Science*,（1889-1929），認爲近代的資訊科學是由德納的遺緒而衍生出來的。

　　另外，專門圖書館學會成立後，他建議成爲ALA的子會，未爲會員接受，又引發他對ALA的不滿。第一次世界大戰時，ALA組織戰時服務團，請他爲委員，堅辭不就，理由是他的發言無人重視。1919年ALA擬出擴展計畫（Enlarged Program）編印書目及調查全國圖書館狀況，他認爲並非要圖，勞民傷財。後來又因爲ALA辦公室地點問題，爭論復起。多數人主張以中西部芝加哥最爲適宜，德納一夥人提議東岸的波士頓或華盛頓，結果他們又告失敗。他不服氣在紐約時報發表反對文章。ALA會長Carl B. Boden致書警告他說：

　　　　家醜不可外揚，有話在本行刊物中發表，不必在公路上打
　　　　開車窗向外投石擊人。鄰居們早知道我們內訌，不要再使

人為我們的不和而笑罵。

以後他與主流派愈走愈遠。杜威對他的行徑作了簡單的評語：

> 德納常走在人們前頭，他們認為他走錯方向，但他偶爾用
> 口和筆攪和，投出石子，激起漣漪。

德納一生撰文500餘篇，對圖書館問題無不論及。1896年出版《圖書館入門》（ *Library Primer* ）。1916年發行 *Library Addresses and Essays* ，包括他的重要論文及演講稿。在書後他道：

> 這些思想大家須常記在心，如是最小的圖書館也能對教育
> 作出有效的貢獻，職位最低的館員也是個積極，熱誠，聰
> 明的工作者。

德納於1929年7月21日去世，噩耗傳出，全國新聞媒介同時報導，為第一個圖書館家為外界所稱道者。

紐約時報對他的評價是：

> 德納是守舊派所討厭的人，他對傳統提出檢討，開闢一條
> 新路可以達到他預期的指標。他憎惡行政的繁文縟節，將
> 它打碎甩掉，易以直接簡單的程序，同時他工作中隱藏熱
> 情和愉快，令人對他發生友誼和欽佩。

新澤西報紙稱他的「紐華克第一公民」（ The First Citizen of Newark ）。說他是自由主義的行動者，思想上的無政府主義。所謂無政府，不是反對法律和秩序，而是仇視自滿、懶惰、不負責任、淺見、平庸、俗氣。雖然他樹敵很多，但他心地光明良善。他的議論是苦口良藥，暮鼓晨鐘。

普林斯頓（ Princeton ）、Dartmouth 和勞格斯（ Rutgers ）三大學欲贈他榮譽學位，他一概拒絕，足見他非好虛榮的人。

1935年新州州立大學紐華克分校（亦稱 Dana College ），圖

書館命名爲 Dana Library。同年紐華克市政府定10月6日爲 John
Cotton Dana Day。1956年10月17日爲紀念他百年冥壽，紐華克
圖書館，博物館，紐約公共圖書館，Woodstock 及 Dartmouth 同
時召開紀念會。這許許多多的死後哀榮顯示他功業人格感人之深
且遠。其影響之廣雖 Putnam 和 Bishop 亦不能望其項背。

# *21*
# 威廉·柯立芝·雷恩
## William Coolidge Lane（1859－1931）

　　威廉·柯立芝·雷恩是哈佛學院圖書館館長 Justin Winsor 的繼承人。在任內修建當時最大的大學圖書館 Widener Library。在任美國圖書館學會會長時，為國會圖書館館長任命案到白宮晉謁 McKinley 總統，促使 Herbert Putnam 坐上國家圖書館的寶座，影響美國圖書館事業至鉅。他是個腳踏實地的圖書館專家。

　　雷恩1859年7月29日生於麻州 Newton 市。父親 William Homer 為麻薩諸塞海灣殖民區 Ann Hutchinson 的後裔。母親 Crsoline Matilda Coolidge 出生於同州 Watertown 的 John Coolidge 門第。他在 Newton 讀完小學和中學，1877年進入哈佛學院。在二年級時，因為成績優異被譽為「dig」（當時用功學生的綽號）。

　　1881年畢業典禮，以"The Relation between Greek and Modern Life"為題發表演說。獲選為 Phi Beta Kappa 榮譽學會會員，並為該會哈佛分會書記（1889-1919）。

　　對於畢業後的職業問題無甚考慮，早已決定從事圖書館工作。在館長 Winsor 指導之下開始學習。先派他在採購組，九個月後升為編目主任。編目和分類是圖書館萌芽期重要課題，他虛心研究，頗有心得，得到館長的重視。他編出一個15,000詞彙的標題索引（Index to Recent Reference Lists）受到矚目。雷恩漸

露頭角，Winsor 升他為副館長。他不負上司所託，對書目作出很多改進。

1885年入 ALA，作出版組書記，1911年改作主席，為學會出版好幾種工具書。

在哈佛他編出一序列的專門書目，四種特別重要：(1)但丁著作（ *The Dante Collection in The Harvard College and Boston Libraries* ），(2)喀乃爾藏書目（ *Carlyle Collection, a Catalogue of works on Oliver Cronwell and Frederick The Great* ），(3) Treat 所藏有關儀式主義及學理神學書目（ *The Treat Collection on Ritualism and Doctrinal Theology* ），(4)美國圖書館特藏書目（ *Notes on Special Collections in American Libraries* ）。

他在紐約哥倫比亞圖書館學校兼任講師，該校併入紐約州立圖書館後仍一直擔任到1891年為止。

1893年雷恩繼 Charles A Cutter 之後任 Boston Athenaeum（ B. A. ）館長，編印目錄卡片售予全國圖書館。在 B. A.只有四年,是一過渡時期。

1897年 Winsor 去世，雷恩在哈佛有12年的工作歷史，在圖書館界聲譽鵲起，順理成章他成為 Winsor 的繼承人，時僅39歲。*Boston Evening Transcript* 譽之為哈佛最年輕的館長。

雷恩接事之初，即發現前任遺下的問題很多，最嚴重的為館舍空間，當時館藏已有219,000冊，小冊子222,000件，較1881年多了一倍，較1861年多了四倍。每年增長率為50％，藏書的 Gore Hall 的空間已不敷用。他的願望是建一所新館，在年度報告中提出需要。校董會作過兩次調查，考慮三個問題：(1)學校是否需要一個總館，或是發展系館。(2)是否將不常用（ dead ）的書搬出去，騰出地方為有用書（ live ）之用。(3)擴建 Gore Hall，抑

另造新館。討論結果，仍照雷恩意思撤掉舊館新起爐灶。藍圖已經由建築師繪好，萬事俱備只缺少東風（錢）。

　　在進哈佛那年，雷恩被選爲 ALA 會長。斯時國會圖書館館長 John Russell Young 突然逝世，繼任人選，競爭激烈。退職國會議員，失意政客皆在暗中活動，因爲此一職位是政治皮球，政治人物逐鹿的對象，雷恩以專業領袖地位發表意見，呼籲應以專業人員充任。經麻州參議員 Henry Cabot Lodge 安排他與總統 McKinley 見面，直接請求。於是他與 R. R. Bowker，二人入白宮晉謁總統。幾經波折，總統終於任命波士頓公共圖書館館長 Herbert Putnam 爲館長。圖書館界大爲欣慶，輿論皆讚揚總統的選擇。Bowker 在其回憶中道：

> 我參加發起成立學會外，第二樁大事是與哈佛館長雷恩進白宮促成 Putnam 的任命案。雷恩以堅強、毅力、機智爲圖書館界作了重大貢獻。

　　Bowker 的話稍爲誇大，但雷恩確實功不可没。

　　自1900年雷恩提出建築計畫，因經費無著，藍圖束之高閣。不料10餘年後奇蹟出現。哈佛1907年畢業的 Harry Edkins Widener 與豪華「不沉的」Titanic 海輪葬身魚腹。1912年他母親 George D. Widener 夫人致書哈佛校長 A. Lawrence Lowell，願捐出全部經費修建一所大圖書館紀念她的愛子，並將他生前所藏善本書籍保存在圖書館中。此舉對雷恩是喜懼交加；新館實現自是天大喜事，但幾十萬冊書在舊館拆毀時存放何處？圖書館服務如何能繼續進行？費了九牛二虎之力將 Gore Hall 600,000冊書寄放在十餘座大樓裡。其中有 Randall Hall，原準備作飯廳之用，還空在那裡，雷恩全部接過來容納400,000冊圖書，以第一層爲收發室及目錄室，廚房爲辦公室，問題就解決了，新館1913

年2月破土，六月奠基。

圖書館在硬體方面有了解決，在組織結構上又起了變化。在 Winsor 時代有一圖書館委員會（Library Council），由校長，館長及另六位校董會所指派的人組成，負責制訂規程，審查購書。館長負責院館館務，執行館規，辦理內外通訊，作年度報告。在此情形下一切順利進行。惟院館與系館的關係沒有明文規定，但系館購書及編目皆由院館代辦。早年系館藏書僅10,000冊，影響不大。到了雷恩時代，系館藏書大增，院館不勝負荷。他要求系館自雇職員辦理購書及編目重頭工作。1910年哈佛監督委員會（Board of Overseers）加聘一名總裁（Director）作太上館長，企圖架空館長職權，而且不預先通知雷恩逕行發表 A. C. Coolidge 教授擔任斯職。在莫可奈何情形之下，他祇能忍下這口氣，但視之為奇恥大辱，終身耿耿於懷。

此後，雷恩專心於目錄的整理。除公用目錄（public catalogue）外，將內部職員所用一份目錄（official catalogue）的卡片改為標準尺寸，並將國會圖書館卡片排到公用目錄中作聯合目錄。新編與改進的卡片約200萬張。

1915年畢業典禮上 Widener 夫人將新館鑰匙交到校長手中，秋季開學時 Widener Library 一切就緒，全校耳目一新。

1925年雷恩服務滿25年，哈佛藏書由600,000冊增2,187,400冊，其中1,175,000冊存在新館，其他分存在44個系館。職員由25人增到152人。

1928年9月1日雷恩69歲，照例退休，改稱榮譽館長。校長 Lowell 以他服務30年造福學子，頒贈榮譽文學碩士學位，以酬其勞。

雷恩一生所參加的學術團體有：

American Academy of Arts and Science

Colonial Socity of Massachusetts

Massachusetts Historical Society

American Antiquarian Society

他的貢獻在各該會的紀錄可見。在圖書館方面，他為

American Library Association, President
（1898-1899）American Library Institute，院
士

Bibliogrsphical Society of Americana 會長
（1904-1909）

Dante Soiety of Cambridge 圖書館主任

在目錄學方面雷恩有幾種貢獻。1898年他主持 ALA 出版組
工作時，計畫為期刊論文作分析片。1915年歸併到 *Readers'*
*Guide of Periodisal Literature*。

1906年他與 Nina E Browne 合編肖像索引（A. L. A Por-
trait Index），交由國會圖書館出版。1908年他提議成立中央資
訊局及大學借用書藏（A Central Bureau of Information and
Loan Collection for College Libraries），後來為圖會圖書館負責
辦理，名稱為「Project B」。哈佛收藏一批地圖（The Ebeling
Collection of Maps），製圖界極為珍視。他將 Christoph Daniel
Ebeling 的書翰編輯成書，1926年由美國古物學會出版。又將此
書收入 Samuel Eliot Morrison 的哈佛發展史（*Development of*
*Harvard College*，1869-1929）中。

雷恩於1930年在 Andover 與紐約的 Pertha Palmer 結婚，生
二女，Margaret 和 Rosamond。家庭非常幸福，每年春、秋、冬
三季一家住在劍橋（Cambridge），夏天則到夫人娘家紐約

Boxtford 消夏，以蒔花種草消磨時間，過著悠閒的生活。1928年9月1日雷恩69歲，從哈佛退休，1931年3月15日小病在劍橋寓所去世，享年72歲。

　　雷恩做事務實，不好高騖遠，為一足智多謀的保守派。對人不論男女極有禮貌。人品高尚，文雅，殷勤，關懷，謙恭，友善。不露鋒芒，容納不同意見。議事寫作皆具自信，表現出積學和經驗。他初出茅廬時，圖書館前輩 Winsor、Poole、Cutter、Dewey 等人已經奠定圖書館思想基礎，後生只須保持與改革，向康莊大前邁進。雷思對這兩點都做到了。

　　他的功績在去世後得到同業的肯定，選為名人之一。

# *22*
# 瑪利·艾琳·阿赫恩
# **Mary Eileen Ahern**（1860－1938）

　　美國女性圖書館家對同業關懷最親切，影響最深遠者莫若瑪利·艾琳·阿赫恩。在20世紀初期，有人問年輕女圖書館員誰最能幫助她們，無一不道「Miss Ahern」。她從州立圖書館起家，1896年開始主編圖書館雜誌，*Public Libraries*（後改名 *Libraries*），持續36年直到1931年停刊爲止。*Public Libraries* 爲年輕圖書館工作人員必讀之物。讀者如有問題即向編輯求敎，她必竭力爲他（她）們作出答案。因此人緣極佳，任何會議若她不在場，大家均感悵然若失。

　　阿赫恩生於印地安納州 Marion 郡，時爲1860年10月1日。她父親 William 和母親 O'Neil Ahern 皆爲愛爾蘭移民天主敎徒。她出生後遷居 Spencer，在那裡完成中學敎育，接著上中央師範學院（Central Normal College），1881 年畢業後，在本州 Bloomfield， Spencer 及 Peru 等地執敎。

　　1889年爲州立圖書館副館長，1893年爲館中藏書編出一目錄，得州議會靑睞，聘她爲館長。爲避免政治干擾，她奔走呼籲，將州館置於敎育廳建制之下，並保證二年任滿決不連任，顯示其動機是公而無私。1895年到芝加哥 Armour Institute 專攻圖書館學，一年完成學業。

　　她畢業那年，中西部圖書館界人士有鑒於靑年館員缺乏專門

知識，欲辦一刊物作為教育資源。杜威所經營的 Library Bureau
芝加哥分公司經理 George B. Meleney 組織個四人籌備委員會，
商討對出版 *Public Libraries* 雜誌以應急需，因為雖有 *Library
Journal* 的發行，旨趣在為大圖書館人員的利益，加以訂價甚
昂，一般中西部小型圖書館一年購書經費僅數十元到數百元，無
力購閱。Library Bureau 願擔負經費創辦一淺易的刊物。大家選
定剛從 Armour 畢業的瑪利‧阿赫恩擔任編輯。開始她還躊躇，
恐力不勝任，經四人激勵誓予全力支持，才擔任下來。當卡內基
捐資興建圖書館時，中西部圖書館如雨後春筍，但缺乏有專門技
能的館員來經營。*Public Libraries* 正好填補了這個空檔。她以
導師姿態出現，培育後生，尤其注意在學校圖書館服務的青年男
女。因她為全國教育學會（Nationl Education Association）圖書
館組組長，經常慫恿學校圖書館館員參加教育會議，以促進學校
與圖書館合作。

　　阿赫恩為一堅強活潑的女性，她有敏銳的頭腦和一支生花之
筆，應用到圖書館各種場合。在20世紀20年代，圖書館如發現弱
點，她即予以無情批評，使之納入正軌而後已。1920年雜誌所涵
蓋的範圍擴大，改名為 *Libraries*，刪掉 Public 一字，不侷限於
公共圖書館之意。

　　阿赫恩樂於參與各種圖書館組織。她成立 Indiana Library
Association，任書記（1889-96），為 ALA 終身會員及評議員，
American Library Institute 院士，Illinois Library Association 會
長三次，參加 Chicago Women's Club 及 Women's City Club，但
她反對婦女選舉權。

　　1919年被 ALA 派她往法國辦理戰時圖書館，工作六個月，
趁機推廣國際合作。1927年又往德、英、法研究圖書館制度與行

政。71歲時因視力衰退，宣布退休，因爲她與 *Libraries* 的關係密切，Library Bureau 即宣布停刊，與她的榮休畫上休止符。七年後，她於1938年5月22日在由佛羅里達州去芝加哥途中，於喬治亞州的 Atlanta 因心臟動脈硬化去世，得年77歲。

爲紀念她爲 *Public Libraries* 忠心服務36年，*Libraries* 以36卷10期爲「阿赫恩專號」，除登載她臨別贈言外，撰稿者有杜威、ALA 執行總幹事 Carl H. Milam，芝加哥圖書館館長 C. B. Roden，The John Crerar Library 館長 J. Christian Bay，Newbery Library 館長 George B. Utley，Northwestern University Library 館長 Theodore W. Koch，Buffalo Public Library 副館長 Theresa West Elmendorf，明尼蘇達大學圖書館館長 Frank K. Walter 等人，多爲中西部圖書館要人。茲略述其大意如下：

她在臨別贈言中說：

> 將我腦中的嬰兒取走，對我來說是一解脫，與共事多年的朋友說聲再見是很難過的事，但放下筆桿不對這些曾共患難的人表示謝忱，也是不合情理的。一百年三分之一的時間是一光榮時代，我憑著良知將應作的事都作了，對於受益者我感欣慰，對於不滿者我覺歉然。要我重新作過也不會與先前不同。我感激對我致謝的讀者來函，得到的安慰與喜樂，不可言宣。當人們需要幫助，我伸出援手；當人們真是得到幫助，我感到滿足。這件事若交給別人去做，也許作法不同，成就更大，但我榮幸得到這份工作，隨我的心意去作，對人有益無損，我即心安理得。我曾經爲圖書館事業放下一塊石頭，作別人成功的踏腳石，我亦與有榮焉。

杜威對她讚賞有加，他說：

阿赫恩36年完成36卷雜誌，值得驕傲。這些年來她主演了許多圖書館的好戲，她的興趣是全國性的，她出席無數會議，結識最多的朋友，她愛爾蘭血統的智慧和幽默，使她興致勃勃，她的敢言踩痛敏感者的腳趾。她鋒利的長矛隨時刺出，敏捷的思維，鋒銳的筆觸應用到圖書館的各種問題上，堪稱「武裝的圖書館員」（Militant Librarian）。對圖書館有益的事無不全力以赴，對不同意的事則裹足不前。一個堅毅的女強人。

　　Theresa West Elmendorf 為 *Public Libraries* 籌備委員四人之一，在她的回憶中說：

1896年創刊時，中西部圖書館事業還是空中樓閣，雖然數以百計的新圖書館成立，但缺乏經費。*Library Journal* 訂價較高，且只能為大圖書館作出貢獻，於是大家想出一通俗而價廉的刊物為年輕館員服務。Library Bureau 副總經理 Herbert E.Davidson 和芝加哥分公司經理 George B.Meleney，加上我和我的先生 Henry L. Elmendorf（時任 ALA 秘書）四個人組成籌備委員會，在 St.Louis 開會，Davidson 願意擔負經費，後來在威斯康辛會議，大家邀請阿赫恩出任編輯，她還近鄉情怯，不肯擔任，在我們激勵之下才承擔下來，36年的成績，證實我們的選擇正確。

　　Worcester 的 Wire 博士從另外一個角度看她，他道：

阿赫恩不僅是雜誌的編輯，而且是身心疲憊圖書館館員的朋友，她盡力為他們解決問題。她雖不與書籍接觸，但她的使命是為各州圖書館委員會（Library Commission）及學會打氣，盡可能出席它們所有的會議，以演講、答覆諮

詢方式，使其工作順利達成。她不討論分類編目等技術問題，而注重圖書館的經營（business）方法，譬如公事信件（business letter）的款式與文體，如何與董事會和主管機構交往的技巧。她是個戰士，用她的舌和筆衝鋒陷陣，但永遠是同行的朋友。

明尼蘇達大學圖書館館長 Frank E. Walter 強調她對大學圖書館亦有貢獻。*Public Libraries* 有「Reference Work」專欄，所載多為大圖書館的消息。論文中亦常刊載高深理論的文章，這些研究性的著作，對於安利根尼山脈（Alleghenies）以西的中小型圖書館委員會大有裨益，他們可從中窺見學術圖書館的梗概。

阿赫恩36年用學識、忍耐、助人、幽默、謙恭、機智、求知欲等條件為圖書館烹調出一道名菜（按照費城一個館員所編圖書館食譜）＊*Libraries* 與她結合成為同義字。當她退休時，大家莫可奈何地同意出版者的結論，「*Libraries* 沒有原來的編輯是不可能生存的。」她一生辛勞得到肯定，被選為圖書館名人。

　＊圖書館食譜：

五份知識樹，二朵忍耐花，一枚有果實的機智，一大匙「樂於助人」的熱烈精神。加上高度的幽默，一絲絲謙遜和一鍋「求知」的燉肉，放在久經煎熬的火上烹煮。如果還不滿意再加些「成功的自豪」和其他的材料。

# *23*
# 歐尼斯特‧顧盛‧理查遜
## Ernest Cushing Richardson (1860－1939)

　　歐尼斯特‧理查遜1860年2月9日出生於麻薩諸塞州小城 Woburn，爲 James Cushing 和 Lydia Bartlett Taylor Richardson 夫婦獨子。自幼喜歡棒球、溜冰和到市立圖書館看書，後者成爲終身癖好，至老不衰。16歲進入阿模斯特學院（Amherst College）肄業時，身高5'8.5"，體重141磅，儼然一魁偉少年。他入學時麥斐爾‧杜威（Melvil Dewey）正在該校工作，但二人不曾相識。四年級時，學校圖書館館長派他作助理館員。1880年畢業，獲文學士學位，爲 Phi Beta Kappa 榮譽學會會員，以後在康乃狄克州（Connecticut）哈特福特神學院（Hartford Theological Seminary）攻讀三年，1883年畢業，但當時神學院尚不頒發學位。他雖可講道，但未晉陞牧師。因爲他有三年專業成績，Amherst 也頒給他碩士學位。1888年他從賓州 Washington and Jefferson College 得到榮譽哲學博士，年僅28歲。1896年又從普林斯頓大學得到另一碩士學位。因從事敎育工作，人們皆以 Dr. Richardson 稱之。

　　在哈特福特時，他即在圖書館充當助理，1882年改爲副館長，1884年從歐洲旅遊回來即升爲館長，有敎師地位。在哈特福特度過六年歡樂的日子，頗有成就。薪金雖然不高，但購書費相當充裕，令他滿意。除負責圖書館外，還敎一門目錄學課，這是

他一生中最感興趣的一件事。他開始試編一個圖書分類法，因此教授會通過聘他爲副教授，但美中不足的是薪水並未增加。學校每年派他到歐洲採訪書籍，及寫本（manuscript）以作補償。從1884～1890年雖然待遇不甚優厚，他一直拒絕他處的高薪不肯離開，哈特福特與學校各方面都對他有好感。

　　1890年普林斯頓大學（那時稱新澤西大學），給他3000元年俸（多出哈特福特一倍），終於接受。當時正值而立之年，已有三個學位，一個榮譽博士學位，發表過多篇圖書館論文，與美國圖書館學會（American Library Association，ALA）關係密切，且具歐洲旅行經驗，種種優越條件，有年輕學者之譽。在他62年圖書館生涯中，有35年在普林斯頓度過，不幸於1925年結束了漫長的艱苦鬥爭，不歡而散。

　　在他初進普大時，全力改進硬體設備，爭取購書費，增加職員及目錄工具書。最大的成功爲書籍的驟增，由1890年的81,000冊加到1920年的450,000冊，成長五倍之多。個人生活亦甚愉快。1891年與 Grace Duncan Ely 結婚，生有一女，一歲夭折。夫人多金，他不靠薪水度日，夫妻感情甚篤，常到歐洲旅行，35年有16次之多。校長威爾遜（Woodrow Wilson，後爲美國第28任總統）特許他每年去歐洲搜集圖書及寫本文獻，與國際目錄學家及圖書館保持聯絡增進合作，這種寵信絕無僅有。

　　分類與編目爲理查遜最愛，當初在阿模斯特試用杜威十進分類法，在普林斯頓則自編一法，將固定位置改爲活動有伸縮性的位置。他爲 ALA 合作委員會（Committee on Cooperation）主席，積極推進革命性的合作方式。1901年10月29，國會圖書館出售目錄卡片，普林斯頓首先訂購。對於編目法，他主張簡易的，而反對過於詳盡的條例，認爲祇要使讀者有足夠信息找到所需的

書即可，不須過於詳盡，耗時費錢，得不償失。1920年普大圖書館所編的書，為使用詳細編目法者六倍之多。可是他的作法遭到其他同業的反對。他又用一架鑄造排字機（lino-type）在圖書館印製書目，分類書單，排架目錄等，以便讀者。在1904年報告中，他批評一般圖書館的錯誤為捨簡從繁。但最使他失望的是他的繼任人 James T. Gerould 廢棄他的書本式目錄，而全部採用卡片目錄。

自哈特福特神學院以來，他一直教授目錄學，後來還加上一門古文書學（palaography）。每次到歐洲購書，趁機鑽研基督教初期先賢的手稿，他對這方面的知識逐漸豐富，引起他撰寫有關目錄學及古文書學論文的念頭。在1920年以後有鑒於美國圖書館界對這兩種學問較歐洲落後，故而更加努力。1927～1929在國會圖書館時即為該館館員傳授斯學，George Washington 大學的學生也來聽課。

理查遜前20年在普大的工作一帆風順，校方和他本人均感滿意。1913年以後，因經費缺乏，情勢逆轉，1920年逼得他放棄行政工作，館長職權被架空。1915年他調查館員薪金只有其他27個大學圖書館的66％，因此1915年館中職員較1913年還少了4、5名。同時教授方面還要求增進服務，問題日益複雜。於是校長 John Grier Hibbon 委派一委員會調查真相並作出建議。委員會報告謂在現在經費情形之下，圖書館工作差強人意，建議增加薪水及購書費。還建議將圖書館徹底改組，添置副館長一人，以原來助理 Gerould 充之。這些措施暗示教授會對理查遜的信任衰退，Gerould 乃趁機攫取大權，予理查遜一個決定大計的空銜。Gerould 將他的分類法取消，完全採用國會分類法。二人發生激烈爭論，校長不置可否，命理查遜自行解決。他祇得建議校長改

聘他為榮譽館長，兼目錄學教授，不干預館務。1925年他的老友國會圖書館館長 Herbert Putnam 聘他為無給職名譽顧問，專研目錄學，可惜他在普大35年的心血付諸東流。

　　平心而論，校方及他個人均有責任。校方不給他正教授待遇，對前校長威爾遜的承諾棄之不顧，在他與繼任者爭權時，不顧其尊嚴使之難堪。他個人過於堅持編目意見，對教授群的要求未能予以適當的回響，加以暴躁脾氣與不妥協的性格，使事態僵化，一發不可收拾。但1925年離開普大時，心情坦蕩蕩，對人無所怨尤。祇是數十年一片熱忱與心力如此終場，令人不勝同情與惋惜。

　　理查遜在65歲時，又作出一件令他愉快而於圖書館界及學術研究有益的大事。這個工作計畫名稱為「 Project B 」（ 參見 Lane 傳 ），在國會圖書館辦理而由他主持。他多年有一夢想，即凡有價值的書在美國總可找到一本，如何知道某書藏在某處，必須有全國藏書目錄，術語上稱為「 聯合目錄（ union list ）。若要完成此舉，必須全國圖書館通力合作。理查遜曾為 ALA 會長，American Library Institute 主持人，ALA Committee on Bibliography 主席，Bibliographical society of America 顧問，多年熱心於歐洲 Brussells Institute 和 Councilium Bibliographicum 的會務，所以編輯一席，非他莫屬。該計畫於1927年9月開始，他為總辦，Ernest Kletsch 為執行幹事。重要工作有：⑴擴大聯合目錄的範圍；⑵美國圖書館特藏書目的編輯。1927年開始時，聯合目錄著錄1,500,000種書，有卡片1,960,000張，1932年完成時收書7,000,000種（ 原來估計1,000,000種 ），9,000,000冊（ 原來估計6,000,000冊 ）。「 Project B 」第二個部分為登記美國各圖書館4,884個特藏（ Special Collections ）。整個計畫對世

界學術研究貢獻甚大，更使理查遜每一研究性著作可在美國出現
的宿願得以實現，比1932年同樣性質的 Farmington Plan 提早實
現16年。此一偉大工作雖經多人之手完成，惟他的構想與全力推
動之功不可沒。

　　理查遜原以 ALA Committee on Bibliagraphy 主席身分參加
「Project B」，1930年 ALA 的 Executive Board 另外成立集體編
目委員會（Cooperation Cataloging Committee），他認為與他的
工作牴觸，提出抗議，雙方又起爭執。他仍如在普大一樣，堅持
己意不肯協調，走上破裂之途，他的觀點雖然正確，但不為人接
受。一生為 ALA 作出的貢獻沒有受到酬報，反以挫折感及不愉
快落幕。他的遭遇與 Charles Evans 如出一轍。

　　理查遜為十足學人，目錄學家，圖書館學家，有著作25種，
論文150篇。他的名著《分類的理論與應用》（*Chasaification,
Theoretical and Practical*）為暢銷書，歐美均有好評。1901年初
版，1912年二版，1930年三版，數十餘年，奉為圭臬。論者謂：
「他對分類闡釋的徹底為任何人所不及，他的著述為學術的紀念
碑，真正天才的表現。」他對他的分類法不作宣傳，還勸人採用
杜威或國會二法，因為該二法通行已久，且有績效。他的方法著
重哲理與知識，出乎個人興趣而已，並非系統之作。

　　理查遜編了一部《世界寫本聯合目錄》（*A Union World
Catalog of Manuscript Books, 1933-1937*）。其目的在說服學
人，圖書館家及教育基金會努力使世界（西方）的寫本資源得到
確實的控制。如其他計畫一樣，他提供想像力而不克貫徹，需要
別人幫他完成。其他著作有：*The Beginning of Libraries*
（1914），*Some Aspects of International Library Cooperation*
（1928），*General Library Cooperation and American Research*

*Books* （ 1930 ）， *Some Aspects of Cooperative Cataloging*
（ 1934 ），皆為有價值的文獻，充滿想像力。他對神學及歐洲歷
史亦有專書、論文及目錄發表。他想到什麼就寫什麼，說明自己
的理想，並非為那些理念辯護。

　　1933年他的愛妻驟逝，翌年又與 ALA 決裂，受到衝擊。他
們夫婦情義篤厚，妻子對他愛護有加，襄助殊多，令他難忘。
1934～1936年先後辭去 ALA 各種委員會職務，將普林斯頓故居
賣掉，搬到康州歇暑別墅度其餘年。

　　他的內姪女一家每年夏天來陪伴他，心境頗為寧靜，樂以忘
憂。惟對文化合作事業仍熱心參與。他為阿模斯特母校籌措經
費，為哈特福特神學院校董會奉獻心力。一次回到他出生的
Woborn 去憑弔故居，當地圖書館及媒體以英雄之禮歡迎他還
鄉。1939年6月3日以胸膛病逝世，享年79歲。

　　理查遜是個拓荒者，一生念茲在茲地求圖書館事業的革新，
可是很多人對他不十分了解，不重視他的理念。大家聚精會神在
技術方面努力，但缺乏遠見與創新。他則不時以學術的觀點提出
哲學思想。但是因為他不善行政與人事關係，缺乏手腕。如果心
態圓通，不引起反感，成功可能較大。William W. Bishop 評論
他是一個偉大人物，但不能使外界甚至同業的人瞭解他的潛力。
他自己也知道這個弱點，曾在杜威去世前寫信給他說：

　　　我時常想到你當年受到很多反對，但不屈服，因為你手中
　　　有牌，隨時可以打出去。

　　理查遜雖未受過正式圖書館教育，但致力於目錄學，且以傳
授斯學為職志。他重視書的科學性而非機械性。他能完成全國聯
合目錄，造福研究學人不淺，在歷史上留下一頁，被選為圖書館
名人。

# 24
# 亞瑟‧厄摩爾‧鮑士偉
# Arthur Elmore Bostwick（1860～1942）

　　亞瑟‧厄摩爾‧鮑士偉在20世紀2、30年代，是美國圖書館界最知名的人，在國際間鋒頭亦健。他曾受邀到中國考察圖書館事業，這趟中國之旅，使他印象深刻，終身難忘，他回憶說：

> 我為中國所作不多，但那個偉大、自尊、優美的文化，使
> 我大開眼界。我決心使美國人學習他們的智慧，因在思想
> 與精神領域是無國界和種族的。

因此人們稱他為親和大使，世界公民。

　　鮑士偉1860年3月8日出生康乃狄克州的 Litchfield 城，為 David 和 Adelaid H. Bostwick 的獨生子。父親為醫生，愛好文藝，對莎士比亞尤為醉心，時常大聲朗誦莎氏劇本，個性開朗。母親有相當教育程度，擅長鋼琴演奏，為費城人。鮑氏自幼在寬敞的宅第長大，環境幽美，故胸襟恢宏。不幸12歲慈父見背，由母親堅忍地培植他完成高等教育。1881年在耶魯大學得文學士學位，為 Phi Beta Kappa 榮譽學會會員。獲 Silliman 獎學金研究物理學，1883年得哲學博士學位（Ph. D.），接著 Johns Hopkins 大學欲贈他獎學金作博士後研究，因有女友準備結婚，故未接受，暫在新澤西州 Monteclear 市一高中教書，維持二人生活。1885年與女友 Lucy Sawyer 成為夫婦，妻子風姿綽約受到社會稱羨。

　　1886年由表兄 John D. Champlin 介紹進到紐約 *Appleton Encyclopedia of American Biography* 編書公司作編輯，薪金高出中學一倍，有力購買房屋。因工作上的需求與鍛鍊，寫作能力大爲提昇。他在那裡一直作到傳記百科全書完成爲止。1890～1894年，爲 *Forum*，*A Standard Dictionary of the English Language* 及 *Literary Digest* 幾種書刊做編輯工作，因爲科學知識與文學天才都派上用場，頗爲成功。

　　1895年他的老雇主 William H. Appleton 創辦紐約流通圖書館（New York Free Circulating Library），請他擔任館長，他沒有圖書館知識，開始即負責主管，乃下決心自己學習摸索前進，只許成功，不許失敗。爲補救他的缺陷，有意辦理圖書館學校，造就專門人才。Appleton 還慫恿他寫一本圖書館學的書——*American Public Library* ——風行一時，全國圖書館學校用作課本。正值此時，紐約三個私人藏書—— Astor, Lenox 及 Tilden ——與流通圖書館合併成爲紐約公共圖書館，以前三者爲參考部，後者爲流通部。館長 John S. Billings（見本傳）以鮑氏爲流通部主任，其任務爲經營七、八個出借書籍的分館。他採行開架式，在中小學設借書站，供給學生課外讀物。不久紐約市又買了幾批藏書在布碌崙（Brooklyn）成立公共圖書館，鮑士偉被派爲主管。在布碌崙仍實行開架制度，增設兒童閱覽室，舉辦巡迴文庫，推廣書籍外借，訓練低級職員，成績卓著。二年後，仍調回紐約市館原職。他利用卡內基捐款監造了幾所館屋，對建築漸有心得。

　　因爲嗜書和具服務精神，鮑氏認爲圖書館是平民教育的工具，亦可作消遣地方。他引用 Bliss Perry 的話說：「圖書館的權利與光榮來自它的風味；雖然貴族化，而服務是民主的。」館

長 Billings 是軍事訓練出身，總認為圖書館應具有學術研究特質。二人思想不大吻合，但他不畫地為牢，一有機會即可展翅高飛。那時他曾為紐約圖書館學社社長（1897～1903）紐約州圖書館學會會長（1901～1903），美國圖書館學院院士（1906），美國圖書館學會會長（1907～1908），在圖書館界建立了無比的地位。

　　1909年他的老友 Frederick Crunden 在聖路易（St. Louis）公共圖書館任館長32年而辭職，鮑士偉受命為接班人，恰巧他從事圖書館工作也是32年。憑他的行政與管理能力，加上自由思想（在第一次大戰時他不停止德文書的流通）和勇於嘗試的精神，又能凝聚當地社會力量，聖路易圖書館聲震全國。1912年新館廈落成，美輪美奐，聲勢更張。他集中心力加強對社會的影響，不論是在和平興盛之時，或亂世蕭條之際，著力都是一樣，從不氣餒。內部組織分為美術、應用科學、市政參考、盲人、讀者諮詢、教師專室等部門。分館由四個加到19個，藏書由120萬增到310萬冊，館員由140加到337人，經費從20萬加到50萬元，借書者由79,000增到140,842人。30年代美國經濟不景氣，圖書館擴展計畫受到挫折，他作了二個因應對策維持現狀：⑴堅持經費仍由稅收中支出，不能列入市政府預算。⑵多購流行書籍複本，每次借出向讀者收費1～2分錢，直到書價收回為止；變相使讀者擔負一部分購書費。雖然如此，因土地價值下跌，圖書館財源大為減縮。1938年的收入較1929年少了10萬元，購書費由1929年的90,000元降到1939年的50,000元。

　　鮑氏在退休後，寫了一本回憶錄：*Life with Men and Books*，書中將他一生從杜威盛世到第二次大戰作了很多回顧，對他的事業、社交和生活皆有敍述。他體魄魁偉，嚴肅有威，但

與人談得投緣他會笑逐顏開。一個十足的知識份子。他通曉多國文字，博覽群籍，由數學、音樂到偵探小說，無一不讀。他敎人讀書秘訣，拿起一本書，若是讀完25頁還一無所得，則棄之，不必浪費時間。他愛好旅遊及社交。參與慈善及學術團體如聖路易美術學會、作家協會、考古學會、國際聯盟分會、外交政策學會、密蘇里救濟總會、各種俱樂部、聚餐會。時人稱他爲「聖路易第一公民」，其孚眾望，可見一斑。

他曾經爲很多圖書館作過調查訪問，如波士頓、奧克蘭、聖保羅三個市立圖書館。他對圖書館建築頗有經驗，佛羅里達、阿拉巴馬、紐約各州都請他作過建築顧問。世界聞名的耶魯大學 Sterling Library 的高塔書庫，他亦提供意見。

圖書館界以他爲公共圖書館的代言人。他最以爲榮的是中國之旅。1925年中華敎育改進社出名，請美國圖書館學會派遣他四月來華訪問。他到上海、杭州、蘇州、南京、武漢、長沙、開封、濟南、曲阜，最後到北京。各地演講爲中華圖書館協會催生。回國後作過二次報告給敎育改進社，將他所見發表意見。他發現中國圖書館與美國有七點不同：(1)經費不足，(2)缺乏現代圖書館，(3)圖書不借出館外，(4)書架不公開，(5)編目不合規格，(6)推廣能力薄弱，(7)建築不適用。爲顧全現實，他提出三點改良：

(1)成立新圖書館，不附屬於任何機關

(2)就現有之圖書館加以改進擴大

(3)現有之圖書館本體不動，只須多設分館及閱覽室。

又作出忠告說：

> 現時最需要者，爲通力合作之團結及各種方法之劃一。個人創造力固有價值，而事務往往亦不能規之準繩。但圖書館員如不利用他人之經驗，雖終日勞力，亦無所補，更難

措置裕如。

他在華僅二月，雖屬走馬看花，但觀察入微，所作建議具體，堪稱老謀深算。

在他離美之前，他館中同僚送他一點現金，爲鮑夫人及他買點紀念品。他爲妻子買了一件中國晚外衣，爲自己買了一方地毯。他從曲阜孔陵撿到一束枯樹枝，帶回聖路易，每一館員分得一小段，表示給他們帶來好運。

1929年鮑士偉代表美國出席在羅馬召開的國際圖書館會議（International Library Conference），以「美國公共圖書館」爲題發表演說。

鮑士偉對高等教育事業多方參與，曾爲紐約州立大學參議會議員（杜威爲該校秘書長），聖路易華盛頓大學座談會成員，該校1932年頒贈他榮譽法學博士（LL.D）。他在館中辦圖書館學校15年（1917～1932）。曾任美國圖書館學校協會（Association of American Library School）主席。

鮑氏勤於寫作，有論文200篇，編著書籍19種。最著名者有：*American Public Library*，*1909-1929*，*Popular Libraries of the World*，*A Life With Men and Books*，*Classics of American Librarianship*，*American Library Pioneers*.

鮑士偉對他的部屬親和有禮，量才予以提攜。有幾個人得到意外的擢升，成爲得力幫手。他給各部主任權力辦理他們的工作。如有機會，還鼓勵他們到別處高就。開會時他用心聽取僚屬的發言和建議，大量包容。因之得同人的愛戴。Annie C. Moore 說：

> 他是導師、哲學家，敢於嘗試，觀察敏銳，有分析能力，能克服困難。

James Wyer 對他的印象是：

　　他本身勤奮，加上多才多藝，銳利的感覺，訓練有素的分
　　析頭腦，清晰的思想，曉暢的筆觸，精微的演講，形成一
　　個引人注目和喜歡的人格，成就燦爛的事業和人生。

另一助手 Margaret Doud 對他的看法為：

　　鮑博士若不拒絕 Johns Hopkins 的研究獎金，他必是一個
　　出色的原子物理學家，而圖書館就會失去他。以他前進的
　　思想，科學的觀察，明晰的感覺，對書籍和教育的愛好，
　　他要從事任何職業，必會像在圖書館一樣的成功。

　　在他退休前，同人請名畫家為他繪一幅肖像，送給董事會，
作永久紀念，董事會稱許說：

　　胸懷豁達，博聞強識，採科學觀點，心無成見，兼容並
　　包，對書籍具專門知識，對事物有廣泛興趣，熱愛人生，
　　虛心嘗試，風采幽默，堪稱君子！

　　他在自傳中為一生作的結語是：「我一生的焦點就是書籍的
生產和傳播，書刊的編輯與撰寫，以圖書館為媒介使大家充分利
用。」因此他被稱為圖書館界名人。

　　鮑氏在新澤西及聖路易皆有住宅，1930年妻子去世後，遷居
公寓與僅存的幼子同居。1942年2月13日在密蘇里 Oak Grove 逝
世，享年82高齡。骨灰安葬在故鄉 Litchfield 的 New East Ceme-
tery。

# *25*
# 查理·馬特爾
## Charles Martel（1860－1945）

　　查理·馬特爾是美國國會圖書館分類法（L.C.）的建築師，以40餘年的精力，朝於斯，夕於斯，甚至廢寢忘食地編製一種最詳盡的圖書分類法，遠非杜威十進法及卡特展開法所及。

　　馬特爾原名 Karl Davia Hanke，1860年3月5日生於瑞士蘇黎克（Zürich）。父親 Franz Hanke 原爲普魯士 Grobnig 人，1840年來到蘇黎克定居，1855年入籍購置房產以收集古本舊書爲生。當時蘇黎克非國際書業中心，經營失敗，賣掉房子，1878年逝世。母親 Gertrude Maria Strussle 出生瑞士 St. Gall 郡。馬特爾自幼接觸書冊，對書籍買賣，書目分類等，耳濡目染，稍有所知。1876年讀完中學，到大學註冊。不久隨其兄到美國，漫遊紐約、費城、芝加哥等大城市後回國。父親破產後，他知沒有遺產可得，決定去美國闖天下，年僅18歲。他哥哥隨後又到了美國，不幸於1901年去世。在美初期如何生活，無從考查，據說1879年曾在北卡羅萊納州爲農家作活，又在肯塔基州 Louisville 作碼頭運輸工人，後來在密蘇里州 Dent 郡居留一陣子，入美國籍改名查理·馬特爾，理由不得而知。1888年到愛荷華州 Council Bluffs 爲一律師助手，經管地產投資事務。因爲參觀芝加哥世界博覽會（World's Columbian Exposition）得知芝城有一 Newberry Library，可以用他蘇黎克文化的背景和熟悉古書的知識去獵取一

個職位，結束10年不穩定的生活。

1892年馬特爾進到 Newberry Library，在館長 William F. Poole 領導之下，學習圖書館各部工作，更有幸認識漢遜（J. C. M. Hanson）敎他按照卡特編目法編書。1893年8月漢遜離開 Newberry，到威斯康辛州首府馬迪遜的威斯康辛大學圖書館作編目主任，按照卡特編目法及展開分類法編出一套目錄。因爲成績卓著，國會圖書館聞其名而請他到華府主持編目事宜。

漢遜是1897年由館長楊格（John Russell Young）請去的，漢遜到館即向館長楊格推薦馬特爾作他的助手，於是二人分而復合又在一起共事。當時國會圖書館藏書70－80萬冊，按照傑斐遜總統根據培根分類原理所作之簡單分類表分類，因爲書籍的驟增該分類法已不合用，有重新改編的必要。楊格請漢遜和馬特爾二人仔細研究，如何將舊法加以改進。他們的結論是，與其修改成法不如另編新法，一勞永逸，但何種新法則茫然不知。

1898年馬特爾模仿卡特開展法用字母 Z 編出一份目錄學與圖書館學的分類稿，因爲編目部亟需編目參考書，故首先作一嘗試。1899年1月17日楊格館長溘然長逝，改編工作暫時停頓。

先是在楊格去世前，編目部與版權管理處合作將呈繳本編出一個目錄（*Catalog of Title Entries*），由國家印刷局爲每書印50張卡片，國會圖書館用三張作成三部目錄，一部存放閱覽室公用，二部在編目部爲內部人員之用，其餘則出售給其他圖書館，這是國會圖書館發行書卡的先聲。

1899年4月卜特倫（Herbert Putnam）繼任館長。卜氏爲有經驗的圖書館名家，從波士頓公共圖書館館長改任國家圖書館館長。他深知館藏有重新改編的必要，而且認知國家圖書館應爲全國作出楷模，故須愼重其事。因此大家同感苦惱，不知當用何法

代替傑斐遜的舊法。卜館長於是命漢遜和馬特爾多加研討。他們的結論是現有的分類法皆不適合本館情形，非自編一分類法不可。卜氏對國內盛行分類法仍有憧憬，尤其是杜威十進法。他致書杜威，試問可否採用他的方法，略加更改。後者斬釘截鐵地說「不可」。卜氏祇得下令自行編製分類法，著漢遜與馬特爾與全國圖書館諮商，徵取意見。

1900年馬氏與一孀婦 Emma（McCoy）Haas 結婚生一子名 Renne（Renaud）。1906年妻子去世，即未再娶，單身住在圖書館附近，以館為家。

1901年1月馬特爾與五個助手將舊法第四章「美國」的書，按他規畫的分類法分類，用「E」和「F」二個字母作符號。卜特倫仍徘徊歧路不允他們放手做去。1902年卜館長安排馬特爾和採購部主任 William P. Cutter（展開法卡特之姪）到 Amherst 學院訪問 William I. Fletcher，Forber Library 的 Charles Cutter 和紐約首府奧爾班尼的杜威，再一次徵求他們的意見。卡特同意，稍事更改採用展開法，惟杜威堅定不移，反對修改他的十進法，恐已經採用該法的諸多圖書館對他的方法發生懷疑。

1901年3月8日馬特爾根據卡特展開法擬訂一個分類大綱，用英文26個字母作符號，字母可用一位或二位。杜威屬下有鑒於馬氏未採用十進法而生嫉，所以諷刺說：

> 卡特強而馬氏弱，因為他是外來人，英語不流利，辦事羞羞答答。無論他有多大能力和學問，他還未完全抓住分類的問題。

學人相輕有如此者！

馬特爾原在漢遜之下主持分類，後者並未在分類法上花時間，一切由前者一人承當，1910漢遜離開國會圖書館到芝加哥大

學圖書館作副館長，順理成章，馬特爾繼任編目部主任，得到同
人的擁護與愛戴，漢遜1940年寫給馬特爾的信上說：

> 在1897—1910年間，我們同在國會圖書館共事的時候，朋
> 友中──不論死亡或存在──你給我最多聲援與建議，受
> 惠良多，衷心感激。你不僅為計畫，發展一套實用而詳盡
> 的分類法，作出貢獻，而且對很多有關編目問題，亦提出
> 意見，沒有一次令我失望。

國會分類法成定局後，卜特倫館長悵然地在美國圖書館學會
年會上報告說：

> 若是國家圖書館能在分類法上作出表率，該是多麼好的
> 事！我們有一夢想，現已實現，我們原欲在廣用的分類法
> 中選用一種，略加修改以適合我們的藏書，但未成功。因
> 此只有自行編製一個新法，當然增加我們的負擔與忙亂。

有人批評國會法的大類次序不合論理。人類彼此先有接觸，
然後有語言文字，文字產生後才能將其生活作為紀錄，故社會科
學與語言文字應在歷史之前。再者人類必先利用天然環境而後從
事審美的講求，故各家分類法皆列美術文學於自然與應用科學之
後，國會法則反是。卜特倫解釋說：

> 本法的次序並未遵守學術科學的順序，祇求其一種便利的
> 結合，因吾人所持之對象為實質的書籍而非理論的科目。

馬特爾自己也說過，分類法固然應該以學術淵源為主，但國
會圖書館需要顧到它的環境，如書庫的大小，與閱覽室的距離，
因此得犧牲論理的次序，他不希望其他圖書館採用國會法，可能
情形不同。

1920年密西根大學圖書館館長 William W. Bishop 欲使羅馬
梵蒂岡圖書館將所藏公諸於世，擬用美國編目方法編出一部目錄

並印製卡片，使世界學術人士得窺其祕笈。他從紐約卡內基世界
和平基金會得到捐款，從事此一工作，然後組織一個三人小組赴
羅馬工作，（其實是五人，還有二人管理總務財政），團員爲他
自己，漢遜和馬特爾，後二者皆有多國文字的造詣，勝任愉快。
馬特爾在羅馬六個月，作出奉獻。

　　他回到原職編目部主任一直作到1929年，改爲編目、分類、
目錄諮議（consultant），停止實際行政工作。凡有人提出艱難
的問題，他用簡單而誠摯的詞句予以答覆。1940年他80嵩壽，朋
友們將每人寫給他的祝賀信，裝訂成冊作爲紀念（*Liber amico-rum*）。1945年5月，國會圖書館宣布他遵照法定年齡完全退
休。同月15日因心臟病與世長辭。William W. Bishop 曾說：

　　馬特爾是謙遜學者中的異數。卜館長曾對我說，他（馬
　　氏）晚間多在圖書館工作，所費時間令人難以相信。身軀
　　矮小，而動作敏捷，說話遲鈍，初見他的人，不甚看得起
　　他，但認識久了，才知道他語言文字的造詣和淵博的學
　　識。國會分類法是他的紀念碑，這項工作需要群策群力和
　　堅忍的精神，才能完成。他因此鉅製成為偉大人物。他恬
　　靜、謙虛、不自我膨脹，但能力強，給人深刻的印象，國
　　會圖書館得到漢遜和馬特爾，合作無間，實屬罕見。

他的好友 J. Christian Bay 在追思會上說：

　　馬特爾是一俊秀男子，有與生俱來的尊嚴，有優秀的傳統
　　與悲天憫人的胸懷，開明的思想。只要他在我們中間，我
　　們就感覺有一股力量在支持我們。

還有一位女士 Julia Pettee 寫了一首悼亡詩曰：

　　一個溫良的學人，
　　偶然走進策府的殿堂

他的精神常在我們身旁
我們用一張張卡片作成鑰匙
來開啟寶藏的庫房
其中蘊藏著智慧，技術和耐心
也有精雕細琢的圖樣
他想出一勞永逸的工具
經得起時代的考驗
我們從他學得個中秘密
但已不再看到他的面龐
可是他溫馨的友誼
謙和、仁愛的幽靈
永遠射出光芒。

# 26
# 艾德溫‧安德遜
# Edwin H. Anderson（1861－1947）

　　艾德溫‧安德遜爲美國圖書館界早期受過正式專業教育成就最大的一位。前賢如 Jewett, Winsor, Poole, Cutter 和 Dewey 篳路襤褸以啟山林，開出一條道路，俾後來者有所依循，徐圖發展。安氏即是承先啟後的第二代人物。

　　安德遜受業於杜威門牆，在杜威不歡離開紐約州立圖書館及學校時，他爲繼任人選，以事功論，有過之無不及。杜威爲爭議性人物，雄才大略，恃才傲物；安德遜爲穩健型，腳踏實地，埋頭苦幹，爲外界所不知。獻身圖書館半個世紀，使紐約公共圖書館發揚光大，聲譽卓著。

　　安氏1861年9月27日生於印地安納州 Zionsville 城，爲 Philander 和 Emma Amanda Anderson 十個兒女中的老七。父親爲醫師，祖先爲蘇格蘭人。母親爲法裔，出生在田納西州（Tennessee）。幼時家庭遷往堪薩斯州（Kansas）的 Anthony，在那裡完成中小學教育，進入印州 Crawfordsville 他父親母校 Wabash College，1879年畢業，獲文學士學位。隨後讀過一陣法律，爲報紙寫新聞，也教過中學。1890年到杜威所辦紐約州立圖書館學校就讀。學校規定一學期爲八個月，因爲缺乏學費，他只讀了五個月（1891年1～5月），同時在紐約首府 Albany 青年會工作。1891年6月畢業後，到芝加哥 Newberry Library 任編目員

一年。11月與 Frances R. Plummer 結婚，妻子與著名圖書館教育家 Mary Wright Plummer 為姊妹，沒有子女，領養二個法國女孩 Charlotte 和 Cecile。

　　當時正值圖書館事業欣欣向榮之際，大都市興建圖書館如火如荼，恰逢慈善家卡內基（Andrew Carnegie）以鉅款在各地建造圖書館。一個帥氣十足，態度和藹，聰明幽默的青年如安德遜者，正是大顯身手作一番事業的契機。1892年離開芝加哥到賓州（Pennsylvania）Braddock 卡內基圖書館（Carnegie Free Library）擔任主管，館址距匹茲堡卡內基鋼鐵廠不遠，三年後卡內基請他到 Carnegie Library of Pittsburgh 作館長，該館規模較大，除圖書館外，還有博物館，音樂及演講廳（按：如台灣文化教育館）。1895年4月到職時只有棟空空洞洞的大樓，尚無書籍。他積極展開工作，在各地物色館員，迅速購買圖書。11月開館，藏書已有16,000冊，並編就一個簡單的目錄。因為用人得當，選購編目皆屬上乘。編目人員尤其精進，除字典式卡片目錄及書本目錄外，還有一部分類目錄（Classed Catalog），在他辭職後出版。1905年與 Cleveland Public Library 合辦一兒童卡片書目服務處。創立兒童圖書館，是他重要措施之一，他認為兒童是將來主人翁，社會寄以希望必須從小以優良的讀物培養高尚的人格，成為優秀公民。故在總館及分館闢兒童室開講故事。與學校合作，支援家長所組織的讀書會，辦暑期遊樂場等。

　　為成人讀者，他認為供應特種讀物是圖書館的義務。匹茲堡是工業城，須以科技資料滿足科技人員的訴求。搜集重要參考書，聘請有專業知識的館員作諮詢服務。設工藝部（Department of Technology），為美國公共圖書館的創舉。1900年開辦圖書館專業人員訓練班，後來擴大為 Carnegie Library School。

　　在他領導之下，卡內基圖書館成為全國模範。他默默耕耘，得到社會及董事會的信任及卡內基本人的肯定。他參加地方社交與公益團體，如歷史學會、文獻檔案局等。十年辛勞，體力漸感不支，1904年12月1日辭職到密蘇里一個鋅錫礦場，擔任輕鬆工作，以恢復健康。

　　1906年1月杜威辭卻紐約州立圖書館及學校一切職務，州政府聘請安德遜出任斯職。他的事業又跨了一大步，責任更加重大，範圍更為廣闊。他增加藏書，改良目錄及讀者服務。翌年創刊紐約圖書館季刊 *New York Libraries*。為州政府推廣圖書館事業（library extension work），計畫新館廈。對圖書館學校，大力整頓。杜威離去時帶走二名重要助手，留下很多後遺症。他增聘有經驗的教師，改進課程，充實學生技能。鼓勵他們說：「許多人沒有行政和管理的經驗和能力，也缺乏見識和服務精神，不瞭解教育的重要，我們必須多加灌注與培養。」1913年他在就任美國圖書館學會會長演說中稱：

> 圖書館的定位要以我們所為而非所言為依據，它的價值與從事工作者的努力成正比例。閱讀可以充實人生，圖書館的存在就建立在這個理念上。人類文化產品需要完美；文學是人類經驗的紀錄。我們必須細心去辨識和不斷地閱讀這些紀錄，否則不能想像文化產品的發展過程。圖書館要鼓勵這種閱讀，那怕得到一部分成功，在教育上的地位就很重要，我們確信它對社會是有益的，美國就是產生這種益處的地方。

　　1908年安德遜的事業又開啟新的一頁，更能展現他的興趣與才華。紐約公共圖書館董事會聘他為副館長。斯時該館正在建造一所美麗堂皇的文化殿堂。在人口、財富、文化、經濟甲天下的

紐約，能爲市民作出貢獻，應該是一令人躊躇滿志的工作。紐約
市館分爲二大部分：一爲參考部（Reference Department），在
第五大道42街的總館，書籍不出借。一爲流通部（Circulation
Department），負責管理在曼哈頓，布朗士和史泰登島三個地區
的數十個分館，准許讀者借書回家。

　　茲將1913年到1933年的成績列表如下：

| 部別<br>事別 | 參考部 | 流通部 |
|---|---|---|
| 館員 | | |
| 1913 | 467 | 570 |
| 1933 | 702 | 847 |
| 閱書人數 | | |
| 1913 | 526,682人次 | 缺 |
| 1933 | 2,257,350人次 | 8,320,144人次 |
| 書籍使用冊數 | | |
| 1913 | 1,685,715冊次 | 8,320,144冊次 |
| 1933 | 4,735,844冊次 | 12,386,526冊次 |
| 分館 | | |
| 1913 | | 40 |
| 1933 | | 60 |

其他新創的事業有：

　　讀者諮詢服務（Reader's Advisory Service）
　　戲劇與圖片特藏（Theatre and Picture Collection）
　　市政參考圖書館（Municipal Reference Library）
　　巡迴書車（Traveling bookmobils）
　　布朗士參考中心（Bronx Reference Center）

　　隨著事業發展，空間不敷使用成為迫不及待的問題。1933年加建房屋，限制中學生佔用參考部閱覽室座位。

　　安德遜常以紐約公共圖書館的事業為榮，每每與國會圖書館及大英博物院圖書館作比較。論財源，紐約市館遠遜於二個國立圖書館，但在服務方面則在伯仲之間。紐約市館有「人民殿堂」之譽，亦有稱它為「無畢業生的大學」，成為紐約的文化重鎮。

　　如前所稱，安德遜對人事非常重視，他自律甚嚴，對僚屬要求亦然。他信賴他們，並給各人活動的空間去發展各人的潛力，達成所負的使命。不論受過專業訓練與否，只要對語言文字有專長而忠於所事，全力以赴，即予重用。

　　他認為每個人都重要，比喻船橋上的舵手，艙面的揚帆者，以及艙底下的火伕，對於行船和安全一樣都不可少，必須和衷共濟，才能順利到達彼岸。紐約市館產生的名家大有其人，如他的接班人 Lydenberg，哥倫比亞的 C.C. Williamson，哈佛的 Keyes D. Metcalf 都作過參考部主任，受過他的薰陶。

　　1911年他勸說卡內基撥款在他館中附設圖書館學校，以 Mary Wright Plummer（見另傳）為校長。十餘年間造就人才不少，不僅為本館之用，也到各圖書館擔任要職。1926年卡內基發表 Charles C. Williamson 調查圖書館教育報告，紐約州立圖書館和紐約公共圖書館的二個學校，皆歸併到哥倫比亞大學新成立 Columbia University School of Library Service

　　安德遜也熱心圖書館團體的會務，曾擔任：

　　　　紐約州圖書館學會會長（1907～1908）

　　　　紐約圖書館學會會長（1910）

　　　　紐約州立圖書館學校學會會長（1912～1913）

　　　　美國圖書館學會會長（1913～1914）

他從 Carnegie Institute of Technology, New York University, Wabash College, Columbia Univesity 獲得榮譽博士學位。羅馬尼亞及捷克斯拉夫因為他在紐約的成就頒贈勛章，備極尊榮。

65歲以後安氏體力漸衰，辦事效率減退。1928年以 Harry Lydenberg 為副館長，1934年接任館長，他改任榮譽館長。當年尚無退休制度，董事會主席 Lewis Cass Ledyard 援 Billings 先例，送安氏養老金四萬以資酬庸，贈紐約公共圖書館200,000元，作購書之用。

在紐約時安氏一家住在郊區 Scarsdale，在佛蒙特州（Vermont）另有一別墅消夏。晚年與妻子住到維吉尼亞（Virginia）的 Williamsburg 新居。1947年到伊利諾 Evanston 女兒家作客，患冠狀血栓症去世，享年86高齡。火葬，未有舉行任何儀式。

安德遜為一漂亮男子，和藹可親，有說不完的趣事，但對其私生活及圖書館事業則沈默寡言，憎恨自我吹噓，除工作報告外，沒有留下著作。他崇尚學術，不是學人；他喜歡新意，但不是發明家。他的長處是行政，並激發年輕人如他一樣發展所長，貢獻人群。除選入名人榜外，沒有人為他作紀念，屹立在紐約的公共圖書館就是他的永久紀念碑。

# *27*
# 赫爾巴特‧卜特倫
## Herbert Putnam（1861－1955）

　　美國國會圖書館第八任館長赫爾巴特‧卜特倫，將國家圖書館擴展成爲世界第一圖書館，功在國家。學識、智慧、魄力兼而有之，成就之大，在美國無人望其項背。

　　卜特倫1861年9月20日生於紐約市。爲 George Palmer 和 Victorine Putnam 之子。父親經營出版業，創辦 Putnam 出版公司。十一歲失怙，家業由其兄繼承。

　　自幼在紐約 Dr. Marse 的 English and Classical School 肄業。後入哈佛大學就讀，1883年以最優成績畢業，被選爲 Phi Beta Kappa 榮譽學會會員。次年入哥倫比亞大學法學院。1884年經朋友介紹，到明尼蘇達州的明尼亞波利斯（Minneapolis）私立圖書館（Athenaeum）主持館務，並在該市大學學法。一年後，通過考試成爲執業律師。雖無圖書館訓練但興趣濃厚，乃棄法而全力投入圖書館事業。進館後首先廢除古老的借書簿，改爲讀者借書卡。對分類與編目皆有改進，開放書架，令讀者自由取用。同時籌備公共圖書館，將公私立兩館合併，於1889年揭幕，仍以他爲館長。事業穩定後與麻州康橋（Cambridge）Charlotte Elizabeth Munroe 結婚。不久岳母病重，辭職回麻州侍疾，暫時開業作律師。1895年波士頓公共圖書館董事 Henry Bentan 勸說他回到圖書館來重操舊業，並聘他爲館長。斯時該館爲全國最大

的公共圖書館。他的新設施爲擴大參考工作的範圍，改良借書制度，新闢新聞及兒童閱覽室，成立專科分館。四年之內經費由190,000元增到263,000元，職員由195人加到345人，藏書達700,000冊。以其在明市與波市二館成就，聲名鵲起，在圖書館界有崇高地位。

1896年他與杜威等人代表美國圖書館學會出席國會兩院聯合圖書委員會召開的聽證會，以專家的觀點建議國會圖書館應如何辦理，館長應具何資格。有議員問他何謂圖書館學？他說：

> 具備經營圖書館的專門知識，懂得書籍構造及生產歷史，有編製書目的技能，能幫助讀者找到所需資料，並作參考諮詢工作，做書籍與讀者之間的橋樑。

1899年1月國會圖書館館長 John Russell Young 逝世，副館長 Ainsworth R. Spofford 以不善行政，不願遞升爲館長，McKinley 總統須在館外覓一新人。美國圖書館學會會長 William Coolidge Lane 推荐卜特倫充任。當時在波士頓有 Rev. Samuel June Bennow 覬覦此職，請麻州參議員疏通參院議員荐舉他出任，同時用匿名發表文章鼓吹他的才幹和能力，引起反感，卒由總統任命卜特倫出任，參議院亦表同意。圖書館經 Spofford 多年奠定基礎，再加上卜特倫的努力，館務突飛猛進，執美國圖書館之牛耳。

就職不久，他以不卑不亢的態度，週旋於議員之間，他說「我非請願者，我乃諸位的顧問。」因此得到國會的信任與支持，如果他需要經費，有求必應。他時常強調國會圖書館的功能，不僅蒐集圖書供議員之用，而須對全國圖書館有所助益，起領導作用。

1901年是他事業突出之年，在此一年中完成幾件大事，爲：

⑴國會圖書館分類法（Library of Congress Classification）第一冊問世。在編製此法之前，他曾與杜威商討十進分類法的利弊，終以不合大圖書館之用，採取卡特展開法（Cutter Expansive System）的原則，擬訂新法，俾架上的書籍皆有類可歸。25年後，國會分類法爲美國及世界大圖書館採用。

⑵建立全國互借制度，可以減少複本，相濡以沫。

⑶發行編目卡片，出售給各圖書館以省編目之勞。多年來美國圖書館界希望國會圖書館集中編目(Centralized Cataloguing)，以免各館做著同樣的工作，大家共享成果。國會圖書館並將全套卡片寄存在大都市的圖書館內，俾附近圖書館可查出卡片號碼向華盛頓購買，或將卡片上訊息抄下來自作卡片。

⑷全國聯合目錄亦於此時開始，各圖書館將所藏書籍的卡片寄一張給國會圖書館聯合目錄編輯處，於是某書存在某館一覽無遺。

⑸在1901年年度報告中附錄200頁的《辦事手冊》（*Manual*）將圖書館的組織、設備、收藏與辦事程序詳加說明，爲全國圖書館作一示範，有所依循。

爲推進 圖書館工作，卜特倫上書羅斯福（Theodore Roosevelt）總統，陳情說：

> 美國國家圖書館與其他國立圖書館任務不同。美國所有公共圖書館希望國會圖書館制訂標準，領導他們完成社會教育的使命，因此我們應樹立榜樣，促進合作減少浪費，並交換目錄訊息。

總統頗以爲然，1901年在國會致辭時，希望國會對此唯一的國家圖書館，多予經濟上的支持。1903年羅斯福以行政命令將美國立國前的政府檔案和華盛頓、麥迪遜、門羅、漢明頓、富蘭克

林等人的文件，一併由國務院交國會圖書館保管。

　　1905年卜特倫召集並主持版權法修正討論會議，促成1909年通過的新法。1907年開始搜集俄國及日本書籍，奠定斯拉夫文及東方語文兩部的基礎。為使國會圖書館成為文化研究中心，竭力收集外文出版品，以便國人作國際問題研究之資；同時將館藏書目公開於世，吸引外國學人到華盛頓研究美國問題。

　　1914年為適應國會需要，成立「法務諮詢服務」（Legislative Reference Service），專為議員們作諮詢工作。1915年在撥款法案中，明文指定該單位的任務為：

　　　　搜集有關法律的資料，予以分類，用翻譯、索引、摘要等
　　　　方式，提供國會各種委員會及議員個人參考。

以往每日從議員辦公室收到二、三通電話或書面詢問，自從新單位成立後，每日收到電話以千計，業務繁重。

　　以後20年間，全國性的工作層出不窮，茲舉其大者數端如下：

　　(1) 1917～1919年主持美國圖書館學會戰時服務委員會（ALA War Service Committee）的計畫，在館中設辦事處，為第一次歐戰的美國官兵供給精神食糧，如書籍、報章、及畫報等輕鬆讀物，以解煩悶和鄉愁。

　　(2) 1925年成立國會圖書館信託基金保管委員會（Trust Fund Board），有權接受外界捐款和其他禮物作文化活動。如：Elzabeth Coolidge 所捐60,000元，建造一音樂廳，按時舉行室內音樂演奏會；洛克菲勒二世（John D. Rockoffeller, Jr.）捐款75,000元，補助全國聯合目錄的費用。另闢專門講座每年邀請專門學者作專題演講；聘請顧問（Consultant），作購書的建議。

　　(3) 1928年開始計畫第二棟館廈，1930年開工九年後落成，

取名 Adam Building，容量爲二千萬冊，較原來的 Jefferson Building 大二倍，書架長270英里。兩館地面距離相當遠，往返不便，開一地下道連接起來。

⑷ 1930年卜氏親赴歐洲，以國會所撥1,500,000元專款購買 Vollbehr 氏所藏古搖藍本（incunabula）書5,000冊，皆16世紀以前的初印本。其中以拉丁文的古騰保活字本聖經一部，最爲珍貴。

1939年10月1日服務40年後，年登78高齡，卜特倫呈請辭職。國會改聘他爲榮譽館長，仍有辦公室及秘書等優待。當他接掌館務時，藏書900,000冊，職員230人，在退休時藏書統計爲：

| | |
|---|---|
| 書籍和小冊子 | 5,500,000冊 |
| 音樂曲譜 | 1,194,000件 |
| 版畫 | 542,000種 |
| 輿圖 | 1,400,000張 |
| 裝訂成冊的報紙與期刊 | 97,000冊 |
| 原抄本及古本書亦大爲可觀 | |
| 館員增加到 | 1,300人。 |

在歡送會上，朋友們宣布爲他募了一筆獎學金 Putnam Honor Fund，由美國圖書館學會經管，以利息資助研究圖書館學的寒士。同時獻上一座半身銅像，係由他的次女 Bronde 操刀，安置在館中，供人瞻仰。

美國學術團體評議會（American Council of Learned Socities）代表讚頌曰：

> 閣下與精選的僚屬將國會圖書館發展成爲全國性的學術機構，在各方面可與大英博物院圖書館及法國國立圖書館鼎足而立，也成爲美洲增廣知識不可或缺的機構。在你勤奮

和領導之下，國會圖書館對世界圖書館有深厚與長遠的影響。

美國圖書館學會對他的成就頌揚謂：

赫爾巴特・卜特倫為我們圖書館界的祭酒，因為他的才能、機智和智慧，以40年的時光，將國會圖書館從一個政府附屬機關，變成世界最大的圖書館，令美國人感到無上的光榮。

卜特倫一生所得的榮譽和獎狀，不勝枚舉，茲錄其大者如下：

獎狀：1929年羅斯福總統傑出貢獻獎；同年瑞典皇家封贈爵士勛章（Royal Order of Pole Star）；1937美國圖書館學會Joseph W. Linppincott Award

學位：榮譽文學博士：Bowdon College（1898），Brown University（1914），Princeton University（1933）；法學博士George Washington University（1903），University of Illinois（1903），Willams College（1911），Harvard（1929），New York University（1930）。

他參加文、哲各種學會，有 American Academy of Arts and Sciences，American Philosophical Society，美國、法國、捷克等目錄學會（bibliographial societes），American Antiquarian Societiy。出席國際各種會議也屢見不鮮，各種榮譽集於一身，不獨圖書館界罕見，其他學術界亦屬絕無僅有。

卜氏退休後一人獨居16年。1954年他93歲時華盛頓郵報記者作了一次訪問，欲知其生活狀況。他說每日清晨六時起床，自作早餐及咖啡，然後搭乘公共交通車到圖書館，閱讀信札，接見訪客，如有人求見，熱烈接待，如有人向他徵求公私事的意見，坦

誠相告。早年喜歡打高爾夫球或垂釣，現在全停止了。

　　這樣清閑自在，瀟瀟灑灑又過了16年的退休生活，1955年夏到麻州海濱度假，跌跤腿骨折斷，延到8月14日以冠狀動脈血栓症去世，享年94歲。一代哲人，長眠地下，給後世無盡懷念。

　　對卜氏的個性與作風，國會圖書館要員 David C. Meads 在1956年紀念文章中道：

　　　　卜博士身軀矮小，紅髮褐眼，唇留短髭。坐在高背椅上，口銜煙斗，一幅遙不可及的樣子。面色嚴肅，神聖不可侵犯似的。任何部屬不得稱其名號，而且須站著講話，從不讓坐。如有指示則須銘記在心，不作筆記。這種態度，多年成為習慣，同仁不以為怪。人們對他深為畏怯，但敬之愛之，以為他工作為榮，由其誠懇待人所致。

# *28*
# 約瑟芳·亞當斯·勞士波恩
## Josephine Adams Rathbone (1864－1941)

　　約瑟芳·亞當斯·勞士波恩，麻州 Jamestown 人，生於1864年9月10日。父親 Joshua Henry 爲醫師，是1628年從英國乘 Speedwell 號移民來美 John Rathbone 的後裔。母親 Elizabeth Bacon Adams 爲南方喬治亞州人，有新英格蘭洋基（Yankee）及南方二種血統獨特的性格。

　　1882年勞士波恩到衛斯理女子學院肄業一年，改讀密西根大學（1887～1891），皆未卒業。1891年爲新興圖書館教育所吸引，考入 Albany 紐約州立圖書館學校，1893年獲 B.L.S 學位。居 Albany 時，在一天主教 All Saints Cathedral 敎區圖書館作館員。出學後，到紐約市布碌崙 Pratt Institute Free Library 工作。Pratt Institute 係洛克菲勒油商夥伴 Charles Pratt 於1885年出資興辦。Pratt 幼時貧寒，沒有機會受敎育，他希望青年男女學生能習一技之長，可以謀生。Pratt Institute 是一家庭學校，創辦人以他的長子 Charles M. Pratt 爲校長，次子 Frederick 爲敎務長，另外三子爲校董。Pratt 兄弟對校務採取放任政策，一切交由四個學院負責人全權處理，除非需要經費，否則不去麻煩校長。

　　圖書館學院及學院圖書館1890年由 Mary Wright Plummer 負責，勞士波恩爲助理編目員在學院兼課。1895年 Plummer 改

爲院長兼館長，勞士波恩升爲副手。1911年 Plummer 辭職，改任紐約公共圖書館附屬圖書館學校校長，Pratt 董事會聘 Edward F. Stevens 繼之，以勞士波恩爲圖書館學院副院長（vice‐director），一直作到退休未曾升爲院長。一個奇怪現象是副院長獨霸院務，院長不得染指。這種特殊狀況存在20餘年，Stevens 未向董事會提出抗議。所有學生及校友只知道勞士波恩而不與 Stevens 發生任何關係。後者雖不能明爭只好暗鬥，當他離開學院前放了一枝冷箭，向董事會說勞士波恩辦理學院頗爲成功，但院長兼館長職位非一女性所能勝任。董事會接納他的意見，始終沒有改聘勞士波恩爲院長或館長。

　　Plummer 和勞士波恩皆杜威門生，所有課程按照 Albany 模式，但 Albany 側重造就大學圖書館人才，而 Pratt 專門訓練公共圖書館幹部，注重實際問題，甚至修護書籍皆須學習。每屆只辦一班，以25名爲限。入學不須大學文憑，但須經過嚴格入學考試，大約每四人錄取一人。考試題目包括文學、歷史及時事，例如：

　　1.英美作家深受福樓拜、杜斯托耶夫斯基、契霍夫、易卜生等人影響，試舉其著作以證明之。

　　2.下列名詞爲何許人：

　　　A Roland for an Oliver

　　　Hobsen's choice

　　　Jacobites

　　　Chinese Gordon

這類問題恐怕普通大學畢業生也不知答案。

　　勞士波恩的口號是，圖書館員的最高原則，爲「知書的能力」（to know books），和「書籍需要用它的人」（the book needs of people）。一個館員如果能完成這二件事就算成功，不須是個目錄學專家，能寫有關目錄學的文章，或是擁有多種學位。雖然是低調，但訓練出來的畢業生都很健全，堪當大任。

勞士波恩除行政外，還教授書籍選購、小說研究、參考工作、目錄學、分類及時事檢討等課程，後者須在課堂當眾報告，提出討論。她負責學生就業問題，每年春季率領學生到新英格蘭、紐約北部及大西洋沿岸一帶考察參觀。每年發出問卷至全國各圖書館搜集資料，俾知其需要。用意有二：一可為適當學生介紹工作，二可改進學校課程。

除功課嚴格外，她重視學生的生活社會化，要求她們明瞭社會情形，與社會打成一片。命她們到 Rand School of Social Studies 去聽演講，到市政府聽市長 LaGuardia 施政報告，參觀書籍拍賣和展覽，暇時還請學生到外國餐廳吃經濟餐，到她俱樂部飲茶。學生是她的羊群，愛護無所不至。不僅造就為良好圖書館館員，還塑成健全的人格。

她是良師，將自己的心得傳授給學生，例如一次她將一書分在某類，下次她又將該書分入另外一類。學生發出疑問，她說那是前次，今天可能我的想法不同，所以分類是藝術不是科學。做到循循善誘的程度。

學生對她的愛戴不比尋常，大家認為與她在一起，無人不受其鼓勵與感染。有一紐約時報名記者視她為第一流頭腦，心胸廣闊，有魄力、熱情、進取和同情心。這樣的評價，學生認為是確切的，當之無愧。

勞士波恩的工作不只限於學校，還致力於校外專業的活動。1915她倡立 Association of American Library Schools，二度任會長（1920－21，1927－28）。她服務於 ALA 各種委員會，充評

議員，執行委員會成員，1931～32被選為會長。1932年在 New Orleans 年會發表就職演說「The Library in a Changing World」，大意說：

> 世界在改變，我們須隨之改進。吾人須放眼觀察社會的需要，要有想像力，不僅斤斤計較雕蟲小技和追求研究與學術上的地位，還要發揮創造性的潛力，將國家社會造成更有意義，更有秩序的樂土。

1908年為 New York Library Association 書記，1918～19年為 New York Library Club 會長，1912～13年為 Long Island Library Association 會長等職銜。

學校是她的第二生命。1916年她對 Trenton Public Library 全體人員演講稱：

> 許多人將他們個人生活和職業生命分為二事，我認為是一種錯誤。我們最快樂與有效的生活是二者合一。消遣（play）是為了工作（work），工作增加消遣的樂趣。

Partt Library School 到1990年成立百年，1885 由 Mary Plummer 開端，辦了16年，1911～38勞士波恩繼之27年。二個突出女性花了幾乎半個世紀的時光，制訂規模，計畫課程，講求品質，對學生專業的造就從不吝惜精力，二人志同道合，在人格上略有不同。1966年畢業生 Julia Carter 說：

> Plummer 女士比較貴族氣息（aristocratic），勞士波恩則頗為直率，雖然她與學生站在相當距離，但如果請教她，她必單刀直入，將問題的重心，徹底予以分析。

有讚譽也有微詞。Rice Estes 稱：

> 勞士波恩女士是一能幹而嚴峻的女性。她給我的印象是，20年代充滿智慧與大無畏精神的女強人。但到世紀轉換的

時候就停住了，頑梗不化。時值當代大師如哥倫比亞的 Charles C. Williamson 及芝加哥的 Pierce Butler 出現後，她竟視若無睹，留戀於1910年的傳統中，我們班上頗有怨聲。

在1920年代初期，改良圖書館教育之聲甚囂塵上，要求制訂標準，提高入學資格，她極力反對，認爲各校有其辦學理念與傳統，不能要求統一，強人所難。對 Pratt 來說，確是困難重重。一方面不能放棄創校人的宗旨，另一方面不能不順應潮流，這種可致學院於死地的危機，但憑她的高度智慧及應付技巧，能挽狂瀾於既倒，厥功甚偉。

除參加圖書館團體工作外，勞士波恩亦常寫作，投稿 *Library Journal*，*Library Association Record*，*Cyclopedia of Education* 等刊物。她愛好研究現代經濟與社會問題，音樂、近代美術、戲劇。室外活動有駕舟、爬山、植樹、旅遊。她將旅行心得寫成一書 *Viewpoints of Travel*，1919年出版。

Pratt Institute 實行退休養老金制度，終身領取半薪，1937年校長 Charles Pratt 覺得勞士波恩到了退休年齡，請她到辦公室談話。校長說：「我想你生於1869年。」她說：「1864年」。校長在他的簿子上查了一下說：「我說尾數應該是『4』而不是『9』。」談話後她決定於1938年1月退休。時年73歲。

校友會要爲她留一紀念，捐資請名畫家 Ivan G. Olinsky 爲她繪了一幅肖像。先在紐約 Macbeth 畫廊展覽一段時期，然後於5月27日改懸在學院圖書館，作永久紀念。畫像莊嚴肅穆，維妙維肖，觀者無不嘆爲觀止。

退休後，她定居喬治亞州 Augusta 市，她母親的故鄉。參加當地許多社交團體，還興致勃勃買了一輛汽車，僱司機教她開

車。往來於舊雨新知中，度過極為豐滿與悠然的晚年生活。1941
年5月1日以冠狀動脈栓塞症去世，享年77歲。

　　蓋棺論定，一個大圖書館主管對她作了公平的評價曰：

　　　　勞士波恩在心理上及生理上警覺性極高。對新的願望相當
　　　　歡迎，對舊的傳統堅持不棄。對學生的幸福與前途十分關
　　　　心，時刻留心她（他）們在知識上和專業上的進取。在圖
　　　　書館事業的功績是不朽的。

　　她死後的殊榮為被選入美國圖書館學會的名人堂。

# *29*
# 吉姆‧漢遜
## J. C. M. Hanson（1864－1943）

　　美國書籍編目有百餘年歷史，但規範的形成是1900年前後的事。這樣的進步雖是多人的奉獻，而其主導則捨吉姆‧漢遜莫屬。芝加哥圖書館學研究所教授 Pierce Butler 稱道：

> 我們可以斷言，在我們時代中對圖書館員及使用圖書館的人影響最多而且深者，只有吉姆‧漢遜一人。凡用國會圖書館編目卡片或按照 ALA 編目條例編書目者，無不拜他目錄學造詣和行政天才之賜。

　　漢遜（Jens Christian Meinich Hansen）1864年3月13日生於挪威奧斯陸西北188里的 Sorheim。他是 Gunnerius 和 Eleonore Roberg Hansen 八個兒女中第二個男孩。父親爲公務員，小有土地的中產階級。母親的同父異母兄弟 Hans Roberg 在美國愛荷華州 Decorah 定居，願意接她一個孩子到愛荷華受美國敎育。Jens 九歲（1873）同一個挪威路得會牧師從家鄉來到 Decorah。他的敎名爲 Jens，同學們叫他 Jim，後來正式改爲 James。他的姓隨美國習俗由 Hansen 改爲 Hanson，姓名簡寫爲 J. C. M. Hanson。

　　1874年在 Luther College 註冊，準備讀完三年預科回挪威。不幸1877年的年終考試因故未能按期結束，得父母同意補修一年。畢業後並未回國，又在大學本部讀了四年，得 A. B 學位。

擬與一同學到達科答（Dakata）州找工作，不料挪威路得教育會
主席 Rev. O. J. Koren 將他帶到 St. Louis 的 Concordia Theo-
logical Seminary 去讀神學。讀完二年，他發覺不宜擔任神職而
廢。但他終身虔誠信仰基督教。

　　雖然漢遜沒有讀完神學院，他第一個工作卻與教會有關。他
到芝加哥挪威路得會的 Our Savior's Church 教區學校任校長，
同時兼管主日學校。爲增加收入，他在芝哥教育局爲斯堪的納維
亞（Scandinavian）子弟所辦夜校敎英文。夏季則在芝城一帶棒
球隊作投手，儘量挣錢。

　　1888年漢遜到康廼爾大學（Cornell）研究院註冊，第二年
獲 Andrew D. White 獎學金，從 Charles K. Adams 及 Moses C.
Tyler 二位大師讀歷史及政治學。同時認識大學圖書館館長
George W. Harris。據說他受後者影響，選擇圖書館爲終身志
業。他積極參加課外活動，爲大學棒球隊投手，加入 Kappa Sig-
ma 兄弟會。二年後，經濟無法維持，需要再找工作。此時有二
個機會任他選擇，一爲阿肯色州（Arkansas）某學院敎歷史兼棒
球敎練，一爲到芝加哥 Newberry Library 作編目員。考慮之
後，他願到圖書館工作。

　　1890年漢遜在 Newberry 館長 William F. Poole 領導之下，
學得編目以外許多其他知識。他採用 Charles A. Cutter 的字典
式編目規則（*Rules for Dictionary Catalogue*）。1892年查理・馬
特爾（Charles Martel）進館作他的助手。同事中有許多後來成
名的人，如 E. H. Anderson（紐約公共圖書館館長），William
S. Merrell, author of *Code for Classification* 等人。1892年11月
6日與一中學女生 Sarah Nelson 結婚，爲他生了五個孩子，三男
二女。

　　漢遜在 Newberry 待了四年，1893年康廼爾老師 C．K．Adams 當上威斯康辛（Wisconsin）大學校長，召他到大學圖書館充編目主任，他擔任斯職五年，採用 Charles A．Cutter 的展開分類法（Expansive Classification，E．C．）。那時 E．C.只出到第六表，尚未全部完成，他自己增加類目作補救。因此對分類得到經驗，對日後另一工作，大有稗益。

　　1897年國會圖書館發生巨變，從國會搬到獨立新館，館長 A．R．Spofford 退居副館長之職，新館長 John Russell Young 到任，館裡需要一個編目主任。職員慣例按地域分配，行政人員幾位來自東岸及南部，故技術方面須向西部或中西部物色。康廼爾校長 White 推荐漢遜出任，於是他於1897年9月1日到國會圖書館主持編目事宜。他在1929年回憶中道：

　　　　1897年我到任時圖書館情形很不理想。館藏75～80萬冊書
　　　　籍必須重新改編分類，而新書源源而來，應接不暇。沒有
　　　　排架片，工具設備極端缺乏。編目部有三個抱殘守缺50～
　　　　76歲的老人，孤陋寡聞，對圖書館界所發生的事一無所
　　　　知。

　　他將 Newberry 的老搭檔，查理‧馬特爾請來負責分類工作。在圖書館13年，重要措施有五樁大事：⑴製訂分類法，⑵編製標題總目（List of Subject Headings），⑶新書書目，⑷出售編目卡片，⑸修定編目條例。

　　漢遜和馬特爾開始研究分類法，從盛行的杜威十進法著手。副館長 Spofford 和他皆反對十進法的標記（notation），尤其不贊成小數點過多。而且杜威不許別人改變他的方法，所以放棄了。然後考究卡特展開法（E．C．），深受其影響，漢遜決定採用 E．C．第六表，作國會圖書館分類法（L．C．）發展的根據。

馬特爾先將 E. C. 的 Z 字作為目錄學與圖書館學的類目標記，又將 E. C. 中美術、音樂、文學等類放在社會科學與自然科學中間。E. C. 符號大類用單一字母代表，L. C. 改用二個甚至幾個字母，字母之後可加數目字作小類，成為字母與數字混合標記，漢遜和馬特爾時常工作到深夜二、三時才能就寢。

漢遜另一貢獻為1908年與英國合編的 *Anglo-American Cataloging Rules*。1900年他被選為美國圖書館學會出版部編目顧問委員會主席，負責修改 *A.L.A Condensed Rules for Author and Title Catalog*。1883年這個委員會與英國圖書館學會成立聯合委員會，一同研究二國編目條例的異同。W.W. Bishop 曾言：

> 漢遜身為主席要協調二國不同意見，頗費周章。數年之後，他帶著美國草稿到英國，經過多次艱苦的會商，一條條仔細辯論和協商。

英國人一向保守，對宗教、政治甚至一個貴族的官銜及一個已婚婦女的稱謂都不輕易讓步。終於1908年雙方在174條規則中通過了166條，只八條不能得到共識，成果即 *Anglo-American Rules of 1908*。在數年交涉中，漢遜用了最大的機智和說服力，才得到偉大的成功。

至於國會圖書館卡片銷售的成績是因為國內及國外圖書館對片中精確的訊息的信任所致，J. Christian Bay 在 *Library Quarterly* 撰文稱道：

> 我們看見漢遜先生來來去去，手中攜一小皮包，內裝一細細卡片，是他夜間在家中作了最後修改的成果。他一雙白晳的手握著片子，隨意翻動，霎時就可發現錯誤。如果遇到完美的作品則自言自語地說：「佳作太好了！」讚不絕口。

　　除了編目規則與分類法外，另一項成就為標題總目的編製
（ *List of Subject Headings* ）。標題可以幫助不知著者或書名的
讀者查書。標題總目編製有二個方式：一為純粹字典式（dictio-
nary），一為字母分類式（alphabetic classed）。後者是將許多
獨立的標題歸納在一個名詞之下，如：Fire Insurance, Life In-
surance 改為 Insurauce, Fire；Insurance, Life。這樣所有各種不
同保險都集中在保險一詞之下。後來又進一步改為 Insurance-
Fire, Insurance-Life。國會標題總目風行一時取 ALA 標題總目
而代之。國會圖書館並將一書的標題印在主片的追尋項上（trac-
ing），需要改動時即刻可將所有標題片剔出來。

　　漢遜在國會圖書館13年，想從技術轉到行政工作。1910年芝
加哥大學圖書館混亂不堪，亟須整頓，乃聘他為副館長去作起死
回生的改革。大學傳統，館長須以教授兼充，那時館長為神學教
授 Dr. Erust D. Burton，二人合作無間，在離開前還代理館長
二年。

　　漢遜在芝大最大的貢獻為將散漫的分館制改為集中的總館
制。A. Th. Dorf 在追述的文字裡說道：

　　　善用學校賦予他的權力及當時可能發展的環境，漢遜為芝
　　加哥大學完成大功是學校歷史上永不泯滅的光榮。他不僅
　　有高度的智慧與技能，而且牢牢把握著圖書館行政方面的
　　焦點，以及圖書館與學校及學術問題的關係。他為圖書館
　　開拓工作，不只有助美國圖書館事業的發展，對圖書館學
　　也有重大意義。大家不僅讚賞他的技能，同時欽仰他淵博
　　的學識，堅強的意志和完整的人格。

　　1928年芝大成立圖書館學研究所（ Graduate Library
School ），聘漢遜為目錄學教授並兼任編輯委員會主席，發行

*Library Quarterly*。

同年挪威政府封贈他二等 Commander of the Order of St. Olav 勳章，開始他欲婉拒，他在挪威的家族認為拂國家盛情為不恭，他才接受。

在就教授第一年，卡內基世界和平基金會出資改編羅馬教廷藏書目錄，使世界得知其內容。由密西根圖書館館長 W.W. Bishop 率領美國代表團前往工作。團員為漢遜和馬特爾兩位專家，還有二個行政人員，因為他們二人皆精通多國文字（漢遜懂16國語文）勝任愉快。他們撰寫《梵蒂岡編目條例》（*Vatican's Norme per il Cataloge degli Stampati*），冶歐美法規於一爐。他還趁機回挪威一趟，探望家人。

1931年母校 Luther College 頒贈榮譽法學博士（LL.D）學位，後任國會圖書館顧問六個月，到密西根及哥倫比亞大學作客座教授，1934年他循例在70歲退休，與妻子及幼子 Harold 常住威斯康辛 Sister Bay 別墅。其他二子二女已成家立業，住在伊利諾州。

退休後，漢遜對編目仍感興趣。1939年芝加哥大學出版社印行他的 *Complete Study of Catalogue Rules Based on the Anglo-American Code of 1928*，追述多年與英國諮商編目規則的經過及兩國的異同。他還自己用打字機寫了一篇九萬字的自傳，傳給子孫留念，芝大圖書館也保存一份。其他的寫作於1899～1910年國會圖書館年報中可見。*Library Journal* 1900～1908年也記載他參加各種委員會的言行。1934年 *Library Quarterly* 四月號為他出了專號（*Fests chrift*）表示對他的尊敬。

漢遜的國會圖書館同事 W.W. Bishop 對他作了下面的感想：

　　漢遜的語言天才與廣博的書籍知識，是國會圖書館最理想的編目主持人。他曾選拔一批優秀男女在一處真誠合作，他們對他摯愛有加。他決心將國會圖書館全部藏書重新編過，制定英美編目條例，印行目錄卡片銷售給國內外各圖書館，這些都顯示他在職時的成績。卜特倫館長了解他的構想，全力支持，要人要錢如其所願……編目部在他的主持之下，得以平衡與有效的發展，他功不可沒。

　　漢遜為一金髮巨人，體育技能如棒球、游泳等亦很突出，為圖書館界所罕見。他的飽學與語文的造詣，以及堅如磐石完整的人格，引人敬重。他仁慈、虛心、雅緻的性格，得到同僚及學生的崇敬。具有北歐純樸的氣質，給人留下深刻的印象。

　　漢遜於1943年11月8日在威斯康辛 Green Bay 逝世，得年79歲。八年後被選入美國圖書館學會名人堂。

# 30
# 赫爾賽‧威廉‧威爾遜
# Halsey William Wilson（1868－1954）

　　赫爾賽‧威爾遜經營目錄及索引出版事業凡53年，雖非職業圖書館家，因一生與圖書館脫不了關係，美國圖書館學會與專門圖書館學會均選他爲榮譽終身會員，得到圖書館界的認同。*Saturday Review* 譽稱他之於索引與目錄，一如 Webster 之於字典，Bartlett 之於引用文（Quotation）詞典，因其在書籍與期刊索引之彙編與發行，貢獻卓著。

　　威爾遜1868年5月12日生於佛蒙特州之 Wilmington。父母親爲 John Thompson 及 Athea（Dunnell）Wilson。遠祖有 Roger Williams, Anne Hutchinson 及 Mary Dyer（Quaker Martyr）等不朽人物。父親爲墓碑刻工，三歲時父母因肺癆雙亡，生活進入絕境。先到麻州祖父母家田莊作零工，後至愛荷華親戚處謀生。入威斯康辛 Beloit College 肄業，1889年轉到明尼亞波利（Minneapolis）明尼蘇達大學就讀，以送報及在教堂打工維持生活。1889年與一室友 Henry S. Morris 各出100元，合資出售教科書，生意頗爲得手。同時買些印刷工具，學習印書技術。Morris 畢業離校，將股份出讓給他獨自經營。1895年與一婦女選舉權運動者 Justina Leavitt 結婚，爲終身內助，白頭偕老。

　　因爲售書，書籍情報極爲重要，主要來源爲 R. R. Bowker 公司的《出版週刊》（*Publishers' Weekly*）。1897年該公司宣

布停止印行每六個月一期的彙輯本，他即決定編印《書籍彙積索引》（ *Cumulative Book Index* ，*CBI* ）以代。第一期於1898年2月出版，僅16頁的小冊子，定價一元，全年只有訂戶300家。白天由妻子編輯，晚上他乘公車送貨，備極辛苦。

　　開始編索引有兩個問題必先解決：一爲彙積頻率（ frequency ），決定每月出版一期，每逢三、六、九月出季刊一次，十二月出全年彙輯本。這樣既經濟又適用。一爲彙積的方法，將已用過的鉛條（ linotype slungs ）保存起來，每新出一期，將新鉛條加在積存的鉛條中。50年後鉛條存到60,000磅之多。

　　爲增加人手，1895年聘到一位精力充沛，不辭勞苦的 Marion Potter 爲 CBI 的主編，她服務55年，直到1953年去世爲止。

　　1899年，Potter 開始第二種工作《 美國書目 》（ *United States Catalog* ,*USC* ），爲著者目錄加書名索引。以後於1902、1912、1928年出過三次彙積本。最後收書190,000種，第一版重27磅。

　　1901年《 讀者期刊論文索引 》（ *Readers' Guide to Periodical Literature* ,*RG* ）問世，作爲 CBI 的補充刊物。當時檢索期刊論文全憑 *Poole's Index* 五年一次的補篇，所以尋找期刊論文十分困難。當威爾遜出席美國圖書館學會會議時，大家對此需要熱烈討論，慫恿他擔任此艱巨的工作，仍由 Potter 主持，外加一名紐約公共圖書館學校畢業的 Anna L. Guthrie 爲助理。同年他的書店擴大爲公司，發行股票。在明尼蘇達大學對街建造一棟三層樓房，書店及編輯室均設其中。

　　1905年第四種刊物出籠，命名《 書評文摘 》（ *Book Review Digest* , BRD ），將40種書評雜誌材料編在一起，爲私人及圖書館購書指點迷津。

公司業務發展迅速，索引源源而出計有：

*Library Work*（1906，後改為 *Library Literatures* 及 *Wilson Library Bulletin*，

*Eclectic Library Catalog*（1906，*Abridged Readers' Guide* 的前身）

*Readers' Guide Supplement*（1907，*International Index*，and *Social Sciences and Humanities Index* 的前身）

*Debaters' Handbook Series*（1907年，後改為 *Reference Shelf*）

*Fiction Catalog* （1909），

*Children's Catalog*（1909）.

　　威爾遜出版索引及書目有二個原則：一為服務，不以謀利為目的，二為不與同業競爭而應相互依扶。為實現前者，他的書價按 *Seurvice basis* 收費。書商買他的出版品按他們營業數字定價；對於小的圖書館則調查其預算及訂閱期刊的多寡，和使用索引的程度為準；預算小，期刊少的圖書館付的代價也少，這樣可將省下的錢多訂幾份目錄和索引。

　　為實現第二個原則他與 Publishers' Weekly 的 R. R. Bowker 成立君子協定，不編印同樣性質的工具書，以免重複。

　　1913年威氏將公司的產業13大車，職員20人搬到紐約市北的 White Plain 營業，在那裏又新出：

　　*Industrial Arts Index*

　　*Agricultual Index*

　　*Wilson Bulletin for Librarian* 等索引。

　　威爾遜將編索引所用過的期刊存積起來，1920年成立期刊交換中心。到1959年，積有300萬不全的零碎本，裝訂本10萬冊，完整期刊一千套，全部賣給 Kraus Periodicals, Inc.。

　　1917年向紐約市發展，在 Harlem River 東岸布朗士區建造五層樓磚房，在1929、1938、1957年三次添造補充建築群，其中以1929年興建的八層大廈最為壯麗，在屋頂上裝飾一本張開狀書的鋼質模型，書上聳立一架距河水平面250尺高的燈塔，象徵公司的出版品照耀學術與知識，使之發生光輝。

　　搬到紐約後，出版索引更多，如：

　　　　*Index of Legal Periodicals*
　　　　*Education Index*（1929）
　　　　*Art Index*（1929），
　　　　*Vertical File Index*（1932）
　　　　*Essay and General Literature Index*（1934）
　　　　Bibliographic Index（1938）
　　　　*Biography Index*（1946）
　　　　*Play Index*（1949）
　　　　*Short Story Index*（1953）
　　　　*Business Periodical Index*（1957）
　　　　*Applied Sciences and Technology Index*（原
　　　　　　名 *Industrial Arts Index*）
　　　　*Biological and Agricultural Index*
　　　　*Social Sciences and Humanities Index,*
　　　　　（1965－74）
　　　　*General Science Index*（1978）

　　除索引外，威爾遜公司還編有標準書目系列（*Standard Catalog Series*），計有：

　　　　*Children's Catalog*
　　　　*Standard Catalog for Public Libraries*

（1918）

*Fiction Catalog*（1942）

*Senior High School Library Catalog*（1926）

*Junior High School Library Catalog*（1965）

　　為便利圖書館互借，他花15年工夫與美國圖書館學會及參加的圖書館編出的第一部《期刊聯合目錄》（*Union List of Serials*），1927年出版包括200個圖書館所藏的75,000種期刊。1943年由國會圖書館編成第二版，包括600個圖書館所藏115,000種期刊。威爾遜保留版權，但不分享利潤。第三版為了藏在美國及加拿大956個館中的176,499種期刊。

　　威爾遜與圖書館界關係極為微妙，二者幾乎不可分離。威氏隨時注意圖書館問題，為之解決。他曾參加過40次 ALA 夏季年會，40次冬季會議，各州組織會議百次，地方團體會議不下二、三百次。他嘗自我解嘲說：「我從這麼多的會議中所學到的知識和經驗要比在圖書館學校讀一年為多。」他鼓勵公司職員參加作會員，必要時代他們繳會費及津貼赴會的費用。威爾遜公司職員時常參加學會專門委員會，提供專門技術，發表新計畫，作出更多服務。學會特別成立 Committe of Wilson Indexes。該委員會十年間提出七個索引計畫，建議349種期刊列入索引中。學會商請威氏印行圖書館專門著作，如 *Common Sense Cataloging*, *An Introduction of Children's Work in Pulbic Libraries*, Rutherford Rogers 和 David C. Weber 合著 *University Library Adaminstration*，皆為最需要的讀物。

　　威氏對同人工作要求很高，但時時刻刻為他們的生活著想。他將有能力的女職員的位置提高到行政階級；還成立退休養老金制度，在私人企業中為創舉，未用的病假可以積存為有朝一日重

病之用；對殘障者毫不歧視，只要有一技之長，仍然聘用。他從不休假，但尊重員工的休假權利。他沒有自己的辦公室和秘書，只要有一張舊書桌就滿意了。這種美德，使職工滿懷感激之心。

威氏雖然在事業上殫精竭慮，仍有為人輕鬆的一面。身軀健壯，面圓圓，禿頭留短髭，喜歡說俏皮話，富幽默感，用 Harold Workman Williams 筆名編過三本作司儀人所常說的笑話書，還寫過一本 *The Bookman's Reading and Tools*（1932）。他夫婦住在 Westchester 郡 Crotan Heights 一棟重修過的殖民時代的老宅中。在附近買了一片土地作房地產生意。逐漸賣與公司職員及圖書館界好友建造住宅，造成個親密的小社區。

老年心力漸衰，1952年辭去總裁職務，改任董事會主席。1954年 3 月 1 日平靜地離開塵世。妻 Justin Wilson 亦於一年後逝世，將全部財產捐出成立威爾遜基金會，用以改善圖書館教育，獎勵後進，辦理慈善事業，捐書給醫院、監獄及學校。生前死後皆為人類謀幸福，堪稱完人。

他所得榮譽有：

1939年布朗大學文學博士；1948年明尼蘇達大學傑出成就獎；ALA 及 SLA 榮譽終身會員；1950年 ALA Joseph W. Lippincott Award。

威爾遜逝世後，各方讚譽的頌辭很多，茲擇要錄之如下：

ALA 總幹事 David Clift 致電說：

> 威爾遜自1901年起即為本會會員，我們認同他的成就，而選他為榮譽會員，不僅美國圖書館界，甚至世界同業與出版界莫不受其惠而心存銘感。因為他藉發行索引對萬千的讀者作出貢獻。

ALA 會長 Paul N. Rice 讚美他說：

　　他一個人能作出許多事，真難令人置信。我們用他的
索引及目錄，以為理所當然，但是美國圖書館沒有那些工
具書就作不好工作，稱他所作比任何人都多，決非過譽。
紐約圖書館學會電云：

　　你們因為威爾遜先生的死亡感到重大損失。他是學術與知
識領域中公而忘私的友人。對思想交流及資訊傳播為強有
力的領袖。

他的繼承人 Howard Haycraft 追思謂：

　　當他認為對的事情，從不為反對而屈服，亦不計較旁人的
訕笑，還時常說：「他們都走錯了，而我獨無。」最令人
吃驚的是他每每是正確的。

Minnesota University 圖書館長致函公司說：

　　威爾遜先生的逝世使本大學及圖書館失去一個最忠實的友
人。今年六月 ALA 在開會，我們原希望能見到他，但是
落空。他所建立威爾遜獎學金對本圖書館學院關係很大，
我們為他這樣處置他的財富，致衷心的感謝。

# *31*
# 威廉・華納・畢壽甫
# William Werner Bishop（1871～1955）

美國圖書館界蜚聲國際，鋒頭最健的祇有威廉・華納・畢壽甫一人。曾任國際圖書館協會聯盟（International Federation of Library Association, IFLA）第二屆會長五年（1931～1936）。20世紀前半期，畢氏在國際圖書館運動無役不與，爲美國代言人，其來有自，由其平生事功可見，名不虛傳。

畢壽甫爲 William Melanethan 和 Harriette Anna Werner Bishop 的長子，1971年7月20日生於密蘇里州 Hannibal 市，七歲父親去世，母親帶領他及二個妹妹到密西根州底特律（Detroit），一中學執敎謀生。畢壽甫在公立學校讀書，亦常到圖書館自修。1889年進入密西根大學，三年後以優等成績得學士學位，爲 Phi Beta Kappa 榮譽會會員。1893年獲碩士學位，因經濟關係不能繼續深造，時以爲憾。成名後獲八個著名大學榮譽博士學位，償其宿願。在大學時曾在圖書館工作一段時間，與紐約及歐洲書業界有過接觸，故對書的製作發生興趣。

畢壽甫原研究古典文學，有志在這方面發展。先在 Missouri Wesleyan College 敎書一年，不甚得意，改就 Academy of Northwestern University 敎席，講授希臘與拉丁文。不久轉到 Garrett Biblical Institute 作講師兼圖書館副館長。在芝加哥待了四年，認識芝大校長 William R. Harper，經過校長的介紹到 Chautauqua 暑期學校教書三年（1896～1898），又與 Newberry Library 的 George E. Wire 及 John Crerar Library 的 Anderson Hopkins 成爲朋友，他們敎他圖書館技術，引導他考慮圖書館各種問題。

　　1898年得到獎學金到羅馬的 American School of Classical Studies 作研究。回國後祇能在紐約布碌崙工業預備學校（Brooklyn Polytechnic Preparatory School）找到圖書館館長兼授拉丁文職位，他知道在古典文學的發展不太可能，決定以圖書館爲終身志業。1902年到 Brooklyn 的 Pratt Institute 圖書館學校就讀，受到校長 Mary Plummer 青睞。Plummer 介紹他到普林斯頓大學圖書館作館員，先作編目（1902～1905），後充參考員（1905～1907）。從館長 Ernest C. Richardson 報告中瞭解國內外圖書館情況，同時參加美國圖書館學會，由此奠定他後來在國內外圖書館界活動的基礎。

　　1905年與 Finie Murfree Burton 結婚，生一子威廉二世（W. W. Bishop, Jr.）。

　　1907～1915年在國會圖書館擔任閱覽部主任，接待貴賓參觀和爲讀者解答問題。在國會圖書館雖受館長 Putnam 的倚重，但他感覺所擔任的工作，不克使他的才能發揮盡致。1907年密西根大學校長 William L. Clements，一個美國文獻（Americana）收藏家到國會圖書館查詢資料，發現他對美國文獻也很在行，聘他到密大作圖書館館長，一直作到1941年退休爲止。

　　畢壽甫在密大的貢獻舉舉大者有下列數端：

　　1.擴充 Clements Library 的美國文獻藏書。

　　2.藉著他對出版物（印本及寫本）的知識，與書商及藏書家發生交情，爲大學採購大批有關歷史、政治、醫學、數學等科目

的珍本圖書。選擇精良，在質與量方面皆屬上乘。

　　3.重視圖書館專門教育，先辦暑期訓練班，然後改爲正式學院。他強調圖書館職業學術化，從事專業工作者須在學識上站得住，在求知方面不斷地努力上進，方能得到教授群的敬重和奧援。他鼓勵學生在本身工作外，須擴大視野，爲國家社會作出貢獻。他各地奔走，日不暇給，即是以身作則垂範後生。

　　除密大職務外，畢壽甫對圖書館團體及其他圖書館的發展與國際圖書館機構的聯繫，所費精力較本身工作有過之無不及。茲指出以下數種：

### 1.爲美國大學院校補充購書經費：

　　卡內基基金會爲美國公共圖書館建築捐出大批經費後，即轉移目標到小型學院（college）的購書問題。故組織學院圖書館顧問小組（Advisory Group in College Libraries），請畢氏爲主委。在1928～1943年期間卡內基捐出260萬元作各學院圖書補助費。受惠者多爲美術學院、四年制學院（4 Year College）、師範學院、黑人學院、州立及科技學院。因爲藏書增加，提高教學品質，加強負責圖書館行政者的信心，畢氏聘人編撰大學圖書館行政及購書指南數種：

(1) Charles Shaw： *A List of Books for College Libraries*（Chicago, ALA 1931）

(2) William M. Randall： *The College Library*（Chicago, ALA, 1932）

(3) James T. Gerould： *College Library Building*（New York, Scribuer's, 1932）

(4) F.L.D. Goodrich： *Principles of College Library Administration*（Chicago, ALA, 1936）

(5) Foster Mohrhardt： *A List of Books for Junior College Libraries* （Chiage ALA，1937）

(6) B. Harvie Branscomb： *Teaching With Books* （Chicago，Association of American Colleges，1940）

### 2. 爲美國圖書館學會服務：

畢壽甫1896年加入學會，距該會成立已20年，算是晚出。但他爲學會所作的事勝過前輩，初期在年會及重大會議中勇於發言，提供意見，至今在會報中可以窺見其宏論。1912年被選爲評議員（Council），1915年爲國際關係委員會成員，1917年爲大學與參考組主席，同時爲編目規程委員會主席，1918年爲會長。由這一連串的職銜可知其活動力之強。當他被選爲會長，自己都有些驚喜，係由國會圖書館館長 Herbert Putnam 的大力推荐。他曾在 Putnam 館長之下，工作數年，得其青睞。尤其第一次大戰時學會成立戰時服務團（ALA War Services），Putnam 爲主持人，畢壽甫襄助甚多，故暗中將他推上會長寶座。在卸任會長後20餘年，他對會務更加努力，繼續爲學會行政、圖書館教育、圖書館與成人教育等委員會委員。可說學會學術計畫無不參與，他是圖書館學院派的干城，與公共圖書館份子平分秋色。

### 3. 國際關係：

在國際智識合作方面，畢氏爲學會代表20年。在1941年以前週旋於國際間者美國捨他不作第二人想。正如學會總幹事 Carl H. Milam 所言「國際合作是會中要務，多年由畢壽甫一人承當。」他爲國外圖書館合作委員會主席（Committee on Library Cooperation with Other Countries），執行委員會外交小組委員會主席（Executive Board's Sub-Committee on Foreign Affairs），慶祝學會50週年籌備委員會成員，國際關係委員會主席（Com-

mittee on International Relations, 1920~1934），出席國際圖書
館協會聯盟（IFLA）代表，並服務該聯盟國際圖書館委員會
（International Library Committee）到1945年止，曾被選爲第二
任主席（1931~1936）五年之久，受到歐洲圖書館名家的擁戴。

　　除參加國際會議外，爲外國所作實際工作是改組羅馬天主教
梵蒂岡圖書館的計畫。該計畫爲卡內基基金會1927年提供經費成
立的。爲使教廷圖書館的藏書能爲世界研究學者廣爲利用，卡內
基基金會要求美國選派對古典書籍有心得的編目分類專家數人，
由畢氏爲團長，到羅馬辦理編目工作並草擬編目法（見漢遜
傳）。1927年他到羅馬考察一番，擬出計畫，編製預算舉辦四件
大事：將無價之寶的寫本編一目錄；將印本書重新分類編成目
錄；登記公元1500年以前的搖籃本古書（incunabula）；改進館
屋添置設備。1928年率領 J. C. M. Hanson（編目），Charles
Martel（分類），William M. Randall 和 Milton L. Lord（總
務）四人，開始工作數月，最重要的貢獻爲編目條例 *Norme*
*peril cataloge degli stamspati*，爲整理古典書籍最重要的工具。
1927~1934之間畢氏往返羅馬六次爲梵蒂岡工作，數度爲教宗庇
護十一世（Pius）召見，討論圖書館問題，因爲庇護十一世晉陞
教宗以前曾管理圖書30年。因他與教廷的關係，得以促進國際瞭
解與友誼，功不可沒。

　　1935年畢壽甫任 IFLA 會長時，第二次世界圖書館及目錄學
會議（Second World Congress on Libraries and Bibiblography）在
西班牙馬德里召開，他任主席。翌年辭去 IFLA 會長職務，仍代
表美國爲該聯盟國際圖書館委員會委員，直到1945年爲止。

　　畢氏在日內瓦國際聯盟（League of Nations）擔任國際聯盟
圖書館設計委員會（League of Nations Library Planning Com-

mittee）委員（1928～1937），充該聯盟圖書館館廈及館務顧
問，促進國際圖書館交換館員及學生事宜，影響所及達到亞洲、
紐西蘭、澳洲、拉丁美洲地區。這些交換人員在美國得到專門知
識及經驗後，回到本國作出重大事業。

畢壽甫雖然終年在外奔馳，但未輟寫作，除在專業雜誌發表
論文外，還有專書數種：

1. *Practical Handbook of Modern Library Cataloging*（1st
   ed. 1914；2nd ed. 1924）

2. *Cataloging as an Asset*（1916）

3. *The Backs of Books and other Essays in Librarianship*
   （1926）

4. *Essays Offered to Herbert Putnam by His Colleagues and
   Friends on his 30th Anniversary as Librarian of
   Congress*, 5 April 1929, ed. with Andrew Keogh（1929）

5. *Carneigie Corporation and College Libraries*, 1929-1938.
   （1938）

6. *A Check-list of American Copies of " Short-Title Cata-
   logue " Books*（2st ed. 1944；2nd ed. 1950）

國內外頒贈榮譽博士學位者有：

Miami University（1926）

Oberlin College（1928）

New York University（1928）

Columbia University（1930）

University of Western Ontario（1932）

Ohio Wesleyan College（1937）

The National University of Ireland（1938）

Catholic University of America（1939）
等八個大學可與 Putnam 並駕齊驅。

1925年中華圖書館協會成立，聘畢壽甫爲榮譽會員。1935年協會成立十週年，擬請畢氏來華訪問各大城市，教育部長王世杰曾去函歡迎，因他從西班牙開會歸國，公務繁忙，未克成行，我國圖書館界大失所望。

畢氏身軀龐大，留著雪白的山羊鬍鬚，出外持手杖，一副維多利亞英國紳士模樣。衣著比較守舊。有人對他的表情有些矜持傲慢的印象，但與他相處久了的人則認爲他有仁慈與體諒的美德。他有道德操守，有所爲有所不爲。作爲一個行政者，凡事精心擘畫，毫不苟且。亦有人批評他在密大處事專斷，但校中老師和僚屬皆敬重他完整人格，行政能力及學術造詣。

畢氏於1955年2月19日去世，享年84歲。

在畢壽甫退休時，卡內基基金會總幹事 Robert M. Lester 稱他爲誠實、公正、機智、聰明、滿肚子學問的人。一個圖書館從業員在40年能夠成爲學人、行政家、教育家、彬彬有禮的君子，如非學養深厚，豈能造成崇高的地位。

他自1895年投入圖書館行業，到1941年退休，在這個期間，圖書館各方面的進步，得力於他的努力和成就是不可否認的事實。

# *32*
# 瑪格麗特‧曼尼
# **Margaret Mann**（1873－1960）

　　瑪格麗特‧曼尼是美國著名圖書館教育家，執編目之牛耳凡
50年。編目學在圖書館學裡是一門費解而頭痛的課題，經她數十
年闡究與發揚，得到圖書館界的肯定與讚賞，公認她為斯學的典
型人物。紀念她的 Margaret Mann Award 令她名垂青史。

　　曼尼於1873年生於愛荷華州的 Cedar Rapids。父親 Amasa
為一乾貨貿易商與母親 Emily（Lucy）Devondorf 的父親是同
業，兩家合開一間 Devondorf － Mann 乾貨商店，因此結為連
理。她有三個兄弟，二個早殤，還有一個妹妹。父親為當地普救
教會（Universalist Church）發起人和主日學課監督，此外家庭
背景資料很少，也沒有環境影響她的學習記載。1890年她家遷居
到芝加哥，畢業於 Englewood 高中，以後在伊利諾大學（Illinois
University）讀過幾門歷史課。那時芝市正熱烈改良教育，採用
各種新法培植青年為社會服務。新式學校如雨後春筍，其中有一
Armour Institute 為突出的一所學校，係慈善家 Philip Armour
投資興建，校長為 Frank W. Gunsaules 牧師，致力教育革興多
年，藉 Armour 的財力盡瘁於這所學校。辦學宗旨有二：一為作
進大學的預備學校，二為造就科技人才，將來有謀生之術。學校
有四部門，三個科技學系，一個圖書館學系。Gunsaules 校長調
查全國學校狀況，發現有添設圖書館訓練所的必要。當時只有三

所圖書館學校，皆在阿利根尼山脈（Allaghony Mountains）以東，Armour 是惟一設在以西的。圖書館系主任為沙甫（Katherine L. Sharp）女士，她是杜威學校早期畢業生。第一班報名者35人，只錄取12名，曼尼為其中之一。訓練方式還在學徒式階段，故不為人重視。沙甫雖准高中畢業生報考，為提高水準，入學考試極為嚴格，考題範圍很廣，從古羅馬君王到當時內閣閣員的名字都問到了。近代史還要談甲午中日戰爭的經過，以考驗學生廣泛的知識。素質雖然提得很高，沒有大學地位，不能頒發學位。曼尼終身以為憾事，惟她的考試成績最為矚目。

學校課程有：圖書館書法（library handwriting）、登錄（accession）、採購、編目、分類法、借書、裝訂、排架、參考、目錄學、書籍及印刷史，外加文學史。學系設備奇差，只有50′×60′見方的房屋一間，教師和學生桌椅、書架、閱書桌塞得滿滿的，其簡陋可想而知。物質雖然貧乏，而精神旺盛，師生皆有心將圖書館造成社會生活與思想最有影響力的機構。除上課外還有課外活動，例如：時事討論會，到本校其他學系聽講，到市內其他圖書館參觀，敦請校外名流演講，在本系圖書館實習，得到實地工作經驗。每個學生須訂閱二種刊物：*Library Journal* 及 *Publishers' Weekly*。規定每個學生仔細查閱 *A. L. A. Catalog* 新書書目。曼尼回憶當年學校要求學生注意社會問題，研究社會需要何種書籍供應讀者。沙甫主任對學生照顧無微不至，可惜課程多為技術性的，圖書館原理，行政管理等尚付闕如。

1894年畢業時又淘汰二名，獲得證書的只有10人。畢業生都到外面找工作，惟獨曼尼留校作助教，因為她的學分皆為甲等（A），得到主任的青睞。沙甫不滿意學校現況，認為一年所學太少，應該改為二年制。為先改進自己，她回到杜威學校深造一

年，然後回校開始二年制計畫。

　　1895年沙甫應威斯康辛州圖書館學會邀請到該會夏令講習班講授圖書館學四週，她將曼尼帶去指導學生實習。因為教而知不足，回校後曼尼自動讀第二年的功課，潛心圖書館發展史與行政工作，瞭解社會問題，如書籍與讀者的關係。經過細心思考，她感覺目錄的重要，認為有了完善的目錄，則任何讀者的需求都可迎刃而解，因此她決定選編目與分類為她的專長。

　　她了解讀者的心理，知道他們不願在館員面前暴露缺乏書籍知識的弱點，不敢向館員求教，所以圖書館應該將目錄編好，俾讀者自己去查閱，得到所要的資料。

　　曼尼修完第二年功課，寫了一篇討論互借的論文，編了有關伊利（Erie）、休倫（Huron）及密西根（Michigan）三個大湖的書目，完成畢業所需要的條件，獲得高級證書。*Library Journal* 登了一段介紹她的新聞：「曼尼女士，Armour Institute 編目學講師，曾任威斯康辛夏令學校教師，完成四年教學工作云云。」從此她為人所知，小有名氣。1897年 Armour Institute 結束圖書館學系歸併到伊利諾大學（Illinois University）成為正式圖書館學校，頒發大學學位。曼尼被聘為講師，工作到1907年退出。

　　曼尼在 Armour 四年，聲譽鵲起有四個因素：

　　⑴在校所學雖不多，但接觸的人很多，從這些人的人生哲學得到啟示與鼓勵，確定一生努力的方向，對圖書館的理念和女子職業的信心。尤其對圖書館的觀念大大改變；原來是書籍保管者變為思想的守護者，職業改為專業，技巧成為科學。20世紀以來，專業女性成為社會重要份子，正如杜威的看法，將來的女性具有積極與鬥志的素質，站在教育的前線與牧師和教師並肩作

戰，為社會謀幸福。當時圖書館學校只有 Albany、Pratt、Drexel 和 Armour。施教根據二個原則：(1)使書籍得到讀者（to make materials accessible），(2)為人民服務（to serve the people）；前者著重方式與技巧，後者有賴於情緒和精神。曼尼說她對 Armour 一見鍾情，一瞥（glimpse）之間就愛上了它，加上她進取的精神與才智，奠定一生事業的根基。在圖書館學領域內她選擇編目為使命，因為編目規則和程序需要規律、正確和秩序等條件。從事斯學與斯業者必須具備此種秉賦。儘管圖書館工作者善於處理書籍，若是她（他）的工作不能對讀者發生作用，圖書館即未盡到它的責任，所以編目是重要關鍵。

　　(2)第二個因素是在她學習期間的環境與氣氛。Armour 雖是一小型學校，學生人數不多，但是她們能夠在芝加哥的學校與圖書館作有效的活動。社會認知圖書館學校是培植圖書館人員的正規管道。沙甫主任在國內聲譽卓著，她所訓練出來的英才對社會能作出貢獻。有一畢業同學稱：

> 圖書館的功能是促進教育，我們的使命有三：我們必須了解納稅人與圖書館的關係，供給各種讀者適當的書冊；我們將納稅者的錢用得合理，帳目清楚；我們應切記圖書館是社會生活中心，不僅在知識方面，也顧到音樂、藝術、教育等精神方面。凡來 Armour 參觀的人莫不受到感動，因為課程不斷改進，學生遴選嚴格，教師認真講授。曼尼是其中完美者，她有做學生和教學雙重經驗。

　　(3)塑造曼尼成氣候的第三個因素為她四週的上層人物。學校有各種活動，名人你來我往，川流不息地呈現在師生的眼前，得到感染。圖書館名人如 Melvil Dewey, J. C. Dana, J. N. Larned 及 W. W. Bishop 常來演講，與學生連繫，作她（他）

們的模範。再則，同學都是精挑細選進來的，每個都是人才。畢業後，有作教師的，有在中西部主持圖書館的，她們不是曼尼的同僚就是朋友，可收切磋之益。

(4)受老師沙甫循循善誘，受益良多，終身受用。曼尼對恩師有這樣的回憶：

> 以她（沙甫）敏銳的思想，尊嚴和藹的態度，對職業的鍾愛，得到同學的敬佩。我們有幸受教於一位了解她的工作、她的學生及她自己的老師。她將所知所能無保留地傳授給生徒。她對我們的影響不是偶然的、表面的，而是根深柢固的。她喚醒我們立志做好工作，只許成功，不許失敗，教我們眼光放遠，看到現狀以外的天地。

畢壽甫（Bishop）曾說曼尼成就得力於沙甫女士，她們師生在伊利諾大學數年亦師亦友。老師將她的高足扶植成為編目與分類的權威。沙甫去世時，曼尼將她傳世之作 *Introduction to Cataloging and Classification of Books* 奉獻給老師，以誌不忘。

曼尼在伊利諾大學雖為傑出教師，為前途計她1902年離開沙甫到匹茲堡卡內基圖書館（Carnegie Library of Pittsburgh）就編目主任職。館長 Edwin Anderson（見另傳）物色大批有為青年，不僅能力超群，而且衷心合作。她在匹茲堡17年，身經四個館長，最大的貢獻為編印一部書本分類解題目錄。這部巨製是 Harvard 及 John Crerar 二個大圖書館皆不敢嘗試的。此書一出，全國「歎為觀止」，為編目人員不可缺少的參考書目。卡內基圖書館和她本人因此名震全國，無與倫比。因為埋頭十數年編目的經驗，對她後來教授編目與分類有極大幫助。

1919年匹茲堡館長 Harrison Craver 轉職到紐約聯合工程學會圖書館（United Engineering Societies Library），曼尼受聘前

往，研究工程師所需最新資訊。她給他們滿意的服務，頗受敬重，待了五年。

圖書館界希望曼尼回到教育工作。1924年美國圖書館學會在巴黎開辦美國圖書館學校（American Ecole des Bibliothecaire in Paris），聘她擔任教席。學生來自歐洲各大圖書館，以法籍最多，她須用法語講課。這批學生也是挑選出來的，能吸收美國傳統優點移植到歐洲。她在巴黎留下最佳印象，成為歐洲圖書館良友。

值此時期美國圖書館學會計畫編印圖書館學教科書，聘請曼尼撰寫編目分類一門，她根據在匹茲堡及巴黎的經驗完成前述權威之作《編目及分類導論》，1930年出版，1934年再版，風行一時，至今無出其右者。

1926年曼尼結束巴黎之旅，有許多位置待她選擇。密西根大學新成立圖書館學院，院長 W. W. Bishop 向校方推荐她作助理教授，在推荐書上稱：

> 在編目與分類一門，無人不道曼尼女士為第一人。她雖沒有大學學位，惟我一生所認識的人中以她讀書最多，實為罕見。她是編目學的權威。

當她的海輪停泊紐約碼頭，Bishop 已在人群中站立引領而望很久，見面時親遞聘書，握手歡迎。一個無學位的白丁，得到著名大學恭請，Bishop 以極崇高的地位，如此禮遇，實為異數。從此她加入密西根陣容，不久升為副教授。

曼尼為圖書館學會盡力甚多，為其行政、教育、分類各委員會委員，曾經一度為副會長。她是美國目錄學會（Bibliographical Society of America）會員，American Library Institute 院士，法國圖書館學會（Association des Bibliothecaire Francaise）

會員。撰寫論文30餘篇，專書除上述《編目及分類導論》外，還有(1) *Rules for Filing Cards in the Dictionary Catalogue*，(2) *Subject Headings for Use in Dictionary Catalogue of Juvenile Books*。

　　終其一生，貫注精力鑽研編目分類之學，教導學生，其教授方法有獨到之處。學生有來自亞洲的中國與日本及歐洲，桃李滿天下。

　　編目是枯燥乏味的工作，要能吸引從事此項工作者的興趣，使之樂此不疲，非有極大魅力不為功。分類一事需要學力與功力，鍥而不捨，持之以恆方能成功。曼尼數十年在她恩師沙甫感召之下，傳其衣缽，造就無數後起之秀，不僅尊之為師，且愛之為友。她所得的回報不是金錢的代價，而是精神上的鼓勵和安慰。

　　曼尼1938年65歲退休，改為榮譽副教授，住在安亞伯（Ann Arbor）大學城。在退休前她記憶力迅速減退，在講壇上顯示出來，有些器官失去知覺。慢慢與朋友和學生失去聯絡，生活孤寂。本可出外旅遊紓解寂寞，無奈98歲的老母臥病在床，不能離開。母親去世後，妹妹生病，妹妹死後，孑然一身，更加悽涼。1949年甥女接她到加州住在一起。1960年8月22日逝世，享年87歲。移葬在原籍 Cedar Rapids 她父母墓旁。

　　美國圖書館學會為紀念曼尼在編目分類的成就，在1950年克里夫蘭年會成立 Margaret Mann Award。凡(1)在編目或分類有重要著作，(2)對編目機構有特殊貢獻，(3)在編目、分類二項有改進或發明，(4)傳授編目學有卓越成績者，經提名評審合格，可獲獎狀一紙，但無獎金。自1951年起每年頒發一次。外國得主有：大英圖書館 Arthur Hugh Chaplin（1963），加拿大多倫多大學 Katherine L. Ball（1969），印度 S. R. Ranganathan（1970）。

# *33*
# 哈利・米勒・萊登保
## Harry Miller Lydenberg（1874－1960）

　　哈利・萊登保是美國20世紀前半期偉大的圖書館學家、目錄學家，有豐富的圖書知識和執著的工作意願。由孤軍奮鬥到哈佛畢業。出學即到世界最大的紐約公共圖書館（New York Public Library）服務，幹了45年直到退休爲止。他最大的貢獻爲搜集圖籍，保存文獻。他身軀矮小，但能出人頭地，有美國圖書館祭酒（Dean）之譽，是一關鍵人物。

　　萊氏1874年誕生在俄亥俄州達頓市（Dayton），爲 Wesley Braxton 和 Marianns Miller Lydenberg 的長子，有弟一妹一，妹妹夭折。父親爲內戰退伍軍人，因受傷在她五歲時去世。母兼父職撫養二個孩子成人。哈利自小以送報幫助家計，時常出入於報館印字房，瞭解印刷出版工作，發生興趣。中學時代在達頓公共圖書館作書僮（Page）。1894年獲 Bowditch 助學金進入哈佛大學，仍在圖書館打工。三年讀完四年功課，以最優成績畢業，被選爲 Phi Beta Kappa 榮譽學會會員。1897年到紐約公共圖書館作試用編目員。紐約公共圖書館是由三個私人藏書合併而成，負責 Manhattan、Bronx 及 Staten Island 三個地區的業務。紐約爲全國最大都市，商業銀行總匯，文化出版中心，董事會希望市立圖書館能與倫敦大英博物院圖書館（British Museum Library）和巴黎法國國立圖書館（Bibliothigue Nationale）媲美。市政府在

第五大道及42街黃金地帶，建造一所富麗堂皇的文化殿堂作總館稱參考部（Reference Dept.），另在市區各地設分館稱流通部（Circulation Dept.）。館長 John Shaw Billings（見另傳）因年高力衰，要物色年輕精幹的助理，幫他計畫遷館事宜。他矚目萊登保，以加薪牢籠著不使他就，並升爲館長室助理。當時美國藏書100萬冊者尙少，而高等教育突飛猛進，歷史及人文科學成爲顯學；科技亦日新月異，研究機構林立，各種有參考價值的資料需要孔急；萊氏躬逢其盛，於是扮演了一個重要角色。

在世紀交替時期，對圖書館目的需要而言，圖書館教育固然重要，但不是惟一條件。受過基本教育，具有專長和辦事能力的青年幹部還是用得著的，因爲專門技術在工作時可逐漸學到，在這種情形之下，萊登保不失爲適當人選。他任館長室助理，除遷館工作外，對分類、標題、編刊物、選書、編索引都兼帶辦理。

1908年升爲參考部主任，該職爲館長、副館長以下最高職位，負責總館（參考部）一切業務。1928年安德遜（Anderson）升爲館長，他即繼之爲副館長，1934年又繼安德遜爲館長，可稱連升三級。

紐約館成立之初，三個私家藏書塵封甚久，了無生氣，40年間成爲世界大圖書館之一，達成董事會的期望。雖然有賴於濟濟人才的群策群力所致，但收藏之富若是沒有他的專注，不克有此驚人突破。他將行政管理委之僚屬，自己集中精力於選購。根據他的書籍知識和重視收藏的理念，數十餘年念茲在茲，廢寢忘食，每日工作十餘小時，在歐洲作苦行僧，忍餓挨凍，無非是訪書購書。這樣才能與國會圖書館並駕齊驅。在20世紀前期，哥倫比亞與普林斯頓二個大學的收藏微不足道，所有紐約地區所需要有關出版、寫作、演藝、廣告、工業、股市、圖案設計等類的書

刊只有市館一肩挑起，負責供應。20年代美國圖書集中在東北地帶，如波士頓、紐約及華盛頓。當時紐約市館已超過100萬冊。到1935年，這樣大型的圖書館有13座，紐約居第二位。第二次大戰是紐約市館的黃金時代，因為紐約市是寫作、藝術、音樂、舞蹈、戲劇、圖案、出版、財經、法律、新聞等專門人才的麥加（Mecca），文化、創作、革新、詭辯的中心，市民中有過激派、造反派、政客；文化有俄羅斯、猶太、非洲等民族主義雜陳，議論紛紜，為世界的大熔爐。這裡無奇不有，讀者需要千奇百怪的資訊，非收藏豐富的圖書館不能應付。紐約市館從上午九時開到晚間十時，成為知識的源泉，精神食糧的補充站。

　　紐約公共圖書館藏書在1907年為100萬冊，到1941年為300萬冊，3、40年間增加三倍，可是得來不易。它的經費不如國會圖書館充足，沒有版權呈繳本的免費利益；選書工作，不像大學圖書館能得教授的幫忙。在此種不利條件之下，紐約館未曾落後，並不斷成長，是萊氏最大的貢獻。除一般書籍須花錢購買外，很多特藏都是富商巨賈或藏書家捐贈的。如：Berg Collection of English Literature, Philips Stocks Collection of American Historical Prints, Spencer Collection of Illustrated Books，還有音樂、戲劇、板畫、照相等專藏。

　　在第一次大戰後，萊登保帶著館中斯拉夫組組長 Avrahm Yarmolinsky 夫婦到莫斯科、里加（Riga）和彼得格勒（Petrograd）三大都市，忍受饑寒，搜集戰後殘餘書刊與政府出版品。他雖不懂俄文，可用法、德文與人交談。經常帶著雨傘和手提打字機各地奔走，興致勃勃地結交書商和知書人士。紐約圖書館的斯拉夫藏書就是這樣建立起來的。馬克思的任何書籍版本在館中都可找到。有人問參議員麥加錫反共的魔掌為什麼沒有伸到萊登

保，將他列入黑名單？原因是他原屬保守派，每次投共和黨的票，惟獨蒐集書籍則是個自由主義者（Liberal）。

紐約公共圖書館的收藏在 Karl Brown 1941年出版的 *Guide to the Reference Collection of New York Public Library* 中可窺其梗概。他稱頌該館藏書之富，是萊氏努力的成果。1936年 Douglas Waples 和 Harold Lasswell 調查歐洲出版有關社會科學600種書，發現西岸大學藏有30-50％，哈佛及國會圖書館有60-62％，惟獨紐約公共圖書館有92％，其搜集之廣可見一斑。Robert Downs 也調查全國藏書，發現紐約所藏驚人，他用七個形容詞：突出（outstanding）、廣博（comprehensive）、重要（important）、特殊（distinctive）、顯著（notable）、主要（major）、罕見（unusual）和豐富（rich）。Downs 在其所編 *Union Catolog in the United States* 中，標出46個圖書館，宣稱紐約最為獨特（Unique），關乎第一次大戰的原委及經過，紐館所藏文獻居首，非他館所及。

第一任館長 Billings 開始出版館刊 *Bulletin of the New York Public Library*，萊登保為編輯，成為美國目錄學權威。他勉勵同僚以圖書館為研究所，研究目錄學，將心得在館刊發表。館外來稿並予登載，為目錄學家不可少的參考資料。

萊登保與印刷出版事業自幼結不解緣，對本館出版刊物的編輯、版式、裝訂非常講究。他重視報紙的保存，將紐約時報每頁糊上日本薄紙（Japanese tissue）以延長生命。還與本館印刷組主任 John Archer 成立紙張試驗室，研究紙張的產生和保存方法，將其成果撰成 *The Care and Repair of Books* 一書，行銷甚廣。

1912年他首先購置複寫照相機，複印文件（photographic

method）。也可代讀者複印，每年有25萬元的進項。1930年代顯微膠片行世，紐約公共圖書館促使紐約時報印顯微膠片版，還試驗將紐約時報縮印成1／4版面透印版（off-set），以省書庫空間。他一生以書籍的取得（accessbility）及保存（preservation）為職志，無日不在求改進。因此他結識國內外圖書館學家、目錄學家、藏書家、出版家及學術團體、文化基金會主管人以助其成功。他為美國目錄學會（American Bibliographical Soceity）會長（1929-1931），美國圖書館學會會長（1932-1933），30年代他參加美國社會科學研究會與美國學術團體協會所組成的資料研究委員會（Joint Committee on Materials for Research of the Social Seience Research Council and the American Council of Learned Societies）。他曾參加幾種目錄編纂的實際工作。第一個為美加期刊聯合目錄（*Union List of Serials in the U.S. and Canada*），第二個是美國收藏15世紀書籍調查（*Census of Fifteenth Century Books Owned in America*）。先在館刊上分期披露，後印成單行本。最後他完成 Sabin's *Biblioteca American* 最後一冊，1936年出版。

　　1941年萊登保從他最心愛的紐約公共圖書館退休下來，董事會主席 Louis Cass Ledyard 送他四萬元作養老之用。他退而不休即刻到墨西哥擔任 Biblioteca Benjamin Franklin 館長二年。該館是美國圖書館學會為美墨文化交流所設，仿第一次大戰後在巴黎所設的 American Library 一樣性質。這種宣揚美國文化的措施，後來由美國新聞處（American Information Service）在全世界各地普遍設立。從墨西哥回來後，又接任美國圖書館學會在華盛頓的國際關係辦事處（International Relations Office）主任，假國會圖書館辦公，同時為該館購書顧問。國際關係處的工作為幫忙

中南美洲國家發展圖書館事業，購存書刊供戰後受難國家之需，
重建秘魯國立圖書館；襄助學會遠東及南太平洋小組委員會
（ Sub-Committee on the Orient and South Pacific ）推展援助遠
東圖書館工作，主要地區爲中國、日本、南韓、菲律賓及泰國。
1946年他參加國會圖書館歐洲採購團（ L. C. Purchasing Mis-
sion to Europe ），爲美國各圖書館購買戰時書刊，至1947年購
得之書有80萬冊，開美國圖書館集體購書之先河，後來演變成
Farmington Plan。

　　1946年萊登保完全退休，只擔任美國圖書館學會少數委員會
任務。他的著作有論文二百篇，專書數種，重要者爲：

> *History of the New York Public Library*,1923
> *John Shaw Billings*, 1924
> *The Care and Repair of Books*, 1931
> *Paper or Sawdust, a Plea for Good Paper for
> Good Books*, 1924
> *Crossing the Line*（回憶錄）, 1957

他翻譯法文書二部：

> André Blum：*On the Origin of Paper*, 1934
> André Blum：*The Origin of Printing and
> Engineering*, 1940

他一生所獲榮譽學位及勛章有：

> ALA Joseph W. Lippincott Award
> Doctor of Human Letters（ D.H.L. ）：Union
> College （ 1935 ）, Yale University
> Doctor of Letteers：Tufts College （ 1935 ），
> Columbia University （ 1940 ），

University of Rochester（1942）

Order of El Sol der Peru

1948年萊氏夫婦遷居北卡羅來納州Greensboro，從事寫作與蒔花種草。1956年又搬到俄亥俄州Westernville，與他女兒同住一城。翌年輕微中風，喉嚨癱瘓不能言語。1960年4月16日溘然去世，享年86高齡。

萊氏的座右銘是「成長」（Growth），個人要成長、藏書要成長、圖書館要成長、花草樹木要成長；成長才有生命意義，不成長則衰竭，甚至死亡。這種哲學與中國易經所說：「天行健，君子以自強不息」同一道理。

萊登保一無嗜好，惟一運動為爬山，常與好友 Charles C. Williamson, Paul North Rice 攀登紐約的卡茲奇山（Catskill Mountains）。在華府時每日從居所步行到國會圖書館，下班後走原路回家，從不坐交通工具。此外則養花植樹。他身軀短小，但和藹可親，不擺架子。他在德國 Kiel 為房東太太洗滌餐具，如同在家一樣，能與市井小民打成一片。他知道他的身份，認為他的行為對他尊嚴無損，有他自己的價值觀。他精力充沛，能按照計畫完成他的事功。神志清明，記憶力強，能說出聖經上某句話在某章某節。能同時做幾椿事，一邊聽電話，一邊簽署公文或與人對話。能與人合作，容納異己意見。雖有時緘默嚴峻，但亦有種帶羞怯的幽默和仁愛的心。提攜後進，很多受他教益者日後成為名流，因此大家敬他愛他，稱他為一個偉大人物。

# *34*
# 查理‧哈維‧布朗
# Charles Harvey Brown（1875－1960）

　　查理‧布朗1875年12月23日生於紐約州首府 Albany，父親 James Harvey，母親 Mary E. Smith Brown，生有五個子女。因父親爲美以美會牧師的關係，他入康乃狄克州 Wesleyan University 就讀。1897年得文學士，接著又念了二年研究院，獲數學碩士學位。1937年母校因他的成就頒贈榮譽文學博士（Litt. D.），此後人皆以 Dr. Brown 稱之。在研究院時，他曾在圖書館工作一段時期，發生興趣。1909年1月6日與芝加哥實業家 Howard Foster Heath 女兒 Julia Wright Heath 結婚，50年在幕後幫助丈夫成功，夫婦感情彌篤，度過金婚。生有二子：長子 Robert Heath 生於1911年，次子 Charles Howard 1913年出世。

　　布朗身高6呎1吋，瘦而硬朗，愛好運動：網球、棒球、角力無一不好，遠足、露營等野外生活是夏天的最愛。在文藝方面喜歡聽音樂，尤其歌劇，週末即以此消遣。每到紐約即去到歌劇院以飽耳福。對怪誕、神秘小說，情有獨鍾。說話有點口吃，謔者給他取個諢名「Hot potatoes Brown」，譏笑他說話口中塞滿馬鈴薯似的。但他很幽默，還帶幾分男子漢的架式。可是他的成功，得力於女秘書代他安排一切，一旦她們不在，他就不知所措。從 Wesleyan 畢業後，他進到紐約州立圖書館學校受專門教育。1901年得 B.L.S.，第一個工作是國會圖書館編目部助理館

員，作了18個月，甚得主管 Charles H. Hastings 的賞識。1903年2月4日進芝加哥 John Crerar Library，先作分類，後改參考。John Crerar Library 所藏多科技書籍，他的數理訓練派上用場。館長 Clement W. Andrews 常教他對讀者服務的態度要「大眾為先」（The public must come first）。受其影響，日後他有自己的理念：「館員若是不能使讀者滿意，館方不能辭其咎。」在館長囑咐之下他寫了二篇文章：(1)"Use of Scientific and Technical Books"，(2)"Public Document in Technical Libraries"。

1909年布朗改任紐約市布碌崙公共圖書館（Brooklyn Public Library）副館長。該館是一大規模的圖書館，藏書62萬冊，每年預算為40萬元，有分館33座，借書站十數處，還有巡迴文庫系統，服務監獄、學校及商行。

因為第一次大戰時，布朗參加募捐圖書供應前線戰士的經驗，1919年海軍部聘他為圖書專門委員，任職三年。

布朗一生真正事業自1922年開始。愛荷華州立學院（Iowa State College 初為科技專門學院，後改大學）聘他為圖書館館長，也是因為他的科學背景。他畢生盡瘁於該校，直到1946年退休改為榮譽館長為止。他到任時藏書僅九萬冊，而自然與生物科學的書籍極為缺乏。為要迎頭趕上，他致力於這些書的蒐集不遺餘力。當他退休時增到30萬冊，幾乎四倍之多。書籍的來源得之交換者居多。甚至在交出行政大權後，對於交換書籍的企圖仍不少衰。如有作家或學人到校，他必約談交換書籍辦法。他以本州農業與科技研究機關，加上本校的出版品作交換，故所費少而收穫多。

他接手時，學院已經動工建造一所圖書館，設計很多不能令他滿意，雖力圖改善，為時已晚，尤其空間不夠。他的施政方針

是實行集中制，將校園內各處所藏圖書收歸總館管理。雖然遭到反對，以他堅強的意志，終歸實現。日後師生感到方便與良好服務，反而讚嘆他的眼光遠大，走向正確。第二件事是將分類法由杜威十進法改爲國會圖書館分類法，後者對大專圖書館較爲適用，早有定論。他的圖書館哲學爲「使用」，寧可將書用破、用爛、甚至弄丟，不可讓它塵封在書庫裡。若要促使學生用書，就當給他們目錄的知識，如目錄卡片的排列方法，標題的應用，參考書的編製等等。故每學年開始他開講圖書館使用法一課，一年級學生都得聽講。另開適合研究生的目錄學。在他退休後，研究生的課程仍然進行。爲提高圖書館地位，研究院院長 R. M. Buchanan 規定畢業論文經過教授們通過後，還須交到圖書館作最後審查，視其格式及引用書目有無不合規定之處，要經過布朗簽字後才成定局。所以他在校是百分之百的教授地位。

　　1933年校長 R. M. Hughes 提議教授會與行政部門合作，起草學院十年發展計畫書，布朗擔任圖書館部分。他提出八點建議：

1. 圖書館應迅速地供應教師及學生以所需之書刊。
2. 供應教師爲研究與施教所需的目錄工具。
3. 幫助讀者使用目錄及參考書的方法，俾能自己查尋所需資料。
4. 增進教師與學生使用卡片目錄及參考書的能力。
5. 培養學生讀書習慣，完成教育目標。
6. 布置舒適房間吸引學生來用。
7. 協助本州公共圖書館供應公民坊間難求的讀物。
8. 協助全國及本州發展公共及大學圖書館。

爲達成最後二點，他與當地廣播電台及電視網路合作，播出有關

讀書節目，如「Radio Book Club」，收效宏大，因此學校特予褒獎（Faculty Citation）。

　　布朗對於專業團體至感興趣。他認為凡從事圖書館工作者都當加入美國圖書館學會，這是種義務也是權利。他以身作則，在學會擔任多種委員會職務，作主席、作會長，1954年被舉為榮譽會員。美國圖書館學會業務著重公共圖書館方面，所以執行委員以公共圖書館人員居絕對大多數，大學圖書館界感覺受到冷落，開始鼓噪、抱怨、抗議，甚至激烈份子主張脫離，自組獨立機構。布朗為學會 College and Reference Section 主席（1927-28），第二行動委員會成員，第三行動委員會主席（按：第二、第三行動委員會乃專為調解的機構），他不忍見到同志分裂，苦心斡旋二者之間。直到1938年 Kansas 年會通過會章附則，Association of College and Reference Libraries（ACRL）成為全國學會的子會，在母會內執行有關本身的會務，子會會員仍為母會會員。新會成立時，他拒絕擔任會長，表示忠於總會的心意。故人們稱他為 ACRL 之父，ALA 的再造者。

　　早先在1932年布朗和伊利諾大學圖書館長 Phineas L. Windsor，普林斯頓大學館長 James T. Gerould 三人發起組織 Association of Reseanch Libraries（ARL），集合少數大圖書館同仁開會討論本身相關的各種問題。這個會沒有會址及行政人員，只有會員40餘圖書館，由一顧問委員會（Adsisory Committee）主持會務，他擔任委員五年，期刊委員會主席多次。他所編的 List of Most Cited Periodicals, 1941-42，是以 ARL 名義發表的。

　　布朗對美國圖書館另一貢獻為廉價訂購德國科學雜誌。1930年以還，美國大圖書館均感德國期刊定價高昂難以負荷，要求減低，德國出版界充耳不聞。1935年他以 ALA 的 Subcommittee on German Periodicals 主席名義，自費赴德交涉，用毅力、機智和政治手腕，甚至諷刺和威脅的語氣，使德國政府與書商屈服，予美國圖書館25％的優惠待遇。此一勝利，美德二國均受其益。同時，他出席在馬德里召開的第二次國際圖書館會議，以美國代表身分發表論文 " Economic Status of American Libraries and Their Probable Influence Upon Publication of Scientific Material "，討論美國與德國科學期刊的重要，享譽而歸。

對外經過許多交涉接觸，布朗的活動走向國際空間。第二次大戰結束後，他對一泰國記者說：「我現在最感興的是國際關係，我企圖用同情與瞭解去增進國際共識。」他擔任學會遠東及西南太平洋委員會（Committee on the Orient and South-west Pacific）主席，爲中國、日本、南韓、菲律賓、泰國等地區圖書館爭取利益。

美國圖書館界知名之士，關心中國者首推鮑士偉博士（Arthur E. Bostwick）與學會執行幹事麥倫姆博士（Carl H. Milam）二人。第二次大戰之間及結束以後，布朗不斷奔走於華府與紐約之間向各基金會及國務院籌到十萬元經費爲中國購書之用。Milam 曾致書 Clapp 說：「學會的援華計畫盡在 Brown 腦中，對『Books for China Project』，幾乎不用別人參與，由他的熱忱和毅力一手完成。」1948年1月他從日本飛到上海，即刻到北平、武漢、蘇州及廣州調查圖書館實況及圖書館教育。結果美國教會大學（上海滬江，南京金陵神學，福州聯合，成都華西，廣州嶺南）派遣圖書館員到美國深造，皆由他促成。他還草擬「中美文化關係中關於圖書館事業的計畫草案」，對美國幫助中國圖書館發展的構想有詳細的規畫，惜因政局變化未能實現。

1947年12月至1948年1月布朗與國會圖書館副館長 Verner

Clapp 受麥克阿瑟元帥之邀前往東京設計日本國會圖書館（Na-
tional Diet Library）。留日三月完成報告書：「Report of the
U. S. Library Mission to Advise on the Establishment of the Diet
Library of Japan」。他們還未走出日本國門，日本國會上下二院
按照他們的計畫通過國會圖書館法案，成立國會圖書館。此一大
功為日本政敎二界人士最為欣感。1950年1月21日布朗在 Baton
Rouge 接待日本國會代表14人，由主席早稻田柳右衛門出函致
敬，其中一段說道：

> 閣下與克迺甫（Clapp）先生於1948年訪問日本為敝國設
> 計國會圖書館。因為你們眼光遠大，貢獻寶貴的意見，國
> 會圖書館在1948年2月成立，為議會、司法及行政機關服
> 務。該館現有藏書370萬冊，一年半以來受惠者490萬人。
> 賴國際交換，尤其與美國——日本獲得寶貴資料，此種援
> 助使日本民主政治與文化受益匪淺。

　　從這樣口吻中，可見日本朝野對他高齡不辭勞苦的精神，是
何等的感激。

　　布朗勤於撰述，遇有重要問題，即刻反映，茲舉四種影響深
遠的文獻如下：

　　1. *Survey of Land Grant Callege and Universities*, 1930。
1926年美國敎育局（U. S. Bureu of Education）調查全國公家
撥地所建的高敎機關的情形。圖書館一項請布朗擔任。他寫出
105頁的報告載在總報告中。分九章討論圖書館歷史、功能、服
務、藏書等問題。他提出五項建議：(1)豐富的藏書，(2)適用的館
廈及設備，(3)與大學行政及敎師有良好的關係，(4)健全的館員，
(5)充足的經費。他以調查所得統計資料作根據。圖書館敎育權威
如芝加哥的 Louis R. Wilson，哥倫比亞的 Maurice F. Tauber，

Louisiana 的 Guy R. Lyle，和 Randell and Goodrich 等人所編的大學圖書館教科書內，一致引用他實際調查的結果來發揮他們的論點，影響很大。

2. *Cirulation Work in College and Univerity Libraries*，（1933）。此書係與 Humphrey C. Bousfield 合作，討論圖書出納檯的重要性，它是讀者與圖書館間的橋樑。讀者對圖書館的滿意度，完全操在出納人員的手中。從書庫取書時間的長短可以顯示圖書館效率的高低。有的出納部門，還包括參考工作，那就更加重要了，所以他認為讀者得不到資料錯在圖書館。書中還引用印度圖書館專家 Ranganathan 的五個服務原則。

3. *Budgets Classfication and Compensation Plans for University and College Libraries*（1929）。布朗為 ALA Subcommittee on Classfication of Library in University and College Libraries 主席，這是個75頁的報告，對預算提出二原則：(1)圖書館經費不得少於學校經費4％，(2)在學生人數超過八千人的學校，應為每一學生花費20元，若少於八千人則為25元，圖書館館長的地位應與學院院長相等，高級館員亦應享受教師的待遇，報告的主旨是提高圖書館地位與館員待遇。

4. *Scientific Serials：Characteristics and Lists of Most Cited Publication in Mathematics and Entomology*，（ACRL Monograph, No.16, 1956）。早在1942年他曾經編了個引用最多的科學期刊名單（List of Most Frequently Cited Serials），前已提及，1956年 ACRL 執行幹事 Arthur Hamlin 勸他加以增改精裝問世。此一書目批評正負二面皆有，但為選購科學期刊者助益最大。期刊經紀人也很重視此目。此時他已年過80，在視力衰退情形之下，得多人之助才得完成，是他畢生偉大事業最後的貢

獻。也因此得到「Dean of American Science Librarian」的美
譽。

　　布朗1946年退休時，他的朋友和同事爲他出了一本紀念冊，
作爲 College and Research 一個專號（Vol.8，No.3，1947）。題
名爲 Essays in Honor of Charles Brown，Maurice F. Tauber 爲
主編，在序文中他稱：

　　　　因爲直率、能幹、誠實、質樸，布朗得到各方的崇敬與讚
　　　　賞。雖有對他持異議者，但有無數的學生和教師因他擇善
　　　　固執的個性，將圖書館服務提升到最高層次而感激。

　　布朗一生喜歡教育人才。1933-1938之間，每年到紐約哥倫
比亞圖書館學院敎暑期學校。退休後曾到 Lousiana State Univer-
sity（1944-1950），University of Illinois（1950-1955），Uni-
versity of Florida（1952-1953）作訪問敎授。1959年1月朋友們
在佛州 Gainsville 慶祝他夫婦金婚紀念。一年後1月19日在同一
地點溘然去世，噩耗傳出，聞者無不哀傷，籌募基金成立獎學金
紀念勞苦功高的老戰士。

　　布朗作事治學有二個原則，常對學生說：

　　　　第一，你們應該繼續敎育、研究，不可中斷；第二，你們
　　　　的職業是以服務爲目的，應該常記在心。

　　他認爲學無止境，嘗爲後生不求長進而失望。在愛大校園裡
受到三任校長，敎授、同學及校友的愛戴。他堅信給學生最好的
敎育是敎導他們目錄學的知識和治學工具。他的影響所及超越本
行本校，普及到整個高敎的領域。

# 35
# 路易·羅德·威爾遜
# Louis Round Wilson（1876－1979）

　　路易·威爾遜是芝加哥大學圖書館學研究所的掌門人和大師。有美國圖書館 Dean 的美譽。畢生事業一帆風順，多福多壽。同輩及後生無不對他十二分尊敬，堪稱圖書館頂尖人物。

　　威爾遜於1876年與美國圖書館學會同年生在北卡羅萊納州的 Lenoir 鄉村，居民只有300人。內戰結束後，喘息於經濟復甦，生活艱苦。他為兄姊中最小的，自幼受到父親新教倫理觀念的薰陶，循規蹈矩，還有母親富直覺性的遺傳，有強烈的成功慾。因生活受到無形壓迫，塑造成為一個參與者、作領袖和實踐主義者。自12歲起即在教堂服務，管理主日學課堂的書籍。熱心教會事業，成名後在本州創建一所教堂並充董事。他智體兼優，不沾煙酒，愛好運動，尤其網球。在北卡州立大學時，常與校長 Edward Graham 在球場討論問題。弱冠後酷嗜閱讀，體會到無知（ignorance）為社會帶來災害，讀書可以解決問題。他們家庭重視教育，有一兄長 Edwin 在賓州 Haverford College 任教，為他請獲獎學金，讀了二年，不耐北地凜冽的風寒，回到家鄉 Chapel Hill 進入北卡大學，二年後畢業。他嫌中學待遇微薄，不想作教員。大學教務長以年薪500元請他管理圖書。雖沒有圖書館經驗，因為收入優厚而接受。他發現圖書館地方窄隘，須要擴建。三萬冊藏書用固定號碼排列書架上，極不方便，遂改用杜威

十進分類法，重新編目。校方代他向卡內基基金會申請到55,000
元建築費，1907年新館落成，那時他已三十歲，正是創業的年
齡。1905年他以美國文學研究主題完成論文，得到博士學位。二
年後與 Penelope B. Wright 女士結婚。此時他有許多敎書機會，
但條件均不甚理想，故決定以圖書館爲終身志業。正值北卡改爲
州立大學，以普及敎育號召，他則認爲推廣敎育，圖書館應扮演
重要角色。

　　建築問題解決，下一步爲發展藏書。學校常年經費不能在購
書方面有所突破，卡內基補助也無濟於事，他必須另想辦法籌措
購書經費。1916年北卡畢業生 Stephen B. Weeks 收藏了31,000
冊有關北卡州的書籍，願以25,000元出售。因爲其中有一部份已
爲學校收藏，雙方商議很久以20,000元成交。校長也贊成購買這
批書，故請董事會特別撥款買將下來。到1921年藏書量已達10萬
冊，爲南方六大藏書之一。他定下250,000冊的目標，於1930年
完成。因此聲譽日隆，1920年被聘爲 Kepan Professor。當他40
歲時已發表論文30篇，大露頭角，聞名全國。他在行政方面尤其
幹練，培植了很多有才幹的部屬，如 Robert Downs（伊利諾大
學館長）Donald Coney（加州大學柏克萊分校館長）等。他曾說
近代圖書館對館員的資格要求較高，僅受一年專業訓練得學士學
位者，欲求其能在行政上成功，有足夠的學養指導讀書，參與制
訂大學政策是不可能的。今後大學圖書館人選必須有理想、有自
發性，對大學圖書館的使命徹底了解，還須另有一專科之長，能
運用圖書館設備與大學敎育計畫互相配合，才能擔當重任。

　　威爾遜早想辦一所圖書館學校，1919與1923年二次向校方作
出建議，皆未成功。1926年他被選爲美國圖書館學會敎育委員會
（Board of Education of Librarianship）成員，學會委託他爲南

方黑人籌畫一所圖書館學校。翌年卡內基基金會執行幹事 Keppel 就如何改善南方圖書館事業，徵詢北卡校長 Chase 的意見，威氏慫恿校長以在北卡成立專門學校作答，並要求250,000元的開辦費。當初只要辦一所大學程度的學校，後來學會教育委員會為「認可」標準（Standard of accreditation）調查北卡狀況時，將北卡列為研究院級（Graduate Library School）。大學對這種意想不到的成果感到興奮與鼓勵，可是他們只從卡內基得到100,000元的補助。威氏為學校制訂藍圖，與社會學院合聘一研究教授，又為學生成立實驗圖書館。1932年大學又重建一所新圖書館，收買二批私人藏書，組織「圖書館之友社」（Friends of the Library），為圖書館募捐。這一連串的措施令人矚目。在新館落成典禮時，州長親臨致詞宣稱：

> 這不只是一座鋼石的建築物，而是一個夢想的實現，與犧牲和熱忱的結晶品。此人就是威爾遜博士。在百般困難與掙扎之際，我們能為本州貧寒子弟與富足地區的青年得到受同等教育的機會，然後將北卡州造成優美健全的社會，可以安居樂業。

威爾遜得到鼓勵，計畫接二連三地出籠：成立一所全國性的圖書館，收藏南方文化學術發展的文獻。1920年他從 Hanes 基金會獲得三萬元，作為研究書史的經費，買了幾本15世紀出版的搖籃本（incunabula）古籍，又辦出版部，自兼主任。北卡的特藏圖書館即以 Wilson 命名。

1929年圖書館之友社募到捐款，他增購目錄工具書，因為在南方從 Kansas 到華盛頓，除國會圖書館外，沒有圖書館注意目錄資料的搜集。只可惜他預定250,000冊目標沒有達成，到1932年還只有235,000冊。但他不氣餒，鍥而不捨地繼續努力以完成

其計畫。

1920年芝加哥大學曾請威爾遜到圖書館學研究所（Graduate Library School）作過調查，因其所作改革建議頗中時弊，於是請他考慮出任所長之職。時值北卡發展走入高峰，他何忍掛冠而去，乃婉言謝卻。那時芝大圖書館學研究所辦得頗不如人意，極待整頓。1927年校長 Robert M. Hutchins 趁赴 Chapel Hill 開會之便，再邀威氏懇談。Hutchins 對造就圖書館員頗具誠意，威氏為之感動，但仍猶豫不決，一方面北卡計畫方興未艾急待完成，另一方面芝大情況十分糟爛，收拾不易，到芝大還須教課，從頭準備。經過數年商榷，終於在1932年接受芝大的聘約，走馬上任。時年55歲，離退休年齡只有十年歲月，可謂已接近黃昏。他首肯的理由為：(1)薪金與北卡相同，(2)學年四季有一季休假，(3)能認真造就英才。北卡雖以校長（Chancellor）職位為餌，他仍然沒有留下的意思。

就職之初，威氏草擬發展計畫書，名為「Things to begin to do about Chicago; a Chicago Idea.」先將能得到的圖書館學書籍及期刊統統瀏覽一遍，俾對圖書館古往今來的歷史徹底了解以作施政方針。他召集院內全體教師開會討論前途。當時的教授有 Douglas Waples. Willian Randall, Pierce Butler 等人，皆為大名鼎鼎的權威人士，而且有永久合同，應付不易。在討論很久之後，大家以為他會將討論結果付諸表決，詎知他說聲「謝謝」就閉會了。威氏對人言，主持一個學院與辦理一個圖書館迥然不同；教授的意見不能不理會，反應館員的要求則不費腦筋。不過他以大無畏精神，大權獨攬，計畫定出義無反顧地按步推行。十年之間未遇障礙。Robert C. Cook 曾作過一次民意調查，徵詢一萬名教授將各院院長作一評鑑，圖書館學教授一致認為威爾遜

是成功的院長。

到任不久，威氏向卡內基基金會提出報告，建議三點：(1)恢復學院自信心，(2)辦理「認可」問題，(3)招收各種不同背景的學生。對於第二點他憂心忡忡，因芝加哥只有碩士班。幸好評鑑委員三人將芝大列入一等學校（Type 1 School），與哥倫比亞，加大柏克萊，伊利諾和密西根同等級。這樣結果使卡內基大為高興，竊喜芝大研究所已成氣候。為第三點他訪問其他學校作他山之助。在錄取學生中，人才輩出，多躋身大學高位，貢獻良多。博士班有1,500元的助學金，更能吸收人才。其中佼佼者有：F. W. MeDiarmid（1931-32）J. P. Danton（1933-35. 按：此人生長在北京清華學校），Robert A. Miller（1934-36），Maurice F. Tauber,（1938-39）等。這些優秀人才都當上著名大學圖書館館長或名教授。後來威氏將訓練重點放在行政幹才方面，校長Hutchins 及 ALA 執行幹事 Carl H. Milam 皆鼓勵他向這方面發展。十年之間產生博士17人，泰半在學府擔任館長，即推行此政策的績效。

1930年 Waples 教授從卡內基獲得經費，創刊 *Library Quarterly* 雜誌，將學生研究成果在該刊發表，Waples 且欲出版單行本叢書，卡內基未予同意，威爾遜決定由研究所自己出版。本著在北卡出版部的經驗，與芝大出版部協議雙方能接受的條件發行叢書。其中包括很多力作，如：Butler 的 *Introduction to Library Science*（1933），William Randall and Francis C. D. Goodrich 的 *Principles of College Library Adminstration*（1936），等一共27冊。因他是所長，扉頁上標明他為編輯，他不僅掛名，而且是實際做著編輯工作。他以此叢書自傲，視與哥倫比亞師範學院出版的 *Contributions to Education* 及哈佛商學

院的 *Economic Studies* 等量齊觀。

威爾遜在芝大的成績,將他帶到校外活動的空間。他爲17個大學圖書館作訪問調查(Survey),包括哥倫比亞、史坦福、康廼爾、喬治亞、南卡羅萊納。其中以喬治亞最爲成功,該校對他的建議全部接納。但南卡則完全失敗,他建議增加經費,校方反而削減,認爲他的藥不對症。他建議大學圖書館的基本原則應爲:大學圖書館須聘用優秀人才,與教授群合作將學校宗旨和目標實現出來;圖書館的組織、管理、經費皆須健全,俾能爲學校作出有效的服務;圖書館是學校組合體一部分,應扮演重要角色。

威爾遜的著作以他和門人 Maurice F. Tauber 合著的 *The University Library* 最有影響力,光芒閃耀,圖書館界奉爲圭臬。直到1971年 Rutherford Rogers 和 David Weber 合著的 *University Library Administration* 問世後才遇到對手。

芝加哥學院派在威氏領導之下,用科學方法從事研究,在他們的著作中蘊蓄著圖書館科學的闡釋,尤其 Pierce Butler 的圖書館哲學。威氏贊同 Butler 的說教,認爲以往圖書館界墨守成規,以當時一般領袖馬首是瞻,沒有前瞻性的改進。芝大派的人則提出問題,加以分析,以科學方法作出改進。Waples 在其 *Investigating Library Problem* 一書中,認爲科技是挽救圖書館的靈丹,引用科技可以獲得經濟與效率。機械的運用,如自動化和電腦都是不可缺少的工具,用以促進革新服務的方式。這是威爾遜極力提倡的。

威爾遜寫過自傳,但未完篇。他炫耀在芝加哥的成就,少提在北卡的往事。他重視他的歷史地位。當 Tauber 在1957年爲他作傳時,他說著者在書中存留許多人對他的批評與偏見,可能令

讀者發生誤解。這種想法是他自我中心的性格所致。

　　威爾遜的人生觀與宗教思想有關，他將罪惡、愚蠢、錯誤連在一起；善良、和諧、正確合爲一體。他一向被人視爲宗教領袖，行業的龍頭，富有想像力及遠見、判斷清晰準確，勤奮忍耐等特質。精力充沛，外表謙和。開始在南方建立聲威，繼在芝加哥表現突出，在大學圖書館界有特殊地位。芝大同人稱他爲 Dean, Bedford 譽他爲 The Dean of Library Surveyers, Tauber 拜他爲 Dean of the American University Librarianship, Baker 更奉他爲 Dean of American Librarianship，他的地位與日俱增。

　　終其一生,威氏的行政能力始於北卡（ 1905-1932 ），終於芝大（ 1932-1942 ）。他的著作廣被全國，超越時空。他的調查報告至今爲人借鏡。最後絕筆 *Louis Round Wilson Sketches* (Durham, N. C. Moore Publishing Co. 1976)作了許多回憶，在他100歲生日完成。他於1979年12月10日以103歲超齡永息，堪稱人瑞。他的成功無論在那一方面，都是別人望塵莫及的。

# *36*
# 查理 C.威廉遜
## Charles C. Williamson（1877 - 1966）

　　美國圖書館教育在1922年以前多數爲私立或附設在大學圖書館裡面，教師、設備、經費皆極貧乏。經過查理‧威廉遜調查研究報告發表之後，才一律提升到大學，與其他專業一樣成爲高等教育一部分。所謂《威廉遜報告》是圖書館教育轉捩點。

　　查理‧C‧威廉遜於1877年1月26日生於俄亥俄州沙蓮市（Salem），他是 Clarence 和 Lizzie Williamson 長子，有弟妹各一人。父親是木工手藝人，收入微薄，幸有土地14畝，每年收成可貼補家用食糧。查理自幼同弟弟下田幫父親工作，妹妹則同媽媽作家事。一家五口過著茹苦含辛的生活。他也學做木工消遣，但蒔花剪草是他的最愛。

　　威廉遜在嚴峻的管教中成長，具有19世紀美國中西部居民的特質，如吃苦耐勞、堅忍果決、獨立自強等，皆日後成功的條件。也因此養成沉默寡言，深思冥想的個性。不喜運動，浸淫書本，令初識者有冷漠的感覺，其實內在熱情日久才能領會。自小爲師友矚目，可成大器。他的一位啟蒙老師曾寫信告訴他道：

　　　　我深信你會成就偉大事業，決不使我失望。在我心
　　　　中無人能取代你的地位。

　　威廉遜在鄉村小學由一年級讀到七年級，因無法升學又待了四年，一共11年才入中學，年已20歲。高中畢業時代表全班致

詞。接著在另一鄉村學校作教師一年，進入 Ohio Wesleyan University 讀了一年，又休學去找工作，維持生活。1899年在原籍小學充當校長兼八年級教師。1901年轉學 Cleveland 的 Western Reserve University，主修經濟學兼任校長祕書。三年後大學畢業，以最高級優等（magna cum laude）成績被選為 Phi Beta Kappa 榮譽學會會員。

　　1905年威廉遜到 Univerisity of Wisconsin 從經濟學大師 Richard T. Ely 鑽研並為其私人秘書。經特許不經過碩士階段，直接選修博士班課程。他為 Ely 教授整理資料文件，為大學圖書館選購經濟學書刊。一年後得哥倫比亞大學獎學金轉學到紐約。博士論文題目為早在威大時所擬定的 *The Finance of Cleveland*，1909年獲得哲學博士學位。時年30歲。隨即與女友 Bertha Louise Torrey 結婚，生一女名 Cornelia。

　　學業完成後，經哥大教授 John B. Clark 介紹到賓州費城 Bryn Mawr College 作副教授。該校校長 Martha Carey Thomas ——是個爭議性的女強人——接納了他，聘他自1907年7月起為副教授，為期二年。新婚夫婦走馬上任，在校園內建立新家庭。好景不常，教了一學期他患了重傷寒病，請假休息。體力尚未恢復即帶病補課，表現不甚理想，引起校長不滿，發生齟齬，約滿不予續聘。威氏進行 Bowdoin College（Maine）教授職位，需要前服務機關首長寫一意見書。Thomas 校長實話實說：「除教書外，在其他方面不失為一個好人。」當教授不擅長講課，豈有不享閉門羹的道理。

　　失之東隅，收之桑榆。紐約公共圖書館（New York Public Library）第五大道與42街富麗堂皇的館廈落成，需要一位學經濟的人主持其經濟社會組（Chief of Economics and Sociology Division），哥倫比亞大學國際聞名學人 Prof Edwin R. Seligman 向該館館長 John Shaw Billings 力保威氏出任斯職，他立刻得到聘書，高興地寫信給朋友道：

> 我從 Bryn Mawr 的茅舍一躍而到紐約第五大道大理石殿堂，喜悅之情，不可言喻。再則我喜歡行政工作勝於講壇。在此我可接觸社會科學文獻，對社會科學的理論與實際作出貢獻，這是在小學院所難得的機會。

在進館前，他向館長書面保證：

> 我們要搜集最好與最全的資料，俾學人、學生及公務員都有信心來到紐約公共圖書館得到各人所需的訊息。

三年後，經濟社會組的藏書由25,000冊增到70,000冊，完成他的計畫。

1913年紐約市政府成立市政參考圖書館（Municipal Reference Library）——一個為市府公務員及附屬機關之用的圖書館——交由紐約公共圖書館兼辦。館長 Edwin H. Andrson 商請威氏出任此一單位的主管，在無可奈何的情況下，他擔任下來。1914年10月19日辭去經濟社會組的職位，專心發展市政參考圖書館，使之成為市圖書館中的佼佼者。在任職期間，編印了幾種刊物，如「館務通訊」（*Municipal Reperence Library Notes*），「紐約市政府年鑑」（*Municipal Yearbook of the City of New York*）。此外他還擔任其他公益任務，如公共事業諮詢服務顧問委員會委員（Advisory Board of the Public Affairs Information Service），將重要資料編印成書。同時擔任專門圖書館協會（Special Libraries Association）會長，紐約市圖書館學會會長，因為各方面的成績，聲譽鵲起，為全國圖書館知名人物。

1918年他辭去市政參考圖書館職務，作卡內基財團法人

（Carnegie Corporation）統計處處長，主持「美國化」方法研究
（Study of the Method of Americanization），這一課題與經濟、
社會及圖書館皆有密切關係，所以威廉遜是最適當人選。一年以
後工作結束，他又回到紐約市政參考圖書館原職，直到1921年為
止。從此他作洛克菲勒基金會（Rockefeller Foundation）資訊部
主任到1926年。

　　威廉遜對圖書館教育極感興趣，寫了三篇論文表示意見：(1)
「圖書館必須有計畫地發展」（The Need of a Plan for Library
Development），(2)「圖書館管理效率」（Efficiency of Library
Management），(3)「現今圖書館員訓練的幾個問題」（Some
Present Day Aspects of Library Training）。這三篇文章在 *Li-
brary Journal* 上發表，即「威廉遜報告」的先聲。在文中威氏
批評當時圖書館教育不健全及辦理培育專才學校的弱點，並提出
自己的主張和理想。先是卡內基財團法人曾以5,600萬元鉅款幫
助各圖書館興建館舍，年久停止該項計畫，改絃更張，轉向圖書
館人員的訓練。曾請 Alvin Johnson 作過調查。威廉遜與卡內基
執行幹事 James Bertram 對此問題多次交換意見，達到共識。於
是1919年請他作更詳細的調查和研究，將當時實際情形公諸於
世。威氏用問卷、個人訪問、到各圖書館學校觀察等方法，搜集
資料。1921年草成一份報告" Training for Library Work "，
1923年修改為" Training for Library Service "，並發表一部份。
在1920年代美國有15所圖書館學校，其中六所設在大學內（
Syracuse, Western Reserve, Illinois, Wisconsin, Calfornia,
Washington），五所私立學院（Pratt, Simmons, Pittsburgh,
Atlanta, Drexel），四所附設在公共圖書館（N. Y. State, N.
Y. City, St. Louis, Los Angeles）。以地域分東部有五所，中

西部七所，西部三所。除設在大學者外，其餘小學院及公共圖書館附設者規模很小，教師與設備均甚貧乏。威氏在報告中提出11點建議：

　　⑴圖書館工作可分爲專業性的（Professional）和錄事性的（Clerical），二者迥然不同，專科圖書館學校應以前者爲訓練目標。

　　⑵學校課程缺乏標準，授課重點頗多歧見。多數以編目、分類、選購、參考爲主。可能甲校在某一課程所佔時間較乙校多出二、三倍，差別很大，應該劃一。

　　⑶入學資格有限定大學四年程度，亦有只須高中程度，應以大學同等學歷爲宜。當時多以打字技能爲條件之一，他認爲沒有必要。

　　⑷教師資格方面，他發現圖書館學校52％的教師沒有大學文憑，40％在原來學校服務，92％沒有教書經驗，32％缺乏實際工作的成績。加以待遇菲薄不能吸引優秀人才。教科書缺少，全憑教師口授，學生筆記，沒有參考文獻供其閱讀。公共圖書館附設學校，則多以本館職員兼任講師。他建議應該每校最低限度有四名專任教員。

　　⑸圖書館學校經費不足，沒有固定預算。各校經費大約只有10,000元，教師年薪爲2000元，應予提高。

　　⑹圖書館畢業生待遇菲薄，受過二年訓練的專門人才45％只能獲得1,500元年俸，惟有3.6％的幸運兒可獲2,500元的高薪。沒有良師就沒有高徒，沒有高徒就沒有好的工作成績，如此惡性循環，每下愈況。改進之道不必另起爐灶，只有在原有學校中謀挽救方法。

　　⑺圖書館學校應爲大學一部門，不應躋身於公共圖書館內，

況且培育人才也不是它的功能，所以事倍功半。假若放在大學裡與其他專業科系並立，可以提升圖書館員的地位，才智之士自然投入。圖書館附設學校學生視野狹隘，不如學府學術氣氛濃厚，學生心胸較爲廣闊。

(8)圖書館學校應以二年爲結業期：第一年完成一般基本課程，第二年則集中在專門問題方面，如學校圖書館，大學圖書館，專門圖書館，兒童圖書館，圖書館行政與管理等，此外入學須有在圖書館實際工作經驗。

(9)圖書館人員須有再教育機會，繼續不斷地求新。爲針對此需要，圖書館學校應辦函授部，爲在職人員增進業務上的知識和技能。

(10)圖書館員的職業認可和學校標準的建立。因爲圖書館員的資格沒有合法機構予以鑒定及認可，應由職業團體如美國圖書館學會或州圖書館委員會（State Library Commission）組織評審委員會，對員工及學校有審核的義務，使二者都能達到相當標準。

(11)小型圖書館問題。城鄉小圖書館經費貧乏，孤立無援，對社會不能發生作用，應該成立郡圖書館制度（County Library System），從旁予以接應。或由州立圖書館予小圖書館館員以見習機會，增加其工作能力。

威氏報告問世，如投下一顆炸彈，予圖書館學校莫大震撼。各校自知其弱點，不能反對改進，只能發表辯護以自衛，如經費不足之類的話。至於整個圖書館界讚揚多於批評。他的建議勢在必行，第一個顯著的例證即哥倫比亞大學恢復圖書館學院。

哥倫比亞學院於1887年聘麥裴爾、杜威創辦圖書館經營學校（Columbia College School of Library Economy），不到二年，校董會因招收女生多於男生，大爲不滿，將杜威解聘。杜威事先

已與紐約州立大學洽妥受聘為州立大學秘書長兼州立圖書館館長，於是要求將圖書館學校搬到州館，繼續訓練專門人才到1926年止。另外紐約公共圖書館於1911年新館落成後，附設一所圖書館學校，由卡內基每年補助15,000元經費。成立15年後，受威廉遜報告的影響，董事會議決將學校併入哥大新成立的學院。於是紐約州立及市立二所學校，同時停辦。哥大學院名為 School of Library Service，威氏受聘為院長兼大學總館館長，因為他與哥大及紐約公共圖書館淵源深厚，為最適當人選。

　　威廉遜於1926年5月1日到職，學校九月開學。教授多為前二校的精英，如紐約州校的 Edna M. Sanderson 為圖書館管理學助理教授兼副院長，Isabella K. Rhodes 為編目學助理教授；紐約市校主任 Ernest J Reece 為行政副教授；哥大圖書館主任 Roger Howson 及參考室主任 Isadore C. Mudge 為兼任講師。這些人都有教學經驗，堪稱一時之選。學生分為學士班及碩士班，各為一年，頒予學士及碩士學位。

　　威氏身兼二職，每日工作14－18小時，為學院聘教授、安排課程、增加設備、草擬研究計畫，披荊斬棘，至為傷神。還為大學圖書館選購書冊，籌畫興建新館（ Butler Library ）。因肩負責任太大，屢向校長請辭兼職，皆未獲允，勉強維持了17年。

　　1939年其妻 Bertha 久病後逝世。翌年續娶 Genevieve A. Hodge，但無所出。

　　1943年威氏66歲，循例退休，卸卻哥大重任。5月19日在舊圖書館（Low Library）舉行盛大歡送會，出席好友學生四百餘人（在他任期內畢業學生4,000人），對他發出讚揚的歡聲與惜別的情緒。校長 Nicholas M. Butler 送他一本他的最後報告，其中載有他17年的成就與缺陷。學院同僚先後發言，各就與他接觸

的觀感，勾畫出一幅偉大的形象。歸納起來幼年農村生活養成他實事求是的作風；洞悉大學管理與財政，作爲日後在學術機關施政的憑藉；因其掌握治學資源，得以完成許多工具書刊。還有籌策縝密，思想敏捷，目光遠大，熱情洋溢，意志堅強種種美德。國會圖書館館長 Quincy Mumford（1928-1929哥大畢業生）認爲他的成功得力於他過人的精力，進取精神，高度智慧，友誼和善等善頌善禱之詞。

威廉遜於1929年獲母校哥倫比亞大學頒贈榮譽文學博士學位（Litt. D.）。頌辭爲：「飽學多識，爲本校增光並產生影響力。」因爲他曾出力使法國國立圖書館（Bibliothéque Nationale）書目得以刊行，法國政府頒以 Chevalier of the Legion of Honor 勳章。他的才能不僅展示在圖書館事業，而是多方面的，大家認爲他是教育家、經濟學家、政治學家、統計學家、目錄學家、研究工作者、編輯人。

退居林下仍以園藝消磨時間，還參加社會公益團體活動25處，不知老之將至。1965年起健康驟衰，翌年1月11日溘然逝世，長眠於康乃狄克州 Village Cemetery at Weathersfield 墳園，享年87歲。

# *37*
# 卡爾·H·麥倫姆
# Carl H. Milam（1884－1963）

　　在美國圖書館史裡與麥斐爾·杜威齊名，在歐美響噹噹的還有卡爾·麥倫姆其人。他不是理論家，也無經營某一圖書館的輝煌歷史，而以主持美國圖書館學會28年著名，人皆以 Mr. ALA 稱之。因爲他在 ALA 過久，敵友皆有，毀譽參半，但不失爲個雄才大略的領袖，名垂青史。

　　麥倫姆於1884年10月22日出生於堪薩斯州（Kansas）Harper 郡的窮鄉僻壤。幼時日行數里到祇有一間課堂的學校讀書。他的父母原籍爲密蘇里州，在他童年又遷回老家，不久又搬到奧克拉荷馬州（Oklahoma）。轉徙遷移，生活極不安定而且困苦。但是這個向上的青年終於進入奧州州立大學受高等教育，同時在圖書館工作，受到圖書館學者 Milton J. Ferguson 的感染，在畢業後選擇圖書館爲終身志業，進到紐約州 Albany 圖書館學校接受專業訓練。學業完成後，到普渡（Purdue）大學圖書館工作一年，因爲對編目不感興趣而辭職。1909年轉到印地安納州，主持 Indiana Library Commission 會務，爲州政府推廣圖書館事業，月薪125元。隨即與同學情侶結婚。麥氏年富力強，心情開朗，做起事來，得心應手。他在任內，印州興辦了36座公共圖書館，成立了 Indiana Library Trustees Association，促請州議會通過圖書館法令多條。他提出口號：「鄉村農民應與都市居民有同樣利

用圖書館的機會。」以後他的努力即爲達到此目標。

　　1913年出任阿拉巴馬州（Alabama） Birmingham Public Library 館長，這個圖書館小得可憐，沒有獨立館址，寄設在市政府大樓的頂層，受過訓練的助手甚少，待遇微薄不能吸引有爲青年。但這位充滿活力的初生之犢，不怕困難，接受挑戰，全力以赴。他到處求援，爭取購書費，說服當地企業界解囊相助，在報紙上刊登廣告宣傳其發展計畫；鼓勵同仁，力爭上游，作出成績。首先將五個分館整頓一新，成爲市民經常光顧的場所，一年開館365天，從不休假。這一連串措施，令人刮目相看。

　　1913年預算僅10,000元，藏書40,000冊。到1915年經費增到25,000元，借閱圖書量成長100％，新建六個分館。一切規章放寬了，借書限制也解除很多。在館中櫥窗內，街車上及商店裡張貼宣傳海報。斯時 Birmingham 還是個貧窮城市，每100市民才擁有16.6冊書。因爲他幹得有聲有色，地方傳媒一致推崇他爲熱心、機敏、誠摯、苦幹、敬業的青年精英。因其待人大公無私，館中同仁推心置腹地擁護他，竭其所能，衷心奉獻。他凡事樂觀，如遇挫折，從不氣餒，設法補救。有一大公司總裁發現他的辦事能力，表示願以高薪請他任職，他毫不猶豫地答道：「我是個圖書館從業員，寧可得商界十分之一的待遇而爲圖書館服務。」

　　在第一次世界大戰開始時，麥氏順應潮流成立軍營圖書館（Camp Library）及戰時服務處，陳列各種職業書籍及小冊子，供從軍官兵瀏覽，從前對圖書不發生興趣的人，一旦接觸到書本，也成爲圖書館的常客。在市中心懸掛巨幅標語：「退役之後君若要找工作，請與圖書館連絡。」在報紙上刊登廣告曰：「君欲得到工作，從書刊中可以找到，圖書館免費供應資料。」

　　1917年麥倫姆向圖書館請假，到華府協助 ALA 的 Library War Service，為勸募「百萬基金購百萬冊書」運動努力。在國會圖書館館長 Putnam 領導之下，到各地巡視圖書館。對戰時工作進行狀況，予以指導和鼓勵。

　　他的表現為各方矚目，對 ALA 應作的工作也有很多構想。1920年 George B. Utley 辭去 ALA 秘書之職，即請他繼任，開始他28年的長期貢獻。他曾任 ALA 評議會（Council）、出版部、執行委員會委員，對會務毫不陌生，作來並不費力，會務大為擴展。會址從芝加哥市立圖書館遷到 John Crerar Library，再遷至520 North Michigan Ave，三遷至 East Huron St. 的大廈。會員由4,500人增至17,000人；經費由每年33,000元增到540,000元。他的長才，使一般人對圖書館的認識完全改觀。例如1921年在麻州 Swampscott 市開年會時掛的布條「Welcome ALA」竟有人會意為歡迎美國洗衣協會（Welcome American Laundry Association）。這樣的笑話，因他的努力已成歷史。大家明瞭 ALA 是代表讀者與書籍合而為一的符號。

　　麥氏一貫積極的作風和對部下嚴格要求，不免引起抱怨，尤其在女同事之間。但若干年後，有許多僚屬在回憶中作出好評。他們說雖然總幹事一個接一個的計畫逼得她們透不過氣來，可是他確實是為公而無自私之念。他喜歡改進，日新又新。最不願聽人說：「我們一向是這樣作的。」因為他除舊迎新，圖書館的概念在國內與國際間走向新徑，前所未見。

　　他是個仁慈長者，開明而富幽默感，豁達大度的人格畢竟得到同僚好感。麥氏辦事，長於整合多人的意見歸納成為結論。無論會議氣氛如何緊張或是議論紛紜，他能從亂絲中理出頭緒，用快刀斬亂麻的手法作出決定。這是他成功的密訣。

　　麥氏另一中心思想是：圖書館員不須告訴讀者想什麼，只是將資料借給他們，由他們自己去思維，因此他想到出版事業。1924年他從卡內基財團法人（Carnegie Corporation）請到一筆款子，開始編印叢書和小冊子，以極少的稿費請到著名作家為他撰寫文稿。「*Reading With Purpose*」叢書自發行以來，銷路很廣，ALA 出版品的收入，由1920年 14,000 元增到 1947 年的 137,000元，高達十倍之多。另一新計畫，為推廣成人教育，加強圖書館教育和國際關係。從此他的辦公室門庭若市，訪客如雲；討論、協商、簽約種種活動，都由他操作，得到良好成果。ALA 的會務一天天膨脹、茁壯，凡是參加年會的人無不嘆為觀止，故有 Mr. ALA 之譽。

　　第一次大戰時，美國捐贈大批書籍，供出征軍人之需。戰事結束後，ALA 以戰時服務的餘款及存在歐洲的書籍，在巴黎辦了一所圖書館，名 American Library in Paris，是歐洲大陸英文書最多的圖書館。鑑於多年來歐洲人到美國圖書館學校受訓練，勞民傷財，ALA 又在巴黎成立一所圖書館學校。從美國救濟法國委員會（American Committee For Devasted France）募到 50,000元開辦費，加上其他機關的捐款，維持了五年，終因經費支紬而停辦。

　　1925年 ALA 與中國發生關係，派聖路易公共圖書館館長 Anthur E. Bostwick（見另傳）來華考察，並在各地演講，促成中華圖書館協會的誕生。至今，該會贈送的紀念品—瓦質牛車—還陳列在芝加哥會址的大廳，作為永久紀念。

　　1926年 ALA 在新澤西洲大西洋城（Atlantic City）慶祝50週年紀念，邀請世界各國圖書館人士參加，有13個國家派遣63名代表與會。從此麥氏的注意力由國內轉向國外。1927年15國代表

（中國代表爲韋棣華女士）在蘇格蘭愛丁堡簽訂國際圖書館協會聯盟，（ International Federation of Library Associations，IFLA ），麥氏出力最多。IFLA 1929 年在羅馬，1933年在芝加哥，1935年在馬德里舉行幾次大會，麥氏皆親自參與，其言行舉足輕重，爲世人矚目。此後麥氏與美國慈善公益財團，如洛氏、卡內基、福特（ Ford ）等基金會結下不解緣，常年出入其辦公室，爲國內及國外圖書館奔走經費。凡他所提出的申請書，各方無不予以同情的考慮和適當反應。

　　當希特勒執政時，以詭辭宣揚納粹主義，攻擊民主政治。麥氏發起贈書歐洲運動（ Book for Europe ），向洛氏基金會請到60,000元，購買有關民主制度的著作，送往西歐國家，以伸張民主主義爲名，暗中反對納粹的專制獨裁。爲此結識世界圖書館巨擘，如瑞典的 Isak Colllgn（ IFLA 第一任會長 ），挪威的 Wilhelm Munthe（ IFLA 第四任會長 ），瑞士的 M. Godet（ 瑞士國立圖書館館長，IFLA 第三任會長 ），荷蘭的 T. P. Sevenma（ 國際聯盟（ League of Nations ）圖書館館長兼 IFLA 秘書長 ），Hugo A. Kruss（ 德國普魯士邦立圖書館館長 ），敎廷樞機主敎 Cardinal Tisserant（ 梵蒂岡圖書館館長 ）。及東方印度圖書館權威 Ranganathan 和中國的袁同禮（ 北平圖書館館長 ）等人，成爲好友，溝通意見得到共識，致力於國際文化合作。

　　在與歐亞打通管道後，麥氏眼光轉向拉丁美洲。他邀請該地區圖書館人士連袂訪美，回國後建立美國模式的圖書館。向國務院遊說圖書館爲促進國際瞭解最有力的因素，國務院乃出資在墨西哥興建一所 Benjamin Franklin Library，爲美國在國外所建第二個圖書館，第三座爲第二次大戰後在西柏林又建贈給市政府的 Amerika-Gedenkbibliothek。

　　1946年 ALA 成立遠東及西南太平洋委員會（Committee on the Orient and Southwest Pacific），包括中國、日本、南韓、菲律賓等地帶。與國務院合作，邀請各該區圖書館人士到美國訪問考察，收效宏偉。

　　1947 年 國 務 院 敦 請 他 為 出 席 聯 合 國 教 科 文 組 織 （UNESCO）美國代表團諮議，居巴黎三週，提出有關組織成立問題19點，請美國代表團說明，供各國代表熱烈討論，卒獲大會通過。他認為 UNESCO 是最能導致世界走向和平的機構，因為它的功能影響人類思想。他也主張這個組織脫離政治與官僚主義，獨立自主地執行職權，不受任何政府的操縱或任何意識型態的影響。用圖書館教育、學術團體、國際機構等單位參與活動，在這個範疇內尤其圖書館可作出更大的貢獻。

　　聯合國總部在紐約成立後，興建一座摩天辦公大樓、大會堂、三個理事會會議廳（安全、社會、託管），卻無力建造一所與此建築群相稱的圖書館。1948年秘書處探知麥氏與紐約各基金會有深厚交往及感情時，即欲禮聘他來擔任圖書館館長之職。但他除剛出道時曾辦過二次小型圖書館外，20餘年精力皆消耗在 ALA 的行政工作，且年已花甲，二年後，即將退休，無意於此。經多方勸說，勉強擔任下來。當他到任時，圖書館已成立三年，情形極為混亂。各理事會皆有一個小型圖書室，各自為政，技術與管理皆不一致。總館缺乏有魄力的人支配這三個支館。總館收藏的重點為何？秘書處研究部門的對象為何？如何供應它們的需要？在在都須找到答案。因此，麥氏召開一個國際圖書館專家會議，集思廣益謀求解決辦法和具體方案，請求大會認可。首先加強總館權力以控制支館，甚至可以接管其藏書，調動其人員。將新聞宣傳部的參考書移作總館參考部的基本藏書，然後加

以補充。要求總館隸屬於秘書長辦公室以提高地位，圖書館專業人員的待遇和級等與其他部門一樣。在技術方面，他借用哈佛大學圖書館副館長 Andrew Osborn 及編目主任 Susan Haskins 來處理。制定規格與條例，如分類、編目、標題等等，一年後始離去。圖書館各方面都走上正軌。圖書館編製目錄索引多種，其中以 *United Nations Document Index* 及 *Cheklist of U. N. Documents* 最爲重要，有助於收藏聯合國文件的圖書館得到處理這些複雜出版品的便利。

藏書方面收購 Woodrow Wilson Foundation 所藏全部國際聯盟（League of Nations）文件，將聯合國前身的檔案與本身文件銜接起來。他最大的使命—向福特基金會募得600萬元的建築費—也如願以償。

1949年朋友們擁護他競選 ALA 會長，不幸失敗。原因可能是他在 ALA 28年，成就雖多，樹敵也不少，故有人不願他回來參與會務。

1950年二年聘約滿期，秘書處亟欲他繼續再作幾年，但他因夫人體弱多病，循例榮休。回到伊利諾州 Barrington 買下一片山地，蒔花種樹（聖誕樹）與其老伴頤養天年。麥夫人1956年去世，她是一賢內助，好主婦，待人接物爲知者稱道。因此他願放棄名利，在家侍候湯藥，人皆羨爲神仙眷屬。

晚年爲驅除寂寞，麥氏擬出一個寫作計畫，請一助手，幫他筆錄打字，將他一生理念和經驗發表出來。完成19章後，以79高齡於1963年 8月26日與世長辭，聞者無不惋惜。身後有人將他與杜威相提並論，但二人絕對不同。杜威是理想家，論學術有傳世的分類法，在事業有第一所圖書館學校的創設；麥氏是個實行家，他的貢獻是以圖書館影響世界人類的文化生活，打破國際樊

籠，促進互助與合作。試想一個出生隴畝的幼童，日後登上世界
名人錄，揚名國際間，受到君王的召見和賜勳，覲見教宗得到祝
福，獲得學府頒贈榮譽博士學位（1934年田納西 Southwestern
College，1935年威斯康辛 Lawrence College），也算得人間豪
傑！

# *38*
# 約瑟・劉易斯・惠勒
# **Joseph Lewis Wheeler**（1884－1970）

　　約瑟・劉易斯・惠勒爲美國公共圖書館革命性人物，其理念與作風與約翰德拉（John Dana）相似，以宣傳與展覽作到書人合一的境界。他的新法和勤勞將巴的摩爾公共圖書館（Enoch Pratt Free Library）造成世界著名圖書館之一，其獨特之處至今爲人稱道。

　　惠勒於1884年3月16日生於麻薩諸塞州的 Dorchester，爲 George Stevens 和 Jane Drofflin Wheeler 次子。父系祖先爲1630年在 Concord 登陸的美國移民，母親遠祖爲第一代的愛爾蘭移民。家中藏書豐富，有濃厚的新英格蘭氣質，他一生在外時間雖多，仍不時回到故鄉，最後還回去度過晚年。

　　惠氏幼時使用工具特別靈巧，雙親鼓勵他做工程師。在高等職業學校畢業後，1902年進入羅得島（Rhode Island）布朗大學（Brown University）。爲謀生活費，在大學圖書館打工，受館長 Harry L. Koopman 影響，放棄工程而選圖書館爲終身志業。1904年起晚間還在普洛維斯頓（Providence）公共圖書館參考室作夜班三小時。因爲工作佔用時間太多，功課成績不佳，但爲日後的事業奠定基礎。他一直認定他是個參考人員，到退休時還深信不疑。

　　1906年得學士學位，接著在政治系攻讀，翌年得碩士學位。

因為無力上圖書館學校到佛蒙特州（Vermont）Benson 與姑母住了一年，在一鋸木廠工作，稍有積蓄即考上紐約州立圖書館學校，以一年時間讀完二年功課，1909年得圖書館學士學位（B. L. S）

畢業後，到首都華盛頓公共圖書館作副館長（1909年5月-1911年2月），1910年10月10日與女同事 Mabel Archibald 結婚。1911年3月1日改任佛羅里達州傑克遜維爾（Jacksonville）公共圖書館館長之職。南方氣候燠熱，夫婦二人頗不習慣，只作了20個月就離開。長子 John Archibald 出生於此，有桑榆之獲。

1912年11月加州洛杉磯公共圖書館聘他為副館長，欣然由南方到了西岸，次子 Joseph Towne 生於洛市。新職頗富挑戰性。第一件事為館址租期屆滿須擇地搬遷。他重視圖書館所在地的位置，開始為建築費了許多心思，也得到一些具體理念。終於在市中心一棟九層大樓最上三層找到房間，佈置竣事。根據實際經驗發表二篇文章：⑴ “The Effective Location of Public Library Buildings ”，（University of Illinois Library Occasional Paper # 52），⑵ “A Reconstruction of the Strategic Location of Public Library Building ”（Occasional Paper ＃95）。

正值此時美國圖書館學會要籌備個展覽，在三藩市世界博覽會（San Francisco World's Fair）上展出。籌備委員會主席 Charles Green 委之以此項工作。因為搜集資訊及展品，他有機會與全國圖書館通信聯絡，認識許多朋友。展覽閉幕後，學會聘他為保管人，因為洛館館長精神不正常，他得到理由辭去該館職位。

1915年秋，俄亥俄州楊格市（Youngstown）公共圖書館聘他為館長。楊格市為一工業城，人們稱之為「煤煙和鋼鐵之

市」。館員倒還健全，但經費缺乏。藏書及服務皆甚落後，是他行政能力的試金石。在任期11年之中，借書量由130,000增到900,000冊次，經費經過二次公民投票，大爲增加。除改善幾所分館外，還在市中心新建一所新分館。在楊格市時，請假二次，第一次爲1917年9月－1918年6月到 ALA 設在華盛頓的戰時服務處，管理32個軍營圖書館，並擔任其他軍營圖書館選書之責。第二次爲1921年4月－1922年10月回到佛蒙特 Bensen，原來與姑母住過一年的地方。在俄亥俄時 Robert Reid 和 Mary Berthel 二個子女相繼出世，人口增加，食指浩繁。

　　1926年惠勒受聘主管巴的摩爾（Baltimore）的 Enoch Pratt Free Library。巴市人口 850,000，是個大都市。蒲拉特（Pratt）爲一慈善家，亦麻州人氏，在巴的摩爾經營五金生意致富。先爲黑人兒童辦了一所小學及另一所聾啞學校，有鑑於巴市需要一所大規模的圖書館，乃捐巨資興建之，以其名爲館名。到任之初，館內情況頗不理想，在全國中地位最低而花錢最多。250位館員沒有一個受過專門訓練，而且只有四個大學畢業生，待遇微薄，不能吸引人才。只有藏書而沒有服務。出納人員在昏暗的書庫東奔西走，在模糊不清的書脊上找書號十分吃力，如遇困難則以「借出」搪塞了事。老舊報刊存在老鼠出沒的地下室。書籍滿谷滿坑，缺乏好的目錄。用人不當，績效與創辦人宗旨相違，人民未受其益。

　　惠勒來自麻州，懂得蒲拉特心理。後者經商，知道將貨品轉到消費者手裡取得利潤；因他在楊格市有過經驗，明白如何將書籍送到讀者手中，收到教育成果。他首先將10,000冊名著從書庫剔出，放在公開的架子上任人取閱或借出，爲不能來館者在商店、消防隊、警察派出所、敎堂及人民常去的地方設置借書站

100所。於是借書量由1925年的1,004,065增到1929年的2,491,174冊次,增長率爲100％以上。可是經費在同一時期只增加了5.5％,以少數金錢得到驚人成果,係其領導有方所致,

　　惠勒下一步努力是爭取興建新館及提高館員素質。在專門人員難求之時,他在館中自辦訓練班,鼓勵同人參加圖書館學會。邀請地方名流如 H．L．Mencken(著名文學批評家)等人講演,製造輿論,引起人民大衆注意,多方給予援助。後來逐漸聘到許多人才,如 Lucille Moorsch(後爲國會圖書館要員),Harold Hamil(後爲 Kansas City 及洛杉磯公共圖書館館長),Frances R．St．John(後爲陸軍署醫學圖書館及紐約布碌崙公共圖書館館長),皆傑出人才。

　　惠勒政策最大的特色爲舉辦櫥窗展示,以廣招徠。他借用一家旅行社不用的櫥窗,將旅遊手冊、地圖、畫片一起展出。還有許多無孔不入的奇招,比如將蒔花植草的書籍放在花圃與種籽擺在一起,令購花者瀏覽;印新書單,請洗衣店包在乾淨衣服裡;請送牛奶工人將書目放在私人門口;將名人傳記,如發明家愛迪生(Thomas Edison)及威斯丁霍斯(Westinghouse),放在圖書館顯眼的地方。用種種方法使市民隨處見到書的影子,無形之中受引誘而養成讀書習慣,得到免費的教育。他對讀者可說無微不至,同人說他慣壞讀者,他說讀者總是有理(Reader is always right)。

　　館務發展迅速,營造新廈急不可待,他早在洛杉磯就有建築經驗和理念,此刻正是實現夢想的時機,首先到各地訪問參觀,然後作出決定。他排除堂而皇之的大門,如倫敦大英博物院及紐約公共圖書館門前的一對石獅子;放棄高的台階,如同法院,令人生畏,裹足不前。他主張地面與人行道一樣水平,來者不須爬

高坡，路人隨時可以看到櫥窗內的新書。新館啟用後，行人徘徊
門前，途爲之塞。這種新穎的設計，皆寫在他論建築的書內。

　　對於編目他亦有其卓見。圖書館一般現象，新書問世後，編
目卡片才能見之於目錄櫃。他與出版者約定，在新書未上市前先
送來給圖書館編目，待新書廣告一見，讀者馬上可以借閱。此舉
促成後來國會圖書館的新書預行編目制度。國會副館長 Verner
Clapp 讚嘆曰：「惠勒是原動力，他的名字與「成功」二字永遠
連在一起。」

　　1945年惠勒年僅61歲，決定退休。他自感精力不支，加以第
二次大戰時他有喪子之痛，鬱鬱不樂，館中同人皆感驚愕。有人
認爲 Enoch Pratt Free Library 與「服務」是同義字。惠館長的
改進是革命性的。*Baltimore Evening Sun* 社論說：

> 現在常有人說圖書館學是科學，其實是藝術。若是科學的
> 話，惠勒的退休瞬息即忘，因爲科學工作的機器可以照常
> 運轉，但是因爲是藝術，巴市人民就憂心圖書館能否即刻
> 請到像惠勒同樣的主管。

　　惠勒退而不休，以後二十餘年做著諮詢與調查工作。經過他
調查的圖書館有百餘所。西岸 San Diego, Salt Lake City, 南方
Dallas, Atlanta, 東岸 Princeton, Yonkers, 國外加拿大溫哥華、
古巴 Mautanzas 都有他的腳印。

　　他對美國圖書館學會會務積極參與，擔任副會長（1926-
1927），評議會（1918-1923），執行委員會（1929-1933），教
育委員會（1931-1936）成員，俄亥俄圖書館學會會長。對圖書
館教育致力甚多。1946年爲卡內基基金會調查圖書館教育實況，
作出改進報告。曾在紐約州立圖書館學校，哥倫比亞，西方儲備
大學，Drexel Institute of Technology 等處講授圖書館學。他的

著作有下列數種：

*The Library and the Community*. A. L. A., 1924.

*The American Public Library Building*, with Alfred M. Githens. A. L. A., 1941.

*Program and Problems in Education for Librarianship*. N. Y., Carnegie Corp. 1946.

*Practical Administration of Public Libraries*, with Herbert Goedhor. N. Y., Harper and Row, 1962.

*My Maryland With Beta Kaessman and Harald Manakee*. N. Y., Ginn, 1934.（一本兒童歷史書）

除圖書館團體外，他參加美國歷史學會，全國教育學會，美國公共行政學會，國家有色人種改進會（National Association for the Advancement of Colored People（NAACP）等機構。

他畢生所得榮譽有：

Albany 紐約州立圖書館學校（母校）榮譽 MLS（1924）.

馬利蘭大學（1924）及布朗大學（1934）名譽文學博士（Litt. D.）.

ALA 所頒成績傑出獎 Lippincott Award（1961）.

ALA 終生榮譽會員（1964）.

惠勒於1970年12月4日逝世於佛蒙特州 Rutland，得年86歲。他有雙重人格：(1)具和靄可親的尊嚴，堅強的意志。一生所作所為皆為有重大意義的事，具備眞正領袖的條件。(2)對人親切、隨和、幽默，不論在何處工作，他的言語動作，離不開新英格蘭洋基（Yankee）的格調。他以與人交往為快樂，徹底了解他們，關心他們。鼓勵部屬參與館政，功成不居，與人分享，一個公而忘私的領導人。

# *39*
# 凱因斯・戴維特・梅迪可夫
# **Keyes Dewitt Metcalf**（1889－1983）

　　美國圖書館家大致可分為三種類型：一為以理論和技術見長，對圖書館的功能和技術作出貢獻；二為學者型，除擔任實際工作外，以撰寫書籍及論文著名，影響圖書館發展的方向；三為以行政及管理為能事的實踐家。哈佛大學圖書館館長兼哈佛學院（Harvard College）圖書館主任凱因斯・戴維特・梅迪可夫為第三類傑出人才，致力於圖書館事業凡75年，其成就與聲望，無與倫比。去世後識與不識無不讚揚他是一個寬宏大量而堅守原則的實驗主義者，而且年高有德，堪稱個幸運快樂的人。

　　梅迪可夫於1889年4月23日在 Ohio 的 Elyria 城出生，兄弟姊妹18人，排行第17。四歲喪母，八歲父亡，幸得一姊負責撫養成人。幼時有點智弱的現象，初用左手吃飯，經過一段很長的時間才糾正改用右手。後來到中、大學參加田徑運動及球隊，體力極為健壯。姐夫 Azarich Smith Root 為奧柏林學院（Oberlin College）圖書館館長，凱因斯1904年插入 Oberlin 高中二年級。嘗與姐夫談論將來可否以圖書館為職業，Root 告訴他先從基層工作著手，於是准他在圖書館充學生練習生。他從高中作到大學畢業，為期6年，館長每小時給他一毛五分錢的工資，從未升級。年輕小伙子，無事不作，毫無怨言。在聖誕節放假時，練習裝訂書籍，將報紙雜誌打孔穿線，加上封面裝訂成冊。同時去社區熱

心捐書人家聯繫，爲館中徵求贈品。Root 還敎導他選購書籍原則，淘汰複本與他館作交換的辦法。

當時奧柏林學院的藏書爲其他學院所不及，1908年書庫有架滿之患，須要建一新館。館長時常與他討論館舍的結構與容量問題，認定新館必須要適用，有伸縮性和擴充的可能等原則。在建築材料方面儘量節省，省下的錢添購書籍。這樣耳濡目染，爲他後來擔當大任，奠下基礎。新館落成，遷館工作落到他的頭上，第一，因爲搬書非大多數女性職員所能勝任，第二他是館中最熟悉書籍存放位置的人。

梅迪可夫四年級時，得到歷史敎授 Albert H. Lybyer 的青睞，建議他到哈佛大學讀歷史博士學位，而且請哈大圖書館長 Archibald C. Coolidge 爲他謀得獎學金，但他拒絕接受，因爲姐夫 Root 認爲一個成功的圖書館館員不急需博士學位，須先到個大圖書館去見習，得到實際經驗，或者去圖書館學校受專門訓練，將來可以得到比未受專業敎育者較好的職位。梅氏先選擇去紐約 Pratt Institute 圖書館專科學校，後來改在紐約公共圖書館附屬學校就讀。肄業期間，同時在紐約市館及奧柏林學院來回工作。1912年 Root 循例休假，他回母校充行政助理員。1913年獲得證書（Certificate），二年後得畢業文憑（diploma）。畢業後梅氏請求在紐館參考部工作，主任 Harry M. Lydenberg 認爲他準備不夠，先派他主管書庫，安排書庫職工輪班時間表，並每天從書架上挑出24尺長度的破書送往裝訂室修理。他在奧柏林有管理書庫經驗，駕輕就熟，應付裕如。以後與館中各部門均有接觸，對全館的業務瞭如指掌。1916年回奧柏林代理館長一年，又回到紐約市館，一直作了20年。1919年升購書組代理組長，瞭解書業情況，同時擔任館長室助理秘書，作館方與職工公關的聯絡

人。1927年爲編目組組長，1928年升爲參考部主任，即總館的主
持人，除正副館長外，權力最大。除館務外，他對圖書館界的活
動積極參與，曾任美國圖書館學會會長，學會教育委員會主席，
完成圖書館學校認可規程（accredited program），即入學資格
及課程，對圖書館教育貢獻甚大。曾經有人勸他回到奧柏林接他
姐夫的位置，他不肯放棄紐約公共圖書館的豐富藏書，研究環境
及施展行政能力的機會。

　　1936年哈佛大學圖書館館長出缺，大學及學院二個圖書館均
須人主持，校長 James Bryant Conant 請梅氏先出任學院主任，
日後再兼大學館長。梅氏到哈佛校園巡視一番，印象不佳。第
一，很多要員已屆退休年齡，須輸以新血液；第二同事間意見分
歧不肯合作，乃婉辭謝卻。卡內基基金會總幹事 Frederick
P.Keppel 重視哈佛圖書館的前途，慫恿他作一報告，將一切現
狀，詳細說明，並建議今後應終止以敎授作館長，而代以圖書館
專業人員，因爲有實際經驗的專家要比通曉一科的敎授成績會多
些。一個懂得圖書館業務的專才要學習敎務方面的事較爲容易，
令一個敎授去瞭解圖書館全盤工作則較難。校方願意接受他的意
見，請現任館長 Blake 敎授勸他出就，才獲首肯。1937年他到了
哈佛，感嘆地說：

　　　哈佛肯用一個非哈佛人的圖書館專才，是難得一見的事，
　　　表示注重實際經驗，而不以一科之長為惟一條件。

　　上台後第一件事是充實館內人員，趁著老館員退休的機會，
大量補充有訓練及經歷的專業人才。因他是科班出身，由小圖書
館練習生作到大館主管，深得一步一步摸索前進的益處，所以在
哈佛用同樣方法訓練職工。高層的部主任則由別的圖書館物色
到，再錄用專門技術人員，如語文、科技、經濟、法律等方面的

人，在館中授以圖書館知識。他要求哈佛各職業學院，如商業法律、教育聯合開講跨科際的課程，派圖書館館員去學習，得到專門知識。低級職員多用學生助理，在館內各部見習，到相當程度再送往圖書館學校深造。這樣一套循著他個人的就業歷程的計畫，績效甚大，不僅用人而且培植人才。他不反對哈佛的優秀份子到別的圖書館擔任要職，一批出去，另招批新人，新來的人見在哈佛工作有前途，甘心忠實服務，並以爲榮。這種良性循環，致使當代很多重要位置的人都是他培植出來的。

　　第二件大事是解決圖書館空間問題。在他進哈佛之時，Widener Library（哈佛總館）已有書滿之患，書架塞得滿滿的，取還皆甚費力，書脊被磨損。取書時間過長，浪費讀者時間。若是要蓋一所大廈，非二千萬不辦，而且在哈佛園（Harvard Yard）也難找到一大塊土地。Conant 校長感到焦慮。梅氏曾同他姐夫在奧柏林有過建築經驗，胸有成竹，想出四個辦法：⑴）將寫本及善本書剔出，另建一座小型的善本書庫（Houghton Library）佔地不大。⑵與波士頓市區一帶其他圖書館，如麻州州立圖書館（Massachusetts State Library），波士頓公共圖書館等合建一所新英蘭貯存圖書館（New England Deposit Library），哈佛挑出50萬冊存放在合作書庫。⑶爲大學本科生（College undergraduate）開闢一學院圖書館（Lamont Library），將15,000冊大學生所需的書刊，用開架式放在新館。有很舒適沙發椅，地氈等精緻陳設，學生可無拘無束地閱讀。這一創舉成爲大學典範，仿傚者甚多。⑷在校園東南角掘建一座三層地下儲藏室，將笨重的書報移置其間，有地道與總館連接，往來極爲方便。以上四種建設，將哈佛圖書館最大的問題逐漸解決，而且不須大興土木，省了大筆經費。

　　第三件大事是增加館藏。他在奧柏林及紐約公共圖書館得到很多經驗，最基本的觀念就是不要想應有盡有，其次是不要花錢買無用的書，所以選購新書，極為重要。大學方面，慣例是教授選書佔大的比重。梅氏要打破此風，將選書責任讓館中各部主管負責，因為他們比教授們更清楚各科書籍的有無，而且選擇較為客觀，沒有偏頗。再者哈大書款很多由私人捐贈，教授不容置喙。在任期間他為哈佛增購了200萬冊。在第一次大戰前，哈佛常在歐洲將私人藏書整批買下，其中不乏好書，但重複甚多，他則改弦更張。在30年代他預測歐戰不可避免，致力於歐洲重要報紙的收購。哈佛原有一筆經費欲辦新聞學系，因故放棄這個計畫，梅氏建議將省下的經費購買歐洲報紙雜誌，並將一部分重要報紙攝成微捲，便於保存與收藏。微捲有50種之多，50年代國內圖書館向他購買複本，還得了15,000元的利潤。第二次大戰結束後，他支持國會圖書館組團到歐洲收買戰時出版品，用合作方式集體採購。因此計畫成功，後來形成 Farmington Plan，有60個圖書館參加，各有重點，互通有無。接著中西部館際中心（Midwest Inter-Library Center）成立，哈佛即停止攝製複本的工作，由前者繼續進行。微捲固有其利，但對常用之參考書頗不適用，梅氏曾嘗試印縮本書（micro photography），因他不能說服柯達公司（Eastman Kodak）來大規模從事這個計畫，也就停止了。

　　除上述三大策略外，梅氏最重視諮詢工作。在他到哈佛前，圖書館沒有灌輸到校新生使用圖書館知識的傳統，待他就任後，才開始這樣工作。在參考室及出納台添置有訓練的館員，對讀者服務，答覆問題，幫助他們到書庫搜集資料。自 Lamont Library 啟用後，每年開學有職員帶領一年級新生巡視全館，講解藏書、目

錄、參考書的使用方法，使他們全盤了解，以後就可自己利用。

　　梅氏對其部下寬猛相濟，對高級主管每年至少有一次面對面的懇談，將他（她）所擔任的工作徹底檢討，使雙方充分了解，沒有誤會、隔閡和疏離之感。對同仁的生活福利，盡到最大的能事，不過也有原則。譬如上午休息時間，他不許職員去 Widener Library 外面喝咖啡，只可在館內休息室飲之。因爲往返費時，每每超過規定時間。如果校中有重要演講或討論會，他讓同人用公家時間去聽，充實自己。凡有益的事從不阻止，反加鼓勵。開會時他靜聽大家的發言，在工作上分層負責，不越權，不干涉，各人在其範圍內，全權辦理。這種政策換來忠心，沒有敵人。經他提攜造就的人逾百，後來離開哈佛，自立門戶，對老上司永存感激之心。在人事上非常成功。

　　哈佛規定65歲退休，1955年梅氏卸下仔肩,學校聘他爲榮譽館長，以示酬庸。當時他精力充沛，一個勤勞的人是不能投閒置散，優遊自在的；社會也不會浪費人才，使之有繼續貢獻的機會。新澤西州勞格斯大學（Rutgers）圖書館學院請他作訪問敎授，講授圖書館人才訓練，並指導研究生研討會（Seminar），他還開了一門研究座談的課，選修者僅8－15人，來自大學或研究圖書館經驗豐富，學識淵博的高級人員，。每人提出一個專題，與其他學員共同討論，由提議人發表意見，聽者發問，俾能得到結論。如果不能得到共識，則由梅氏就各方意見和他個人的觀點，作出雙方可以接受的總結。有人說行政能力來自秉賦，梅氏不以爲然，他說一個音樂或體育天才，若沒有名師指導和苦練，就難登峰造極，因此作行政的人必須經過千錘百鍊，才能火候純青。可惜圖書館學校任敎者皆未擔任過行政工作，只有理論缺乏實際經驗。他積40年之經驗才敢在大學任敎。

　　梅氏自哈佛退休25年，仍在國內外奔走，席不暇煖，爲人作顧問。建築是他的最愛，購書也是在行的專長。後被聘爲 Ful-bright lecturer，到各地演講。1958年到紐西蘭訪問三週，參觀各地圖書館。又於同年12月在澳洲首都坎伯拉（Canberra）舉行座談會,討論澳洲國立圖書館即將興建的新館問題。紐西蘭重要圖書館的館員也應邀參加。在此以前紐、澳兩國之間圖書館界甚少往來，澳洲採行英國模式，紐西蘭實行美國式，此次才互相溝通了解。在座談會結束後，梅氏作了建議：⑴精心選購，不買無用之書充數，各館之間儘量避免重複；⑵供給讀者最佳的服務，爲達成此目標，必須選用有經驗的館員，並予優厚的待遇；⑶建築物須事前縝密計劃，在外觀、空間、舒適等面面俱到，否則枉費金錢，後來還要設法挽救，耗費更多；⑷經費得之不易，須精打細算，以少數的金錢仍可作出有益的事。這番話是他一生苦口婆心向美國同業道出的口頭禪。他從事圖書館事業70餘年，只有幾樣簡單明瞭的理念：

　　⑴每個圖書館須注重收藏，没有好的書籍則不能滿足讀者的需要。

　　⑵編目要完善，將所藏顯示給讀者；目錄不必太煩瑣，耗時費錢，將書籍的重點錄出即可。

　　⑶須供給讀者最佳的服務，如果不爲讀者盡心服務，則失其存在的意義。

　　⑷須有理想的建築，建築不必華麗，只求實用，空間足夠，光線與照明要強，讀者與館員都感到舒適，置身其中，樂以忘憂。

　　梅氏是實踐主義者，著作不多，其要者有： 1. *Program of Instruction in Library Schools*（1943）此書討論圖書館教育，爲

威廉遜報告（Williamson Report 1920－1921）以後最徹底檢討圖書館教育之作。

2. *The Harvard University Library, A Study of Present and Prospective Problems*（1958），將他主政時期的哈大圖書館的施政及成就，詳細記述，並預測其前途。

3. *Planning Academic and Research Library Building*（1965）此書為圖書館學暢銷書，售出11,000冊，梅氏以其監造圖書館的經驗，撰寫此書給圖書館作示範。他與 Ralph E Ellsworth 對建築同為權威，很多圖書館計畫新館都請他們作顧問。

⑷*Random Recollections of an Anachronism*（1980）二冊，第一冊回憶在奧柏林及紐約公共圖書館時期，第二冊為哈佛時期，擇其重要而能為他館作借鏡者，供人批評。

⑸*Harvard Library Bulletin* 是一種為哈佛大學作溝通的刊物，發表新購重要收藏，館務進度，人事更動等，使教授學生都明瞭圖書館工作及情形。

梅氏於1983年11月3日與世長辭，享壽94高齡,堪稱人瑞。後世對他的評鑑：他是個實驗主義者，沒有哲學的冥想，他深信經驗與常識，重視實際情形而非爭議，他堅信研究圖書館（reseach libraries）是整個圖書事業的一環，是相互依賴的個體。

他對自己性格的表現有兩個特點：第一，選擇職業。他說他要作個參考員（reference librarian）因為可以為讀者找資料，解答疑難，可能「嘉惠士林」，或許是滿足他永無止境的好奇心，面對問題而求其解決。第二，他退休前選擇繼任人選的態度。他對 Pusey 校長及 Bundy 教務長說：「對於我的繼承人，你們不必插手，我不知我未作好的事在那裡，我必選擇一與我資歷相同

的人，但我更希望他能將我的缺失或未做到的完成。

　　這樣一位自信與虛心的忠厚長者，在美國圖書館界留下令人
難忘的永久懷念。

　　茲將其所得榮譽學位及勛章條列如下：

　　榮譽學位：

Litt.D. Oberlin, 1939；Brandis, 1959；Bowdoin College,
　　　　1965；Hamilton College, 1972.

L.H.D. Yale, 1946

L.L.D. Harvard, 1951； Toronto, 1954； Marquette,
　　　　1958；Notre Dame, 1964；Indiana, 1974

　　勛章：

Norway's Knight First Order of Olav.

# *40*
# 威爾納‧W‧克廼甫
## **Verner W. Clapp**（1901－1972）

近世美國圖書館人才輩出，各領風騷。在圖書館教育方面有 C. C. Williamson,（*Columbia*）, L. R. Wilson（*Chicago*）；在大學圖書館有 C. H. Brown（*Iowa State Univrsity*）, Keyes Metcalf（*Harvard*）；公共圖書館有 Edwin Anderson 及 H. M. Lydenferg（NYPL）等人。但他們皆在某一方面作出偉大貢獻，並不影響整個圖書館事業。欲求一個對圖書館各方面有廣泛興趣，針對問題作革新改良者，則捨威爾納、克廼甫不作第二人想。

克廼甫任職國會圖書館凡30餘年，頗得地利。他熱情奔放，平易近人，富幽默感，兼得人和。20世紀50年代，在美國戰勝納粹之後，國運昌盛，百事俱舉，又佔天時。三者兼備，故在美國及國際聲譽卓著，堪稱風雲人物。

克廼甫1901年在南非洲 Transvaal 省 Johannesburg 市出生。父親 George Herbert 與母親 Mary Sybil Clapp 皆美國人，在南非經商。波爾戰爭（*Boer War*）結束後，遷回美國在紐約州 Poughkeepsie 定居。他進康乃狄克州首府 Hartford 的三一學院（*Trinity College*）就讀，1922年得學士學位，成績優異被選爲 Phi Beta Kappa 榮譽學會及 Sigma na 兄弟會會員。在校擔任田徑賽校隊隊長，智體兼優。他一生做事有衝勁，得力於他的體育

精神和情感豐富的特性。1929年與 Dorothy D. Ladd 結婚，終身
廝守，偕老白頭。有子女三人，亦父亦友，親和摯愛。

　　大學畢業後到國會圖書館工作數月，秋季到哈佛大學研究院
攻讀哲學一年（ 1922-23 ），又回到國會圖書館，一直工作到退
休。開始在各部門見習，對全館作業作一鳥瞰。第一個工作爲大
閱覽室參考員（ 1923-1927 ），五年後，主管國會參考室（ 即現
在的 Congressional Research Service 的前身 ）爲國會議員服務
（ 1927-1931 ）。四年後升爲閱覽部主任（ 1931-1937 ）。1937-
1940年間，他的任務爲發展盲人讀書工作（ Division of Books for
the Adult Blind ）。在他精心研究之下，點字書（ Braille ）得到
改進，由聯邦政府撥款擴充盲人教育。

　　1940克氏出任總務部主任（ Administration Department
1940-1943 ）。斯時正值羅斯福總統所選定的詩人 Archibald Mac
Leish 充當館長，銳意改革全館的組織架構。克氏從中策畫，起
草大部分組織大綱及辦事細則，使各部主任在其領域內有獨立自
主的權力，執行其任務。1943年調採訪部（ Acquisition Depart-
ment, 1943-1947 ），增進館藏，不遺餘力。他將購書重點由科
目性（ Subject area ）改爲地域性（ geographical area ），專門搜
集世界各國的資料。第二次世界大戰，美軍在非洲開闢戰場，所
用軍事手冊及地圖皆由國會圖書館在克氏監督之下製成的。大戰
甫停，他即率領美國圖書館採購團到歐洲採訪，與俄軍佔領區軍
官交涉，將美國在開戰前向德國所訂德文書刊運回美國。

　　1945年世界各國代表在三藩市召集會議，成立聯合國組織，
克廸甫被聘爲大會圖書館主持人，奠定後來聯合國 Dag Ham-
marskjold Library 的基礎。他一直也是該館常年顧問。大會結
束，他將會議文件編成一部12冊的 *Documents of the United Na-*

tions *Conference on International Organization*，有五種文字版本，他親自負責三種版本，並任校對。

　　1946年克氏任美國出席聯合國教科文組織（*UNESCO*）代表團團員，以後熱心該組織的圖書館與目錄方面事務，達七年之久。

　　1947年克氏升爲國會圖書館副館長（1947-1956），爲兩任館長（Luther Evans 及 Quincy Mumford）的臂膀。在此期間他的觸角伸張到館中各部門，眾望所歸，成就達到顛峰。其建樹犖犖大者有下利各端。

　　⑴成立永久查架隊（Permanent inventory staff），長年點查書架，整理書號順序，發現錯排及遺失狀況，即予處理。

　　⑵與現代美術館（Museum of Modern Art）合作，挑選經典影片，成立影片特藏組。

　　⑶擬訂購書政策，極力促其實現。

　　⑷大量攝製微捲，將罕傳之作化身千百，俾各地圖書館購置，彼此互借，以通有無。

　　⑸加強國會圖書館學術研究的使命，出版參考及目錄工具書。最重要者爲國家書目（*U.S. National Bibliography*）

　　⑹注意連續性刊物（serial record）的脫期及缺期補充工作。

　　⑺訂定書籍裝訂的優先原則及館中出版品版式(Format)。

　　⑻確立預算法及館員升級制度。

　　⑼增加書庫容量，裝置空調設備，修建善本書庫。

　　⑽提倡自動化作業，開始建立電腦資訊網路。

由以上諸點，可見全館館務無一不在他的腦海中，隨時隨地加以興革。

　　1947年克氏受日本佔領軍統帥麥克阿瑟元帥邀請,赴東京設計日本國會圖書館。他與 ALA 東亞與西南太平洋委員會主席 Charles H.Brown 組成美國顧問團,以三個月時間完成草案,促日本國會通過建立國會圖書館法案,限期成立為國會服務的國立圖書館,並選聘資歷適合的人充當館長。因他們工作敏捷,得到麥帥嘉許。

　　1968年日本國會圖書館成立20週年紀念,頒贈克氏 Order of Sacred Treasure 勳章,以示酬庸。

　　在50年代克氏代理館長一年,1956年從國會圖書館退休。隨即建立圖書館資源理事會( Council of Library Resourees ),自任總裁。該會為福特基金會捐款500萬元所成立,其宗旨為:

　　⑴促進圖書館選購及資源控制的合作計畫

　　⑵鼓勵圖書館針對其需要採用新的科技發明,引用新法,增加效率。如撥款國會圖書館發展機讀式編目( MARC )。

　　⑶成立聯邦圖書館委員會( Federal Library Commission )辦理出版預行編目( Cataloging-in-Source Program )

　　⑷資助《抄本聯合目錄》( National Union Catalog of Manuscript Collections )和《連續性刊物聯合目錄》( Union List of Serials )的編輯工作。

　　⑸修改出版法,使呈繳本迅速送達國會圖書館。

　　⑹在維吉尼亞州 Richmond 成立紙張研究實驗室,研究紙張的質料,製造經久耐用的印書紙。

　　這些都是超越一般圖書館範圍的工作,由一獨立的理事會來處理比較超然,藉以完成他在國會圖書館未能實現的種種夢想。

　　1967年克氏第二次退休,仍充 Council of Library Resources 兼任顧問,直到去世為止。

　　克狛甫為一思想家，也是實行家。他於圖書館不僅注重機械工作，而且有獨到的理念。第一、他認為書籍是人類文化的累積，也是國家民族的靈魂。若是一個國家祇有物質而無精神文明，則不能立足於世。希特勒侵略南斯拉夫時，先行炸毀南國國家圖書館，摧毀它的靈魂。（按：日本人轟炸天津，首先炸毀南開大學圖書館。）人類與其他生物不同者，即在有傳統及精神食糧。

　　第二，他認為圖書館的天職是「讀者有書，書有讀者」（Every reader has book and every book has reader），否則圖書館即未發輝它的功能。圖書館是增進學術知識的場所，千人中有999人的研究是在家裡、辦公室、實驗室、學校和圖書館完成的。圖書館的好壞不在藏書的多寡，而視其工作盡力與否。藏書豐富的圖書館，每以經費缺乏而關閉其書庫，僅許一小撮人在內發掘寶藏，與一般大眾無關。倘若一個小圖書館，能將其有限的藏書編好目錄索引，使讀者容易得著所需資訊，其功能較大圖書館有過之無不及。國家圖書館的發展，是全國圖書館發展的總合。由此，他想到後來的圖書館資訊網路（networking）的可能性。國會圖書館的電腦作業，皆由此一思想所引發。可謂功在國家，而非僅一個圖書館而已。

　　克狛甫擇善固執的天性，形成他的正義感和完整人格。50年代是聯邦參議員麥加錫（Joseph McCarthy）的白色恐怖時代，要求全國調查國民忠貞運動，如火如荼。各機關皆須檢討員工的言行是否有違害國家者。克氏為國會圖書館調查委員會委員之一，雖奉命行事，但內心對此侵犯人權之舉極不滿意，甚至在公開場合表示憤懣，置個人前途於不顧。這種言論在其演講和著作中時常出現。

　　另有一次國會圖書館籌備一項展覽陳列大眾傳播媒體，如報紙、廣播、電視節目，對社會新聞刻意所做出不眞實的報導，這些報導扭曲事實，淆亂視聽，危害社會，欺騙大眾。展品中有些譴責和諷刺某些政要的刊物。他的好友建議他不要批准這項展覽，以免開罪政客，他毫不顧後果，終於准予展出．雖逞一時之快，當他被提名爲館長時，果然因一參議員的反對而成泡影。他無後悔，正是他富正義感的天性的表現。

　　克廼甫曾兼任許多名譽職，如 Forest Press（杜威分類法出版公司）理事，普林斯頓大學圖書館董事。除日本所頒勳章外，他獲圖書館學會的 Lippincott Award（傑出成就獎）。他撰寫論文200篇，其中以 " The Future of Reseach Library " 最爲重要，將理想與改革意見闡發無遺。他以裝訂書籍消遣，愛好音樂，以吹笛爲最愛。閒時製作機械、美術品消磨時間。

　　克氏於1972年6月1日在維州 Alexandria 與世長辭，享年71歲。友人與部屬數百人舉行追思會，表示他們對他的尊敬與哀思。Rudy Rogers 稱他爲圖書館界的達文西（Da Vinci 意大利畫家、雕刻家、建築家、工程師，一個不世出的天才。）William Dix 讚譽他爲眞正的改革家（a genuine innovator），有主意和毅力的實行家。他的部屬宣稱他在國會圖書館意氣風發，精力充沛，帶領他們勇往直前，日新月異地工作，且引以爲傲。

# *41*
# 傑西‧郝克‧謝拉
## **Jesse Hauk Shera**（1903－1982）

　　有荷蘭與愛爾蘭混合血統的傑西謝拉，1903年12月8日出生於俄亥俄州牛津市（Oxford）。1925年在本市邁阿密大學（Miami University）攻讀英國文學獲學士學位。二年後又從耶魯（Yale）大學得到同科碩士。因爲當時經濟不景氣，敎英文的職位難求，回到家鄉母校圖書館作助理，在館長艾格金恩（*Edgar Weed King*）監督之下學習圖書館工作。金氏派他到各部門去見習，因之對整個圖書館工作全部瞭解，爲以後事業奠定基礎。

　　在圖書館工作一年後，曾向紐約哥倫比亞大學圖書館學院申請入學，得到許可，因與 Helen M.Bickham 女士結婚，須找工作維持生活，未償深造之願。他生來斜眼，視力極差，幾近於盲，一生寫作編撰得力於妻助者多，故每次得獎都宣稱應與夫人共享。

　　婚後在牛津市斯克浦斯人口問題研究基金會（Scripps Foundation for Research in Population Problems）主持圖書館兼助理研究員，工作十年之久，才入芝加哥大學圖書館學研究所肄業。因爲他沒有圖書館專業訓練而長期做過圖書館工作，故自稱是「從後門進來」的。在芝大名師 Louis R. Wilson, Douglas Waples, Pierce Butler 等人培植感染之下，視野大開，學業精進。1940年修完博士班課程到華盛頓國會圖書館負責人口調查的

書籍搜集計畫（Census Library Project）。正值第二次大戰開始，他進入美國戰略局（Office of Strategic Services）中央情報組（Central Information Division）充副主任。1944年完成博士論文，敍述美國東岸公共圖書館發展史（*Origins of the Public Library Movement in New Englaud, 1629-1855*）。1949年出版，改名爲 *Foundations of the Public Library*。

在華府工作時，與其芝大同學勞夫畢爾斯（*Ralph Beals*）重溫舊好。那時畢爾斯在哥倫比亞特區（即首都）公共圖書館作副館長，二人志同道合成爲莫逆之交。1944年畢爾斯被聘爲芝大圖書館館長，邀謝拉去當技術服務部副館長，後改爲讀者服務部副館長。1952年畢爾斯調任芝大圖書館學研究所所長，謝拉改爲助理教授，擔任圖書館史、學術圖書館、編目、圖書館行政及分類法理論等課程，不久升爲副教授。在研究所任敎時擬定寫作計劃，與 Margaret E. Egan 合作，發表論文多篇，爲人矚目。

1952年春，謝拉正醉心考慮如何利用機器使文獻檢索自動化的時候，克利夫蘭的西方儲備大學（Western Reserve University of Cleveland）校長約翰·密里斯（John S. Millis）不滿意該大學圖書館學院的現狀，極欲突破困難，聘人從事改組。芝大老師 Pierce Butler 促他應聘。他頗躊躇不前，因爲與 Egan 的寫作計畫方興未艾，不肯放棄。但 Egan 也鼓勵他去，謂有自己的獨立學院可實現其夢想，做出一番事業。終於由畢爾斯安排他與密里斯約談。他們本來認識，見面時謝拉大談有志於利用電腦及其他工具推進新的圖書館教育。密氏聽聞之下，正中下懷，第一次聽到圖書館學可成爲專業並非雕蟲小技，立刻聘他爲院長。從此二人惺惺相惜，成爲終生朋友。

謝拉到西大不久，研究電腦的伯瑞（James W. Perry）和甘

特（Allen Kent）二人到俄亥俄州首府哥倫布市（Columbus）
Battelle Memorial Institute，開始研究電腦計畫。伯瑞是美國文
獻學會（American Documentation Institute）重要分子。克、哥
二市距離甚近，謝拉與伯瑞過從甚密，討論資料檢索問題，如火
如荼。謝拉說服伯瑞將文獻學會的會刊 *American Documenta-
tion* 編輯部搬到克利夫蘭，由他擔任編輯。並聘伯瑞和甘特二人
在圖書館學院任教，成立文獻與通訊研究中心（Center for Doc-
umentation and Communication Research）以他們二人為正副主
任。因為西大圖書館學院是第一個用電腦的教育機構，大學和學
院的聲譽與地位驟增，受到國內外重視。謝拉又將 Egan 請來參
加他們的陣容，於是蓬蓬勃勃地向自動化邁進。伯瑞與奇異公司
（General Electric）工程師發明一架電腦 GE225，讓學院學生試
用，為以機械進行圖書館教育的濫觴。

美國金屬學會（American Society of Metals）捐給研究中心
75,000元，整理和摘錄金屬文件及資料。以後各方面捐款源源而
來，謝拉用以召集世界會議，討論有關資料儲存及檢索問題。第
一次會議主題是書本資料的實際應用（Practical utilization of
recorded knowledge, *PURK*）。世界各地實業界、商業界、政
府機關、高教機構人員700餘人參加，討論熱烈，非常成功。嗣
後，類似的國際性跨科系的會議，多次出現。

1956年卡內基基金會撥款給謝拉擬定圖書館教育三年計畫，
建議校董會准許增開高深研究課程，頒發博士學位。校內其他院
系學生亦可選修。鼓勵學生自動自發提出問題，尋求答案。學院
院務由 Margaret Kaltenbach 負責，他除教課外，到各處開會、
演講、做顧問、撰寫論文、書評及專欄小品。全國飛馳，席不暇
煖。他的視力愈加衰退，1967年約定去印度作 Ranganathan Se-

ries 演講集，竟不能成行，將講詞錄音送到會場播出，題爲
" Sociological Foundation of Librarianship "。

　　好景不常，1959年1月 Egan 因病早逝，謝拉受到衝擊，視
同不可補償的損失。1961年前後與伯瑞發生意見，他認爲後者研
室計畫偏重機器的發明，對圖書館學貢獻不多。因此伯瑞辭職，
二人分道揚鑣。1967年西大與 Case Institute of Technology 合
併，謝拉仍擔任圖書館學院院長。正值越戰方酣，聯邦教育補助
經費削減，各大學均感拮据，維持到1970年，他辭去院務到德克
薩斯大學（Uniuersity of Texas）作客座教授一年，回到克利夫
蘭，以榮譽院長及教授名義退休。但退而不休，仍忙於寫作及講
演。1982年3月8日與世長辭，得年79歲。3月16日友好爲他在大
學教堂舉行追悼儀式，有同業、學生數百人參加。前校長 Millis
對他的成就，極爲讚揚，芝大代表稱他爲領袖（*Leader*），西大
教授譽他爲學者，州吏讚他爲人物（*Man*），備極哀榮。美國
圖書館學會年會通過決議案，公認他爲學人，幻想家、哲學家、
教育家、圖書館史巨擘，許多美譽加於一身。1973年 Conrad H
Rawsiki 編了一本紀念冊 *Toward a Theory of Librarianship*；
*Papers in Honor of Jesse Hauk Shera*，收論文24篇，爲美、英、
加、德、澳洲、南非及印度同業所撰。並有人捐款成立謝拉獎學
金。

　　謝拉爲一多產作家。Gretchen M. Isard 將他1931-1982年間
所撰書文編一書目，計457件，自著與合著書籍15冊；論文（在
期刊及年刊發表）203篇；Wilson Library Bulletin「無所不談」
（*Wilhout Reserve*）專欄短文四篇美國文獻雜誌社論25篇，報
告12種，書目三種，書評125篇。洋洋大觀，無與倫比。他的寫
作一波接一波澎湃而來。Verner Clapp 形容稱：

謝拉神妙莫測。筆觸忽時剛健，忽時平淡。思想日新月
異，人們剛領悟一部分，另一方又火花閃耀，令人眼花撩
亂，目不暇給。

他的傳世之作有：

*Foundation of Public Library*（1949）

*Documentation and Organization of Knowledge*
（1965）

*Libraries and the Organization of Knowledge*
（1966）

*Foundation of Education for Librianship*（1972）

*Introducation to Library Science*（1976）

他的論文傳世者以"On the Value of Library History"
（*Library Quarterly 223240-51*）膾炙人口，至今為人誦讀。晚
年參加 *Dictionary of American Library Biography* 任編輯，常
在 *Journal of Library History* 投稿，故有圖書館史學家之譽。

除教學與著述外，謝拉也實地參加學術團體活動，如芝加
哥，俄亥俄等地圖書館學會，美國圖書館學校協會，美國科學促
進會，美國資訊會及圖書館學會，無不作出重大貢獻。他是 Be-
ta Phi Mu, Phi Beta Kappla 及 Phi Alpha Delta 等榮譽學會會
員。他獲得多種獎章，如印度的金獎章 Kaula, Melvil Dewey
Award, Joreph W. Lippincoff Award，芝加哥大學傑出校友獎，
Drexel 大學傑出服務獎，Scarecrow Press 最佳著作獎，Ball
State University 榮譽哲學博士。

在國際方面，1950年為美國代表出席聯合國教科文組織
（UNESCO）在巴黎召開的 International Bibliognaphic Organi-
zation 和 International Organization in the Social Sciences 會議。

同年又參加在英國 Dorking 舉行的 International Conference on Classification，還到巴西、印度、倫敦作講席。1965詹森總統委他為 President's Committee for Employmrnt of the Handicapped 委員，1966委為 Nine-Member Advisory Committee on Library Research and Trainnig Projects 委員。

謝拉為實行家兼思想家，在著作中流露許多至理名言足以振聾發瞶，他詬病圖書館界墨守成規，因循苟且，依賴以往的作法。他說在巨變的時代，圖書館如不能隨著潮流改進，則須讓賢，將使命交給別人來承擔。對於圖書館教育，他認為從事教育者應為將來負責圖書館的人定位，這些後起者不僅要了解怎樣作（how to do），更應該明白為什麼作（why do it）；怎樣做是照本宣科，為什麼作是日新月異的。

當時，開會風氣甚囂塵上，圖書館有三級會議－全國、州際及地方－勞民傷財。若是一個圖書館學校，二、三年不設法開一次會議，人將以為不可思議，他主張稍加收斂。

資訊科學風靡一時，他亦提出警告：圖書館學是本，資訊科學是末，本末不可倒置。電腦與機器只是工具而非目的。資訊科學所接觸的是物理現象，而圖書館學所關心的是意見，觀念和思想，屬於人文。電腦可使訊息傳遞得快而遠，使資料儲存得多而檢索易，它只是圖書館學的一部份，只能放在工具箱裡，而不能坐在司機枱上。圖書館員要能控制，不可尾大不掉。他舉愛因斯坦的話說：

　　我有一隻筆，它比我能幹。我沒有筆就作不出事來。若將
　　筆放在我腦內，我就失去思維能力。

他又做一諷刺性的比喻說：

　　有一魔術師能將一根棍子變成水管，放在水槽裡，水就源

源流出。一日師傅外出，小徒弟想偷懶不去挑水，將魔棍放入水槽後就去睡覺。等到醒來，水已溢出槽外。急忙中他將棍子切為二段以斷流，殊不知一個水頭變成二個，水溝湧流出不止，他有生命的危險。所以不能控制機器則後患無窮。

他的意思是資訊科學不能取圖書館學而代之。

# 42
# 勞倫斯‧昆西‧孟福德
# Lawrence Quincy Mumford (1903－1982)

勞倫斯‧孟福德1954年爲美國圖書館學會會長，同年4月22日被艾森豪總統任命爲國會圖書館第12任館長。從 ALA 推薦名單中脫穎而出，紐約時報認爲總統選擇明智，深慶得人。

孟福德1903年12月11日生於北卡羅萊納州 Ayden 市，爲 Jacob Edward 及 Emma Luvoenio Mumford 之子。完成中學教育後，到 Duke 大學肄業，1925 年以高級優等（ *Magna cum laude* ）成績畢業，1928年在母校讀英文碩士學位。在大學二年級時即在圖書館工作，先爲出納組組長，後升參考與流通部代理主任。1928 年入哥倫比亞大學圖書館學院進修，一年後，得 BLS 學位，受聘爲紐約公共圖書館參考部助理員（ 1932-1935 ），旋調館長室助理，技術組（ Preparation Division ）組長（ 1936-1942 ）。最後二年（ 1943-1945 ）爲總務組聯絡員，負責人事、參考、書庫、大閱覽室、戲劇書藏、攝影室等重頭工作。

1940年向紐約館請假，接受國會圖書館館長 Archibald MacLeish 邀請，赴華盛頓改組該館內部結構，調整300餘人工作，改進作業程序，人事職等及升遷等問題。1942年完成計畫，受到代理館長 Luther H.Evans 的讚許，謂他完成重要而複雜的工作，獲得顯著的成功。MacLeish 館長亦嘆爲奇蹟。

除整頓國會圖書館內部工作外，他還爲另外兩個圖書館做同

樣工作，即陸軍醫學圖書館（Army Medical Library）及哥倫比亞大學圖書館的人事調整，1944-1945年在紐約公共圖書館時花了幾個月的時間爲巴黎美國圖書館（American Library in Paris）募捐。

　　1945年離開紐約，改任俄亥俄州克利夫蘭公共圖書館（Cleveland Public Library）副館長，1950年升爲館長，該館爲美國大型圖書館之一。1954年4月13日接受華盛頓郵報及時代前鋒報（Times Herald）記者訪問時，他認爲在克利夫蘭最大的成就爲對青年和老年人所作的服務。他將興趣相同的耆老編成小組，名曰「長壽欣賞圖書俱樂部」（To Live Long and Like It Library Club），鼓勵800名老者以讀書爲消遣。

　　1953年國會圖書館館長 Evans 辭職，改任聯合國敎科文組織（UNESCO）秘書長，館長一職年餘未得適當人選。美國圖書館學會提出六人名單給總統艾森豪考慮。國會參議員 John W. Bricker 矚目孟福德，向總統大力推薦，1954年4月22日總統發布委任狀，以孟氏繼任。紐約時報預祝他成功，繼續使國會圖書館居世界大圖書館的領導地位。從此孟氏不負衆望，職掌國家圖書館20年。

　　孟福德就職時，正值他任圖書館學會會長之期，貢獻頗多。在此之前，他曾任圖書館行政委員會主席（1941-1944），圖書資料複製委員會（1944-1946），聯邦關係委員會（1950-1952），視聽器材委員會（1952-1954）等單位成員。1947年他曾任克利夫蘭地區圖書俱樂部主席，俄亥俄圖書館學會執行委員會（1949）及 ALA 克利夫蘭年會籌備委員等職。

　　孟氏常在圖書館刊物上撰寫論文如：「改組國會圖書館技術部經過記事」（A.L.A.Cataloger's and Classifier's Yearbook,

1941），「研究圖書館編目問題」（ *College and Research Libraries* , March, 1942），「戰時大型與研究圖書館之調整與經費問題」（ *Library Joural* June 15, 1946），「版權法史」（ *A. L. A. Bulletin* , Feb, 1952），「電視節目中的圖書館」（ *A. L. A. Bulletin* , Feb, 1953）。皆爲經驗之談，足爲圖書館界取法。

　　孟氏還擔任許多館外工作，大者爲：西方儲備大學講師（1945），俄亥俄州戰後圖書館計畫委員會（1947-1948），美國教育署圖書館顧問委員會（1950），克利夫蘭職業計畫委員會（1950-1951），美國資料及名著基金董事會，美國成人教育協會等機構成員。

　　孟福德服務國會圖書館20年，進入資訊時代，躋身於該館三大功臣之一（其他二人爲 Spofford 及 Putnam），爲專業館長而無政治關係。他老成持重，不苟言笑。平時只與館內高層主管接觸，在電梯中鮮爲人認出是館長。他不好高騖遠，實事求是的精神，使館務發展迅速。當他視事之初，每年預算9,500,000元，到他卸職時，每年經費增加十倍，職員增到4,250人。

　　孟氏進館時，國會兩院聯合圖書館委員會一再叮囑他，館務第一優先是爲議員服務，其他對外活動須視經費多寡而定，不可捨本求末，但他以不誇大，不粉飾的個性，加上過人的記憶力，贏得國會的信任，在國會聽證會討論預算時，他列舉各種統計數字，如數家珍，令人嘆服，由是工作漸入坦途，一帆風順。時勢造英雄，孟氏的成功得力於幾個契機。

　　⑴蘇聯1957年首次發射人造衛星（Sputnik），將美國人從放任生活中驚醒，發覺科技落後，應急起直追。政府於是自動撥款給國會圖書館，希望將世界各國的科技資料盡量搜集，以資研

究。爲因應這種需求，孟氏除在先進國家購置書刊外，還在瑞
士、肯亞、巴西、印尼、印度、南斯拉夫及埃及等地設辦事處，
就近收羅資料，在當地編目，空運華府。又將書目分贈全國學術
科學研究機關，並許他們向圖書館借閱或複製。

　　(2)1950-60年代，世界進入電腦時期，圖書館也不例外。
1961年參議員 Saltonstall 首倡利用電腦處理資料，俾圖書館作業
自動化。早於1950年，國會圖書館即著手調查圖書館自動化的可
能性。1966年公佈機讀編目格式（ MARC ），自動化先從編目
開始，逐漸擴展到採訪、參考、合作編目及國際合作各方面。這
種改進不僅加速了本館工作進度，而且爲全國圖書館節省經費及
時間。國會圖書館實現了前館長 Putnam 多年夢想，負起集中編
目的責任。最後將編目成果用磁帶錄製副本送到各圖書館，它們
即可照抄，或向國會圖書館購買編目卡片。1966年有19,000餘圖
書館向國會圖書館購卡片63,314,294張。由此美國圖書館在作業
方面，跨出一大步。

　　(3)出版品預行編目計畫（ Cataloging in Publication,
CIP ）。繼 MARC 之後，孟氏又採行一快捷編目法。圖會圖書
館要求出版商先將印書的清樣送一份給該館，館中即刻編目，將
草片連同清樣送還出版者，印書時將編目訊息印在該書書名頁的
反面，如著者、書名、標題款目，國會分類號，杜威分類號，國
際標準書號等項。各圖書館購到書籍後，即可照抄在卡片上，小
圖書館連向國會圖書館購買卡片的錢都省下來了。

　　(4)計畫新廈，孟氏另一長程計畫爲第三棟大廈的建築。
Spofford 興建 Jeffersm Building 花了22年，Putnam 添蓋 Annex
（ Adams Building ）費了9年，孟氏從1965年開始籌劃11年後完
成 Madison Building。先是國會擬建一所紀念第四任總統麥迪遜

（*James Madison*）的建築物（接：已有華盛頓紀念碑，林肯、傑佛遜紀念堂），乃與國會圖書館合作，集圖書館與紀念堂於一處，一廈兩用，節省經費。佔地一條街（One block），地上六層，地下三層，在華府除五角大廈（Pentagon）與聯邦調查局（FBI）外，算是最大的建築物，整個面積2,112,492平方呎，耗去美金123,000,000元。全部避潮避塵，牆內安置各種電子機件的電纜，內部牆壁漆上不同顏色，作爲地區標誌，訪客不致迷失。館藏非書資料，皆藏於此。還有可容4,000人的辦公室及餐廳，其空間之大，可見一斑。

　　孟福德任職期間，國會仍在討論圖書館只是爲國會而設，抑爲全國甚至全球服務？1962年參議員 Claibone Pell 提議聘請哈佛大學圖書館副館長 Douglas W. Bryant 作一調查。Bryant 的報告將整個圖書館拆散得四分五裂，建議將 Legislative Refereuce Service 回歸到國會，成爲純粹的議會圖書館；版權登記處併到內政部商標局；其他有關全國性的工作轉移到 Smithsonian Institution（按：爲一博物館性質機構，龐大無比），改由總統府行政部門管轄。Bryant 提出國家圖書館應作事項爲：圖書館新技術的研究與嘗試，幫助開發中國家加強圖書館與目錄工作，注意聯邦政府對地方圖書館的經濟補助，設置圖書館專業訓練的獎學金種種。國會中有部份人士表示贊同，館內員工也有心存憧憬和好奇心者。惟獨孟館長對此打破百餘年傳統的荒謬提案，大爲光火，口誅筆伐，予以反駁，使盡渾身解數，對此不倫不類的意見作殊死戰。數月後卒獲得勝利。議員多數認爲茲事體大，多一事不如少一事，最好維持現狀，故 Bryant 計畫胎死腹中。但國會利用機會，做了幾件對本身有利的事：將圖書館的服務分爲議會性的與全國性的。對於前者的實際改革爲將 Legislative Reference Service 改爲 Congressional Reference Service，另編造預算添聘研究專員800多人，包括海洋專家、勞工仲裁人員，甚至俄國火箭專家，無一不備。所有開議提案，先交專員研究，提出書面報告，作議員們發言及投票的依據。這一場風波的結果，雖然保存了圖書館的完整，與其說是孟氏勝利，無寧謂國會收了漁人之利。

　　孟福德在國會圖書館任職20年，退休離職，卸下重任，以其餘年致力於圖書館學會及社會服務事業，鼓吹他的 "閱讀自由" 哲學（ *Freedom to Read* ）。他主張任何問題，皆當搜集正反兩面文獻，政府不得干涉圖書館購書政策及人民選擇讀物的權利。在他被艾森豪總統任命之初，華盛頓郵報在社論中對他表示期許說：

> 總統的抉擇非常符合人民的需求。國會圖書館藏書爲世界第一，在任何方面皆居世界大圖書館之上。撇開政治，將此偉大的圖書館付託給專門學者，昭示全世界美國學術是遠離政治的。」

孟氏不負此言而實踐之。

　　孟福德各種榮譽集於一身：

　　榮譽文學博士：

Bethany College（ 1954 ）；Rutgers University（ 1956 ）；Union College（ 1965 ）；Duke University（ 1957 ）；Notre Dame University（ 1964 ）；Belmont Abbey College（ 1967 ）.

　　榮譽法學博士：

Bucknell University（ 1956 ）；University of Pittsburgh（ 1964 ）；Michigan University（ 1970 ）.

　　榮譽學會

Omicron Delta Kappa；Beta Phi Mu；Phi Beta Kappa.
孟福德於1982年8月15日逝世於華府，享年78歲。

# 43
# 鮑伯‧B‧黨斯
# Robert B. Downs（1903－1991）

　　鮑伯黨斯在美國圖書館界充當多種腳色：行政家，圖書資源專家，調查訪問權威，知識自由的保衛者，是廿世紀末期的典型人物。

　　黨斯1903年5月25日出生在北卡羅萊納州藍脊山脈（*Blue Ridge Mountains*）的 Lenoir 鎮，是 John McLeod 和 Clara Catherine Downs 八個孩子的老七。父親是蘇格蘭，愛蘭蘭及英格蘭的混血族裔，本是農家子弟，但不愛務農。他開商店，做過硝皮匠、州議員、郡長、法官、音樂教師等各種職業。鮑伯在鄉村生長到14歲，在小學就讀七年級時著迷於父親及學校的少數書籍，與之結不解緣。因爲身材魁偉，膂力過人，同父親一樣，作過很多勞力工作，如森林救火隊，修理電線，照顧牛羊。1917年隨父遷居 Ashville，該市有一圖書館，他充份利用，每日讀完一本書。雖是好學，但無目標將來要以何爲職業。猶豫徘徊很久，終於回到學校完成中學教育。

　　1922年黨斯進入 University of North Carolina，主修歷史，在圖書館找到工作，得到館長 Louis R. Wilson 的青睞。威氏主持圖書館及出版部，負責推廣教育組（*Extension Division*），兼充校長秘書，權重勢大，意氣風發。黨斯耳濡目染，對館長至爲欽羨，決定以圖書館爲終身志業。1926年考入哥倫比亞大學圖

書館學院，獲學士學位後，進到紐約公共圖書館參考部工作，同時在哥大讀碩士班，1927得碩士學位。同年與同學 Elizabeth Crooks 結婚，妻子為 Deleware University 哲學教授的千金，書香門第，日後在丈夫研究及著作方面，多所襄助。

1929年到緬因州（Maine）Waterville 的 Colby College 任圖書館館長兼目錄學助理教授，革新館務，建樹良多，自己也得到很多經驗。二年後，威爾遜請他回母校北卡作副館長兼目錄學副教授。1932年威爾遜到芝加哥大學圖書館學研究所當所長，黨斯為北卡代理館長，二年後即升館長兼目錄學教授。首先擴充書籍，搜集有關黑人文獻及州的官書及檔案。次則興建大學本部生圖書館（under-graduate library），與大學總館分開。對外則與鄰近大學合作，交換複本及目錄卡片。尤其與 Duke University 館長 Harvie Branscomb 合作無間，關係密切。從州教育會請到專款，進行多項新興事業。雖然館務頻繁，仍在圖書館學院講授書史，目錄學及參考服務三門功課。1938出版「南方圖書館藏書資源」（*Resources of Southern Libraries*），為其圖書資源書目系列的第一部著作。

1938年黨斯轉職到紐約市的私立紐約大學，擔任圖書館館長，將七個各自為政的分館組織起來成為一個系統，採購與編目皆由總館負責，還編製聯合目錄，使各單位彼此借用。時值第二次大戰方酣，經費困難，設計的新館未能實現，五年後辭職，壯志未酬，甚以為憾。

1943年接受伊利諾州立大學（University of Illinois）之聘，擔任圖書館館長，兼圖書館學院院長。在去以前，伊大圖書館情況良好，館長 Phineas L. Windaer 及學者型的校長 Edward J. James 將圖書館發展到最利於研究的水準，藏書170萬冊，為全

國大學第五位，職員135人。大學行政當局和教授會皆重視圖書館的地位，必要時都願伸出援手。黨斯興奮地說：「我喜歡這裡的環境，是供我立功的機會。」校內氣氛予他極大鼓勵。到任之初，即定下三大政策：(1)增購圖書。(2)編製目錄以加強服務，(3)改善人員待遇。分述如下：

### 搜集圖書

伊大豐富的藏書還不能滿足他的慾望，以盡力收藏爲重點工作。這是他每到一處的一貫作法。每當學年開始，他將購書費按院系劃分清楚，但保留三分之一（大約50-60萬元）作爲臨時購書特款。到退休時，伊大有170個特藏，其中有120個是他經手購置的。特藏中最珍貴者有：Ingold 所藏莎士比亞戲劇，Baldwin 所收英國伊利莎白女王一世及早期文學，英國文豪威爾斯（H. G. Wells）藏書，Meine 氏所藏馬克吐溫（Mark Twain）著作，美國幽默詩人桑德保（Carl Sandburg）私人藏書，洋洋大觀。大戰結束後，伊大經國會圖書館集體購書得到37,000冊，從陸軍部地圖製造局分得地圖50,000張。1948經過 Farmington Plan 買到法、德、意、西及低地國家（荷、比、盧 Low Countries）購入社會人文科學書籍。1950年以後，他開始發展斯拉夫地區，東歐、拉丁美洲、亞洲、非洲及美國黑人（*Afro-American*）各種書籍。1972年利用聯邦促進高等教育法案（*PL480*）的經費，從中東、印度、巴勒斯坦、印尼、波蘭及南斯拉夫各國購到86,000冊。至1971年伊大藏書由1,700,000冊增到4,600,000冊，爲美國大學第三位，州立大學冠軍。

談到藏書，有一插曲，值得一提。1966年善本書室揭幕，一本密爾頓（John Milton）的珍本在展覽櫥中不翼而發。校方及安全單位著手偵查，叮囑圖書館不可與竊賊接觸。數日後有人從

芝加哥打電話給黨斯，囑他帶著贖款在指定地點交換。他不顧警察的警告，私自按著對方所提出的條件將書贖回。雖然校方不同意他的作法，警局責他違法，但珍籍已物歸原主，也祇好接受事實。此事證明他愛書如命與冒險精神。

編製書目

除本館書目外黨斯重視聯合目錄。他加入中西部大學圖書館在芝加哥成立的研究圖書館中心（ Center for Research Libraries ），儲存各館不常用書報，辦理互借，編製聯合目錄，使學人得到資訊共享的便利。1949夏他到國會圖書館代理期刊聯合目錄編纂處主任，擬訂各種聯合目錄的規格，如美國聯合目錄（ Union Catalog in the United States ），全國連續性刊物聯合目錄（ National Union Catalog of Serials ），寫本及樂書聯合目錄，由國會圖書館出版。

改善館員地位

圖書與管理人為二頭馬車，缺一不可。原來圖書館員在大學地位遠不如教師，他們的聘用和提升皆照公務人員等級辦理（ Civil service classification ），待遇亦較微薄。黨斯鑒於大學教育的進行有賴三種人：教授、研究員、圖書館員，三者同樣重要。教授直接講授指導；研究員製造理論或發明；圖書館員搜集資料加以整理供應以上二種人的工作憑藉，沒有圖書館員提供營養，則教學與研究即會停滯不前。試看美國19世紀的大學，因為圖書缺乏，對歐洲大學望塵莫及。到20世紀突飛猛進，得充實圖書之賜。既然圖書館對大學舉足輕重，何以圖書館員只能得到職員的待遇？他大聲呼籲據理力爭，終於1944年得到校方及教授會認同，將圖書館員資、學歷與教師相同者，一律改為教授級，開州立圖書館之先河。從此高級圖書館員可保永久聘用

（ *tenure* ），定期休假（ *Sabbaticas* ），退休權益（ *retirement benefits* ）。既有權利，就有義務。黨斯認爲名義與待遇和學識增長是並行的，圖書館員應自強不息地增進學識，如敎書和作研究者一樣，在寫作方面亦須有所表現。眞正是個學者，才不會被人輕蔑。

對部下黨斯極爲友善。定期召開館務會議，鼓勵大家發言，如有問題提出討論，當行者，館長即刻批准，不可行者，立即否決，從不議而不決，決而不行。他辦公室的門常開，任何職工都可進入與他面談公私事情。如個人有經濟困難，他從私人腰包解囊相助。副館長 Lewis C. Branscomb （後爲俄亥俄州立大學圖書館長）撰寫博士論文，得到暑期支薪休假的優待。學生助理無力繳納學費，他代爲支付。諸如此類的事，不一而足。同事對他愛戴而且有自尊心。Branscomb 曾對人言：「我不是爲他（ *Downs* ）工作，而是與他同工。（ I never work for him, but rather with him as a professional Colleague ）。他也常同部屬在敎授俱樂部共進午餐，聯絡感情，其親和可見一斑。

在圖書館學院方面，黨斯聘用一副院長，辦理經常事務，除重要問題由他作主外，專心執敎，作書籍資源介紹，爲其他圖書館作訪問調查（ *survey* ）。1948年伊大開辦碩士及博士班（除芝加哥外，伊大爲第二辦博士班者），他也指導博士論文的撰寫。1952年創刊 *Library Trend* 季刊，鼓勵學生發表文章，作出貢獻。1961 年又設置圖書館研究中心（ Library Research Center ），促使伊大師生作研究。除期刊外，還發行不定期刊物，如 *Occasional Papers, Illinois Contributions to Librarianship* 等。

資源調查與館情調查

　　圖書館收藏資料有賴於書目或藏書誌的刊行，才能公諸於世。黨斯最早於1938年發表 *Resources of Southern Libraries*，南方資料才為世所知。此後，同樣書誌相繼問世：1942年 *Resourees of New York City* ，1951 年 *American Library Resources；a bibliographical guide*，1967年為加拿大，1973年為英國，1974年為伊利諾州，1979年為澳洲及紐西蘭。這一系列的資料介紹，在電腦網路發明以前是個人尋找資料最好工具。造福學術，厥功甚偉。

　　美國圖書館有一習慣，凡是館務落後需要改進時，即從館外請來專家作客觀的勘察，先將弱點作出報告，再提議挽救方法。他的恩師 Louis R. Wilson 是個中權威，他亦步其後塵，為大學圖書館作調查。他所調查的學校有：康乃爾（ Cornell, 1948 ），猶他（ Utah, 1965 ），喬治亞（ Georgia, 1966 ）普渡（ Purdue, 1967 ），楊百翰（ Brigham Young, 1969 ），北卡州立（ State University of North Carolina, 1965 ）。對以上各校圖書館的人事、經費、館址及將來發展方向，皆有具體說明及建議。只有分類法他不主張改換，如由杜威十進法改為國會圖書館法，曠時費財，得不償失。所以，伊大至今仍用杜威法。在上列六校中，令他失望的為普渡，因他所作的建議未被採納，因此該校以後請不到知名的館長。

　　在國外亦有多處請他作顧問性的調查者，計有阿富汗、巴西、加拿大、日本、墨西哥、突尼西亞及土耳其等七國。對墨西哥和土耳其最感悲觀，書籍混亂，沒有目錄，職員待遇奇低不被重視，瘡痍滿目，無計可施，交了白卷。他對日本貢獻最多：1948年實施 Brown-Clapp Library Commission 報告，籌備國會圖書館的成立，編製日本十進分類法，集體編目法，出版品呈繳法

等重頭工作。1950年後往日本設計京都及慶應二個大學圖書館學系，最受歡迎。

傳世著作與捍衛閱讀自由

黨斯為一多產作家，雖然各地奔走，仍然筆不停揮，所著書籍論文400餘種。編著世界名著書目，最能影響時代，改變歷史的書如：*Books that Change the World*，（1956初版，1978二版），為一暢銷書，售出50萬冊（台北有彭歌中譯本）；*Molders of Modern Mind*，1961；*Famous Book, Ancient and Medieval*，1954；*Books that Change America*，1970；*Famous American Books*，1971；*Books that Changed the South*，1972，最後於1978出版 *In Research of New Horizon*；*Epic Tales of Travel and Exploration*. 在這本書裡，他介紹了古今世界著名的哲學家（Plato）、政治家（Machiavelle）、科學家（Darwin, Harvey）、小說家（Mark Twain）、探險家等人的思想及信仰。他文筆流暢簡潔，信手揮來，一氣呵成，很少修改。他的秘書為他預備稿紙，朝夕爬格子，為近代圖書館很少的作家館長。

1951年黨斯當選為美國圖書館學會會長。值此時期，威斯康辛聯邦參議員麥加錫（Joseph MeCarthy）吹起整風運動，給很多政府大員及社會名流套上紅色帽子。作出一個左傾作家黑名單，如 Deashiell Hammet, Herbert Aptheker 及 Edgar Snow（毛澤東傳撰寫人）。還要求美國駐外新聞處圖書館將這些人的著作列為禁書。美國社會大譁，群起反對，因為文字獄侵犯了美國憲法賦予人民的閱讀自由權（Freedom to Read）。他身為圖書館學會會長，不能坐視，發表捍衛自由閱讀宣言。艾森豪總統以「不要焚書」鼓勵他，並稱頌圖書館員為人民作諮詢、宣傳、書寫、交換意見等自由服務。他個人講演撰文，口誅筆伐反對禁錮

人民思想自由。伊大圖書館學院為此設置一個紀念他的獎章 Robert B. Downs Intellectual Award。

　　黨斯於1971年從伊大退休，結束他42年的辛勞，獲得國內外文化教育界的肯定。他曾擔任各級圖書館學會會長，圖書館雜誌編輯。獲得六所大學榮譽博士學位：（Colby（1944），North Carolina（1949），Toledo（1953），Ohio State（1963），Southern Illinois（1970），Illinois（1974））。他是三個榮譽學會會員（Phi Beta Kappa, Phi Kappa Phi, Beta Phi Mu）。在專業方面他獲得 ALA 所頒 Clarence Day Award 及 Joseph W. Lippineott Award，伊大 Brown Derby Award。日本政府1983年頒贈二等 Order of the Sacred Treasure 勛章。集如許殊榮於一身，嘆為觀止。

　　茲以頒發 Clarenece Day Award 的頌詞作本文的結束：

　　鮑佰、B、黨斯，伊利諾大學圖書館學院院長，為一出眾的行政家、著作家、講演家、教師。他為圖書館界作出重大貢獻。以講學、演說、寫作顯示他對書籍的愛好和閱讀。他是個多產作家，無論在何處，Colby，北卡、紐約、伊利諾，甚至天涯地角，寫作不停。

　　　介紹美國藏書資源，研究圖書館合作方式，編製聯合目錄，國際書籍交換，皆得到他的關心，俾圖書館員和研究學人均蒙其益。他所撰「改變世界名著」（Books that Change the World）「塑造現代思想的人物」（Molders of Modern Mind）的影響，超越圖書館領域，延伸到萬千讀者手中，使他們認識永恒的圖書和文化經典之作。對某些人並非初見，然而對一般人皆可得到深刻的瞭解與意義。沒有任何圖書館家得到這麼多的聽眾，也沒人使讀者

得到書的精義和讀書的快樂。

黨斯於1991年2月24日在伊利諾 Urbana 以肺炎去世，享年88高齡。當時與後世的圖書館從業員無不受其惠。他的人生與專業貢獻，錯綜複雜地編織在圖書館織錦中，無人不受其影響。

# *44*
# 勞倫斯‧克拉克‧鮑威爾
# Lawrence Clark Powell（1906－　　）

　　勞倫斯‧克拉克‧鮑威爾是20世紀美國最著名與最有靈感的書籍評述家，他歌頌書籍的著述，激勵很多人參加書業及圖書館行業。他主張圖書館事業人文化的呼籲至今爲人稱道，也有必要。

　　鮑威爾來自敎友會（Quakers）家庭，1906年9月3日出生在華盛頓（Washington D. C.），是 George H. Howard 和 Gertrude Clark Powell 三個孩子中最小的。父親爲水果公司經理，待遇優厚，故其童年過得很舒服。1911年舉家搬到南加州的 Pasadena。自小外向活潑，鋒芒畢露，不愛沈思，一心想出人頭地做領袖。喜讀書，愛奏樂器，以引起旁人注意而開心。常因頑皮受到處罰，隨年齡增長而改正。1922年父親去世，母親負起敎養孩子的責任。其母深知他才氣過人，提醒老師另眼相看。

　　1924年進入 Occidental College 肄業，成績頗爲出眾，在求知方面有極大的長進，但爲人依舊浪漫。參與校園內政治活動，作新聞採訪、辯論、演劇無不愛好。嗜好煙酒，生活極不規律。中途輟學，參加一艘郵輪的樂隊，週遊世界。1926年回校，1929年畢業後在當地一家書店管理運輸。計畫進研究院，研究當時名詩人 Robinson Jeffers，寫他的傳記作論文。因美國大學不接受在世人物的傳記，他跑到法國 Dijan 大學從 George Connes 治學。傾心法國生活方式，樂不思蜀。好在法國物價便宜，得到祖

母一點遺產，可以維持到1932年得到博士學位。又浪跡歐洲一
年，才回加州。因找不到工作，住在哥哥家，戒煙禁酒，飽食酣
睡，生活漸上軌道。1933年與 Fay Helen Shoemaker 結婚，雖然
二人家庭生活不太寫意，夫妻在一起也有50年。

　　開始他想做自由作家，因有二個孩子，四口之家非有固定收
入不能維持生活。於是在洛杉磯 John Zeitlin 書店充當速記員，
每月工資30元。在 Zeitlin 二年，認識很多古籍販賣商和收藏
家，對古本書得到很多知識和經驗。1934年辦選舉登記寫身分為
「共產黨員」。

　　1936年經友人介紹去見洛杉磯公共圖書館館長 Althea War-
ren，她說：「你有博士學位應在大學圖書館取得一席之地，加
州大學洛杉磯分校（UCLA）可能聘用你這種人。」但若想到
大學工作，必須有圖書館專業訓練，否則進不去。以他微薄的收
入，無力進圖書館學校。幸有一友人不計利息借他一千元，才在
加大柏克萊分校（Berkeley）圖書館學系註冊，研究圖書館學。
一年拿到證書。UCLA 視若無睹，柏克萊愛莫能助，只好回到
Zeitlin 書店作編目員。後來還是去找 Warren，她給他一個半年
臨時工作，月薪125元。1938年柏克萊母校通知他 UCLA 有一缺
額待補，促他前往進行。他到洛校去見館長 John E. Goodwin，
後者見他在 Zeitsin 工作過有書籍知識，且對美國文學亦有研
究，給他每月135元薪水去整理一批從藏書家 Robert Ernest
Cowan 買來加州文獻（Calforianna）。那時洛大圖書館只有男
職員三人，其餘皆是女性，陰盛陽衰。鮑氏幹了六年，經驗更加
豐富，寫了幾篇文章，引起密西根大學圖書館長 Randclph
Adams 及哈佛大學圖書館特藏部主任 William A. Jackson 的矚
目。又在校園內辦了幾次古籍展覽得到好評。種種讚許傳到校長

Robert G. Shrout 耳中，開始加以注意。鮑氏在南加州名震一時，而 Goodwin 仍不予擢升，理由是恐女同事不服。他一怒之下去見校長，問道若是 Goodwin 離校，他可否繼任其職位。校長曰「可」，但須耐心等待。為了前途他就安心地留下來。

　　鮑威爾在圖書館與非圖書館刊物上不斷發表文章，知名度一天高似一天。1943年伊利諾州 Evanston 西北大學（*Northwestern University*）有意聘他為館長，他對洛大感到厭倦，前往接洽，對方頗為中意。回到洛杉磯又去見校長，告以去志，如果學校聘他為館長，他即放棄西北大學之聘。校長需要考慮三天再作答覆。三日後校長給他二個選擇：(1) William Andrew Clark Memorial Library（一個善本藏書）主任，(2)大學圖書館館長，二者可擇其一。他說二者兼而有之。理由是兼則兩受其惠，分則二者矛盾，難有成就。還自信的說：「我知書知人，誠心熱忱，兼辦有百利無一害。」1944年他夢寐以求的三個要職 Clark Library 主任、大學館長、圖書館學院院長集於一身。

　　鮑氏覷覦洛大高職多年，如何改進圖書館胸有成竹，首先清除 Goodwin 的積弊，作出十年計畫。設置獎學金研究 Clark Library 的秘笈和貴重文獻，每年校慶舉辦書展，吸引南加州人士對書籍的興趣；加強與敎授會的合作；發行館訊及新書通告，使校方明瞭圖書館的狀況；將大學本部生與研究生的圖書館分開；成立善本部；將館中職員分為專業與錄事二種，成立職員公會。15年期間（1946－1961），藏書由462,327增到1,568,565冊，購書費由50,000增到381,650元，職員由50增到220人，書籍流通為1,573,204冊次，分館16座，成績斐然。

　　1961年起他辭去圖書館行政，保留 Clark Library 及圖書館學院二個位置。1971年離開洛大到 Universiry of Arizona 作客座

教授。該校欲借重他的經驗積極改進。他提高圖書館地位，爭取
購書經費，說服當局新建一所現代圖書館建築。

　　有人評價鮑威爾的成就，認爲一個學術圖書館的主持人必須
有他的優點。一般的長處是人人皆有的，而特殊的長處僅某些天
才才有。前一種人若在 UCLA，多多少少可以作出成績，因爲
時勢造英雄。第二次大戰後加州經濟繁榮，天氣誘人，社會蒸蒸
日上，有就業機會。聯邦政府通過造就軍人法案（G. I.
Bill），萬千青年做著「加州夢」，於是 UCLA 有人滿之患。在
此種有利環境之下，一般人皆可作點事。若要有突破驚人的大
業，則非具鮑威爾才調的人莫辦。另一方面，若是沒有鮑氏的人
格感染，難得集合一批有志之士與他衷心合作，共襄盛舉。他有
人所不及的獨特優點，如煽動性格，傳教士的執著，愛書如命的
修養，西部牛仔的粗獷作風，捍衛知識的勇氣，能說善道的口
才，環球旅行的見識，這許許多多條件。這是一般退縮、羞怯的
圖書館員所難倫比的。

　　1958年12月6日他在印地安納與俄亥俄聯合圖書館學會作過
一次演講，題爲「一個優秀圖書館員的元素」（Element of a
Good Librarian），舉出四點：

　　⑴ 圖書館員是求知者，他應無時不讀，無書不讀。他個人
如此，勸告同僚如此。他的妻子曾對人言，有天他吃過晚飯就進
入書房，埋首其中直到天明。他謂一個人如何知書？只有摸撫
它，閱讀它，聞著書香與它生活在一起。雖是行政者忙於管理，
仍當與書接觸，增進知識。

　　⑵ 圖書館員應留心觀察他的讀者。他說他從書籍學到東
西，也從觀察讀者學到東西，這是一種田野工作。無論到什麼地
方，只要經過圖書館，他必入內觀察一下，看看裡面讀者的動

靜，從中得到靈感，有助於他的事業。

(3) 一個優秀圖書館員應該有勇氣維護採購與閱讀自由，讓這些權利不受侵犯或禁錮。他以自己的經驗作證。在聯邦參議員麥加錫（Joseph Mc Carthy）白色恐怖時期，他被法院檢舉爲共產黨員。在審訊時檢察官顯示一張選票，上面他親筆填寫「共產黨員」。他直承不諱，但有說詞。他說在1934年代，年輕人對未來皆有憧憬與遐想。自1936年以後，投票皆寫「民主黨員」。翌日洛杉磯晚報標題" UCLA Librarian a Communist "可是洛大校長、教務長、教授、董事會一致支持他，向州長解釋，很多守舊派朋友也爲他緩頰。一場風波以無罪落案。

(4) 一個圖書館員應以服務爲宗旨，不必太爲自己的身分地位憂慮。服務精神與奉獻犧牲才是天職。做到圖書館服務的聖哲（Saints of Library Service）。他舉 John S.Billings（陸軍軍醫署圖書館及紐約公共圖書館館長）及 John C. Dana（Newark Public Lilbrary 館長）爲例。地位的取得視付出的代價，如果在大學欲取得教師地位，必須在學術上與他們較勁，否則緣木求魚。

以上四點，他奉行不悖，以身作則爲晚輩楷模。在3、40年代，美國圖書館界提倡科學管理，尤以芝加哥派學人爲最。柏克萊分校館長 Donald Doney 力行管理科學化，將館中組織、人事、工作程序、業務統計製成圖表，一目瞭然。洛大同人送給鮑威爾一份參考。他以不屑的心態微笑曰：

> 管理是藝術而非科學。每個機關以主持人爲重心，四周有許多助手，運轉得四平八穩則事成，失去平衡則失敗。完全以人爲主，人格感化比規程紀律來得自然有效。

很多人反對他的觀點，認爲管理不能靠人，要有制度；人存

政舉，人亡政息。有了制度，人事變化不影響局勢。他們諷刺他在隧道中踽踽而行，巷道愈走愈窄，卒至不通。反對者以當時主流派的 Ralph Shaw, Maurice Tauber 及 Jesse Shera 最為激烈。他罵 Shaw 為糟糕透頂的技術之流（Goddamned Technician），Shaw 反譏他為目錄愚人（*Biblio-Simpleton*），雙方水火不容，攻擊不休。

鮑威爾對加州圖書館學會熱心，積極參與，做過會長一年（1949–1950）。常在 *California Libraries* 上發表論說。對美國圖書館學會各種委員會則很少過問。然與子會 Association of Research Library（*ARL*），關係密切，曾任執行委員會主席，因為在這裡他可與愛好書籍的同道，暢談重大問題，交換意見。

因為他主張以書為本（Book's basic），讀書至上，其他次之。維新派以他為圖書館多元化的障礙，群起而攻之。他雖有一枝鋒銳的筆，不爛之舌，畢竟曲高和寡，群眾越來越少。他轉移視線到目錄學方面，與目錄學會同人走得很近。哈佛特藏主任 William A. Jackson，紐約公共圖書館館長 Harry M. Lydenberg, George Parker Winship 都是他的知己。

因為他嗜書，認識許多著名作家，如 Robinson Jeffers, D. H. Lawrence, Aldous Huxley, John Steinbeck 和 Henry Miller 等人，常在洛杉磯時報、紐約時報星期書刊、大學與研究等刊物上發表書評。他和史學家、文學家、古籍鑑別家、古籍書商、書癡、出版界談論書本，則滔滔不絕地炫耀其經驗與心得。甚至他所推薦的聖誕禮物書目也為社會重視。

鮑威爾有自知之明，他感覺他的朋友也都走向時代潮流，所以一步步從洛大退下來，以餘力貢獻給 Arizona 大學。可是他在洛大十數年，將一個普普通通的大學圖書館發展成為美國大學圖

書館第五位，他自己也被列爲十數著名圖書館專家之一。雖然有
許多敵人，但以他版本的造詣，文學的修養，坦蕩蕩的人格，不
失爲一個象徵性的領袖。他的弱點爲自我中心，意氣飛揚，恃才
傲物，目空一切。這許多弱點爲人詬病，使他不能儘量發揮所
長。他的目光集中於既往，一直以書香自我陶醉，而不知科學的
進步，如電腦、自動化等是不可阻擋的潮流，終於落伍。平心而
論，他在洛大的建樹，不可抹殺。大體說來，受他言論思想影響
者，大有人在。

　　鮑威爾是一多產作家，除圖書與目錄學外，他也寫散文及小
說，一共有百餘種。論書的著作重要者爲

The Alechemy of Books and other Essays and Addresses on Books
　　and Writers, 1954; A Passion for Books, 1958; Books in my
　　Baggage: Adventures in Reading and Collecting, 1960;
　　Bookman's Progress: The Selected Writings of Lawrence
　　Clark Powell, 1968.

小說：

Eucalyptus Fair: A Memoir in the Form of a Novel, 1992; The
　　Evening Redness; The Collected Four Novels, 1930 – 50
　　( The Blue Train, The River Between, El Morrs, Portrait
　　of My Father )

自傳：

Fortune and Friendship: An Autobiography, 1968； Life goes
　　on, Twenty Years of Fortune and Friendship, 1986. 別傳：
　　Ward Ritchie, : Years Touched with Memories 1992

　　鮑氏一生除獻身洛大外，並在 Michigan, Columbia, Ten-
nessee, Yale, Wesleyn 等大學兼課或作訪問教授。

　　他所參加的學術團體有：ALA 終身榮譽會員，Phi Beta Kappa, Phi Gamma Delta, Grolier Club（*New york*），及加州許多俱樂部。

榮譽獎有：

Litt.D： Occidental College, 1955, Juniata College, 1963；L. H. D. Carnegie Institute of Technology, 1961；University of Arizona, 1971；Guaggenheim Fellow in Great Britain, 1950 – 1951, and 1967；Clarence Day Award, 1960.

# *45*
# 蕭勞夫
# Ralph R. Shaw（1907－1972）

　　蕭勞夫是第二次大戰後美國後起的圖書館學家，目錄學家、出版家、發明家。文筆口才皆甚鋒利，屬爭議性人物。對改革意見甚多，過於激烈則遭到反彈。大致說來，是一精益求精，崇尚科學管理的維新派，但有時自相矛盾，爲人詬病。

　　蕭氏1907年5月18日生於密西根州底特律市（Detroit），後來遷居俄亥俄州克利夫蘭市，畢業於該市 Western Reserve University 後，充公共圖書館科技部助理。1928年到哥倫比亞大學圖書館學院受專業訓練，翌年得到 B. L. S 學位。1930年任紐約工程學會圖書館（Engineering Societes Library）高級助理員。1931年得哥大碩士學位（M. L. S）。論文爲 *Engineering Books Available in America Prior to 1830*，係根據紐約公共圖書館所藏工程書籍所作研究。1936年轉職印地安納州 Gary 市立圖書館館長，建樹良多，以改革借書方法著名。又廢棄流動書車（Bookmobils）代之以活動房屋（trailer），在指定地點作業，以省經費。任職期間同時在芝加哥大學圖書館學研究所讀博士班。在校過於活躍，不僅與同學開玩笑，甚至對老師及講演客人戲謔，因此得到「討人嫌的黃蜂」暱稱。畢業論文爲 *Library Property in the United States*，因故延誤，1950年才拿到博士學位。

　　1940 年改任美國農業部（ U. S. Department of Agriculture）圖書館館長一直到1954年，成績卓著。早先該館以75％人員負責編目工作，他將編目部三組，併爲一組，以65％人員任參考服務，將讀者服務部擴充爲三組：閱覽與參考（ Reading and Reference Service），農場圖書服務（ Field Library Services），及目錄組。目錄組編行「 農業書目」（ *Biliography of Agriculture* ）。在到任以前，該項目錄每期只能收4000條，與實際出版書刊相差甚遠，1953年以後，每期可收8000條，不致過於落後。14年後，農業部圖書館成爲國立三大圖書館之一（其他爲國會圖書館及醫學圖書館（ National Medical Library ）。

　　1954年受新澤西州之勞格斯（ Rutgers ）大學之聘爲圖書館學學院教授，成立個以理論爲基礎的教學計畫，兼授目錄學、檔案、科學管理三門功課。1959-1961改爲院長，開辦博士班，培育高級人才。1961年辭去院務，專作研究。

　　1964年，轉到夏威夷大學（ Hawaii University ）爲教授，兼管理圖書館業務校長（ President for Library ）助理，後升爲圖書館業務院長（ Dean of Library Activities ）。計畫新館舍，將杜威分類法改爲國會分類法，興建大學本部生圖書館與研究院分開，成立圖書館學院，於三年之後，得到認可（ accedited ）。因爲得到學校信任與一批幹部的襄助，故能在短期間完成一連串大事。1968年辭去行政工作，專門執教，一年後退休，改稱榮譽教授。

　　蕭勞夫除本職外，常到校外作訪問調查工作，有紐約市布碌崙（ Brooklyn ）及皇后區（ Queens ）二個大圖書館。還有加拿大的多倫多圖書館（ Toronto ）。

　　在國際方面，他受聘爲開發中國家顧問，因爲這些國家亟需研究資料及資訊，從事開發及建設。1949年他到中南美洲的墨西

哥、哥倫比亞、巴拿馬作調查，評估已有資料，建議發展農業的
文獻。考慮以有限的財力，以最經濟的方法，增購圖書。在遠東
爲印度、巴基斯坦和菲律賓也做過同樣的工作。他在美國撰寫文
章爲這些國家宣傳，希望從美國圖書館界得到援助。

　　在國際組織所擔任的職務有：

　　Adivisory Committee for Handbook of Latin American Studies

　　Advisor of the Food and Agriculture Organization（FAO）

　　Chief Delegate of the Royal Society's Scientific Conference
（1948）

　　Consultant to the International Federation of Documentation
（1960-1972）

　　International Advisory Committee on Bibliography, UN-
ESCO（1959-1961）

　　蕭氏熱心圖書館團體工作，在 Gary 時擔任印地安納州圖書
館學會會長（1938-1939），新澤西州學會會長（1960-1963），
美國專門圖書館學會（SLA），美國文獻學會（American Docu-
mentation Institute）成員。1929年加入 ALA 爲會員，1940-
1944任評議員，1956-1957任會長。身爲評議員時對學會總辦事
處表示不滿，因爲總幹事 Carl H. Milam 喜與執行委員會（Ex-
ecutive Committee）打交道而置評議員於不顧，他挑戰 Milam
的權力，逼使 Milam 掛冠而去。1956年選上會長時，決心整頓
辦事處。先成立 Fourth Activities Committee 從事調查。親臨芝
加哥辦公室，與全體職員談話作秋毫之察，詢及各人工作，同事
彼此之間的關係，分工是否有疊床架屋之弊，作出改革報告，引
起員工反抗。他們認爲短期的調查，未能深入多年積弊的癥結所

在，頗不公允，雙方相持不下。後來經委員從中緩頰，向新總幹事提出折中辦法，報告中可行者，儘管實施，其中不合事實者，以後從長計議。這許多不快之事，皆由他迷信科學管理的幻想所致。

自 Council of Library Resources 成立，蕭氏擬申請100,000元作研究之用。研究計畫有下列六個項目：

⑴圖書館組織與管理，包括行政架構，科學管理，預算財政，建築設備，公共關係等。

⑵印刷資料的儲存與善用，包括搜集、保存與傳播。

⑶非書資料，包括視聽教材，閱讀設備。

⑷資訊的傳播。

⑸讀書服務，參考資料，使用圖書館訓練。

⑹整理資料的程序：採購、編目、分類、書目、索引、文摘。

蕭氏認為以上六點概括圖書館學40％的內容。

在圖書館技術方面，他最重視目錄的功用。圖書館搜集資料的目的是供應研究者工作的憑藉，傳播資料的媒介是目錄，因此他將德國目錄學權威 Georg Schneider 的 *Theory and History of Bibliography* 譯成英文。他發覺知識的存在有二個因素：一為創造知識的研究員，一為傳播知識的圖書館員。前者的心血結晶若無後者為之傳播，則世人無法知道和收集。在農業部時他充實 *Bibliography of Agriculture* 的內容，即是例證。

當他負責 ALA 目錄委員會主席時，有鑒於 Charles Evans 的 *American Bibliography* 所收美國初期印刷品只到1800年為止，而非1820年，他於是集合一股人自動地完成這部目錄，增加了50,000條，名 *American Bibliography: A Preliminary Checklist for 1801-1819*。

　　蕭氏勤於撰述，遇有圖書館問題，他即發表意見或採取行動。茲就出版，科學化、機械化、版權法四點，加以闡述如下：

　　(1)出版事業。第二次大戰後，書籍出版困難。書業採取三種政策：(1)提高滯銷書的價格，(2)要求作家分擔印刷費在其版稅中扣除，(3)拒絕出版冷門著作。蕭勞夫極力反對這種惟利是圖的政策。為使冷門著作得以問世，他與友人辦一出版公司 Scarecrow Press，發行一般書商所不接受的著作，尤其圖書館學書籍。為減低成本，第一版只印400本（普通皆印1000本），裝訂不求華美，只要結實，寄書由朋友們在他家地下室一同包紮以省費用。

　　(2)科學管理。他主張圖書館管理應該科學化，有二種方法：一為請館外名家來館調查作業績效，研究以往作法是否合理，進度是否理想，若果不是，原因何在？再作客觀的建議以圖改進。二為內部作業均須規畫縝密，舉凡組織、分工、工作程序及流程，皆用圖表標出。比如每月編書的標準，書籍借出及閱覽人的數字，皆製統計表顯示出來，如有滑落情勢，即須找出理由，以謀補救。主管不能視若無睹，聽其自然。

　　(3)機械化問題。開始時他極力提倡，由實際經驗而轉變保守。在3、40年代他自己發明二種機器在圖書館試用，一為複本印刷機（photo-clerk），圖書館用以自印表格，通訊、卡片，既方便又經濟，直到全錄（Xerox）問世，才停止使用。一為Rapid selector，一種自動編製索引工具（automated bibliographical retrieval tool），可以從書刊中複印片段的引用詞句，甚至全篇論文。作索引一分鐘可以掃描2,000個字或詞。

　　到了50年代，他發覺圖書館盲目採用機器為不當，加以反對。到了60年代，他主張機器與人工同時使用。在夏威夷大學時，他的前任採用自動化的借書制度，他細心研究效率不高，而

且不經濟，即刻廢止。當主張全部機械化的人認為資訊爆炸，以往方法不能應付新的訴求，電腦為惟一解決問題的方法。1953年他寫了一篇文章駁斥，他認為發明機器的製造商所作的廣告多言過其實，須待證實確實有效才能採用。譬如一般人認為坐飛機較開車迅速，也當看情形。短程之旅，在機場等候，班機誤點，由出發點到機場，由機場到目的地，一共加起來，不比開車快了多少。為一樁信息查大英百科全書或期刊論文索引，較用電腦還簡捷，況且電腦所費不貲，小圖書館財力難以負荷。有人加他反機械（Anti-machine）的罪名。Jesse Shera 在 ALA 刊物上發表譏諷他的文章，他提起訴訟，並警惕學會以後不得刊登爭議性的言論，引起爭端。

　　(4)版權問題，即智慧財產的權益（Literature Property），他認為版權屬於作家而非出版者，若是作家放棄其版權，出版者不得征收版稅。法律是保護作家，而法庭常斷歸出版者，並非立法的真諦。他還說研究學人有權複印（photo-copying）文件，並非違法，站在圖書館立場，他有為讀者爭取這種權利的義務。如同未出版的學位論文（unpublished theses）若是作者沒有要求版權，圖書館可認為是一種收藏的文件，可以令人隨意複印。他的立場是支持圖書館，反對出版人。

　　除以上爭論性的言論外，蕭勞夫的真正貢獻在訓練圖書館高級幹部。在勞格斯大學他羅致了一批教授，培植胸襟廣闊，意志真純的幹部人才。他堅持辦博士班，因為在圖書館學校有過研究經驗的人才能為研究人員服務，才能知道他們的需要與心情。他對博士班候選人要求嚴格，一定要學習統計學，二種外國語文。他相信圖書館從業人員，是通才教育的推進者，是教育家。他為研究生向聯邦政府爭取經費作獎學金及研究費。

蕭氏一生對圖書館的理念為：

(1)圖書館須為讀者服務。

(2)圖書館是人類知識的寶庫。

(3)圖書館應搜集各種形體的資料如非書資料，但書籍仍然是知識傳播最佳的媒體。

(4)圖書館的功能是社會性的，社會不可缺乏。但社會瞬間萬變，負責圖書館者不能墨守成法，一成不變，而應因時制宜，隨時改進，與社會的需要配合。

(5)圖書館員不止將精力花在例行公事上面，應貢獻才智助長科學研究。採用新的方法和發明，事半功倍，這就是科學管理。

人們對蕭氏的評價為：他為一好學深思之士，對傳播知識有真摯的興趣。他愛好機械發明，是一教育家。他嚴格培訓人才，希望後生遵循他的理想與作風，為圖書館作出貢獻。他也是圖書館事業的監護人，凡有不合理的事，毫不留情地予以批評，如有問題，大聲疾呼，據理力爭，不惜開罪於人。他不避免討人嫌棄，言所當言，行所當行，富有傳教士的使命感，是圖書館的突出人物。

蕭勞夫1929年與 Viola Leff 結婚，3、40年得內助甚多，不幸元配於1968年去世。一年後他續娶夏大 Mary Andrew 為繼室，正值他身染癌症，新夫人給他最佳的照顧。終於1972年10月14日去世，享年65歲，無子女。

蕭氏著述百餘篇，不勝枚舉，Tauber 選出三種為代表：

1. *Library Property in the United States* . Scarecrow Press, 1956

2. *State of the Library Art* , ed （ 9 volumes plus an added

volume by Keyes Metcalf. Rutgers University, 1960-61

3.「Classification Systems」Library Resources and Technical Series, 7：113-119, Winter, 1963.

翻譯德文書二種：

1.Georg Schneider's *Theory and History of Bibliography*, tr.from German into English（Columbia University, Library Services Studies series, 1934）.

2.Richard Muther's *German Book Illustration of the Goethe Period and the early Renaissance*（1460～1530）Scarecrow Press, 1972.

榮譽獎狀：

1.Distinguished Service Award of the U. S. Junior Chamber of Commerce, 1938.

2.Superior Service Award of U. S. Department of Agricultrue, 1949.

3.Melvil Deway Award from ALA, 1953.

4.ALA 終身榮譽會員。

在他去世後，勞格斯大學博士候選人爲他出了一本紀念冊1973年由 Scarecrow Press 出版。Tauber 將他的著作編成二本文集。

勞格斯大學的同仁及學生募款成立 Ralph R. Shaw Visiting Schoar Program Fund 紀念他。夏威夷大學亦成立 The Ralph R. Shaw Memorial Award，籌得經費100,000元，每年以5％的利息作獎金之用。

# *46*
# 勞夫·E·厄茲渥
# **Ralph E. Ellsworth**（1907－1972）

　　勞夫 E·厄茲渥1907年9月22日生於愛荷華州森林市（Forest City）。在農村長大，喜歡鄉下家庭生活，照顧家畜，出外打獵、釣魚，做做小工，一邊賺錢，一邊取樂。在自傳中說：

> 　　遷居城市以前，在鄉下與牲口為伍，給我作學術圖書館工
> 　　作最好的背景。牲畜不是人，但其動作像人，尤其知識分
> 　　子，包括圖書館員。

　　1920年代，經濟不景氣，他家賣掉田莊搬到 Goldfield。少年時先在 Waterloo，1925年到 Des Moines 讀完中學。求學期間兼作賣鞋生意，維持生活。雖有一般少年活力，但與書籍結不解之緣。同年進入俄亥俄州奧柏林學院（Oberlin College），代人割草，在餐廳端盤子及打零工完成學業。這些工作對他影響如何很難說，不過那段時期他的潛力發展很快。他讀新聞學預科，對英文、歷史、政治等科目興趣濃厚。他著迷於學術圖書館的藏書，但是許多書都放在研究院裡，本科生不易看到，甚為懊惱，希望改善。

　　1929年在一書店與 Western Reserve 大學 Adelbert 學院圖書館館長 George F. Strong 邂逅，後者見他愛好書籍，鼓勵他做圖書館員，他就進了該大學圖書館學院。1931年得到學位，與在奧柏林認識的女友 Theda Chapman 結婚，他認為妻子比他有頭

腦，若非她的內助，恐怕難有日後的成就。

　　畢業正值經濟蕭條，只能在科羅拉多州（Colorado） Alam-osa 的 Adams State College 圖書館找到工作。該校爲一師範學院，圖書館只他一人，加一學生助理。院長還要他擔任功課，因此他與教師們打成一片，能從教師立場清晰地看到圖書館對教學上的責任與可能作出的貢獻。1934年他得到芝加哥圖書館學研究所的博士學位，對芝大研究所極爲留戀，心存感激。他說如果不到研究所終身會是個見聞窄隘的人，芝加哥開闊了他的視野與心胸。對芝大的諸位老師也極欽佩，尤其對指導他論文的 Waple 教授，認爲是一偉大人物（a great man）。

　　1936年他出任科羅拉多大學（University of Colorado）圖書館館長，1937新圖書館建在 Boulder。當他到校時科大的藏書、人事、服務一無是處，亟待改善。他對新館建築圖樣不甚滿意，但無力改變建築師的計畫，徒呼奈何。

　　1943年愛荷華大學（University of Iowa）聘他爲圖書館館長，第一件大事是設計一所新館。他一向傾心於模矩式（modu-lar）的建築，現在是他得償宿願的時候。他對圖書館建築的原則和理念是當環境變遷時建築物可應需要而改修，內部工作室可隨時調整。新館於1951年落成，雖有瑕疵，但受到肯定爲美國圖書館的一件大事。他的觀點以後爲設計家的典範。

　　到了3、40年代，厄茲渥在圖書館界的地位已成氣候，與各方面皆有接觸和關係。二次被選爲大學與研究圖書館協會（Association of College and Research Libraries, ACRL）會長（1951-52, 1960-61），對研究圖書館學會（Association of Research Libraries, ARL）會務也很熱心，爲其 Cooperative Committee for Planning Large Universty Libraries 主席。對全國圖書館合作計

畫如：攝製博士論文微捲，成立 Council of Library Resources，國會圖書館集體編目，中西部圖書館館際中心（Midwest Inter-Library Center （MILC）無役不與。

在愛荷華待了14年，到1958年他不忘科維羅拉多州的水光山色，重返先前曾服務的科州大學，直到1972年退休。退休後，他仍在國內與國外圖書館圈子內活動，設計館廈。到英國及歐洲訪問，講演，後來又爲美國中學圖書館作設計顧問。他是一多產作家，著書11本，撰文80餘篇，所論及的範圍甚廣，諸如圖書館行政、編目、知識的自由（intellectual freedom）、國書館組織架構、採購、出版及閱覽、高等教育、學校圖書館建築等多項問題。有人稱譽他的著作爲智慧的燈塔，照耀整個圖書館世界。

1973年他的 *Planning Manual for Academic Library Buildings*，由 Scarecrow Press 出版。以後到美國各地及瑞典、沙烏地阿拉伯、委內瑞拉、南斯拉夫、墨西哥等地作調查顧問，以建築設計享譽國際間。他的好友 Robert Miller 讚揚他的爲人一如其文、誠實、直率、有吸引力。圖書館界欽佩他的智慧、口才及風度翩翩的外表與貢獻。

厄氏終其一生努力兩點：一爲圖書館建築，二爲技術合作。茲分論之如下：

建築　厄茲渥對建築的興趣由來已久，第一次到科羅拉多州就顯示出來，對建築師所繪圖案提出意見，未被採納。爲此他走訪巴爾的摩（Baltimore）Enoch Pratt Free Library 館長 Joseph H. Wheeler，名建築師 Alfred M. Githeus，設計建築師 Angus Snead MacDonald 等人，討論一般與大學圖書館有關問題。他雖傾向 MacDomald 模矩式（Modular）的設計，但大學當局對此毫無興趣，他們仍主張用傳統的方式，但他終於說服校方同意他

內部佈置的安排，雖然整個建築不是分模矩式的，而內部則模仿
巴爾的摩公共圖書館，約翰霍布金斯（Johns Hopkins），芝加
哥及加州諸大學的趨勢。書籍分三類陳列：自然科學、社會科
學、人文科學，此外還有瀏覽室（Browsing Room）及音樂室。
三種門類的書寄放在不同地區，因爲開架，讀者隨手可以取閱，
並有專科館員，就近指導協助，殷勤服務。這樣的分類陳列即是
總館與分館折衷結合，總館與分館的鴻溝消失，在一個屋頂之
下，二者的功能可兼而有之。

　　1944年普林斯頓大學圖書館館長 Julian Boyd 成立一個研究
圖書館建築合作委員會（Research Libraries Important Coopera-
tive Committee for Library Building Plan），厄氏是委員之一，
慫恿 MacDonald 建築公司造一模矩式圖書館模型供委員研究。
他的主張得到共識，認爲圖書館拘泥成規不圖改進是種恥辱和錯
誤。他預測將來電氣設備日新月異，大學施政策略瞬息萬變，故
須未雨綢繆，以免到時措手不及。1951年愛荷華館廈完成，外觀
如同一座倉庫，並不美觀。厄氏寫了一小冊子" *The Library as
a Teaching Instrument* "說明新館外貌雖欠華麗，但內部適用，
對大學的需要提供完善的服務，如視聽教材等科學設備，竭盡心
力貢獻大學敎育之能事。館內空間隔段皆爲鋼鐵所製，如須改變
可折下另行裝置；如欲擴建拆除舊館牆壁與新的連接起來。這種
空前的突破，轟動一時。從此成爲建築設計專家，與哈佛圖書館
館長 Metcalf 並駕齊驅，爲建築顧問權威，二人的影響力在伯仲
之間。

　　積20年之經驗，厄氏於1960年出版 *Planning the College
and University Library Building*；*A Book for Campus Planners*
作建館的指南。1973年改版爲 *Planning Manual for Academic*

*Library Building*，爲前書的續編，對建築有更多的新意。有人批評他舉例不多，不能個案處理，不如 Metcalf 的著作詳盡。他辯護說他的書只是一個手冊式的指南，唯恐參考者見木不見林，故比較簡略，與 Metcalf 工作迥異。後來他得到 Council of Library Resources 的資助到全國及歐州、加拿大去調查，將其結果撰成 *Academic Library Buildings，a Guide to Architectual Issues and Solutions*，爲 *Manual* 的姊妹作，附有插圖1500張。對此書的評鑑毀譽參半，但他苦心作出一般人所不爲，還是難能可貴。經他諮商的圖書館有200多所，圖書館建築權威之名，不脛而走。第二次大戰結束後，美國大學添造新館如雨後春筍，對建築有心得者寥寥無幾，厄氏的貢獻可供即時之需，除 Metcalf 外，別無他人，可算是圖書館界的福星。

　　厄茲渥對中學圖書館非常注意，與一建築師寫了一本書名爲 *The School Library*：*Facilities for Independent Study*，1966年由 Educational Facilities Laboratories，Inc 出版。爲撰寫此書，他訪問了很多學校圖書館，他的印象是大多數學校圖書館小得不具規模，管理員也不能執行應負的任務。他說圖書館是教學的試驗室（teaching laboratory），圖書館員應協助培養學生讀書的習慣與求知意願。學校應有充分的圖書設備作課堂外的學習，補充教科書的不足。學校當局不此之圖，沒有認眞將圖書館與課堂的功能相輔相成。可惜他沒有多的時間花在學校圖書館方面，只能提醒主持學校者不可忽視圖書館的功能而已。

　　技術合作　對內部工作他主張分工合作，1940年他贊助中西部館際中心（Midwest Inter-Library Center，後改名爲 Center for Research Libraries）的作業。先是芝加哥一帶大學校長發起，經幾位圖書館長深入研討而成立的機構，重點在集體儲存，

慢慢走上合作採購（cooperative buying）與集體編目（central-
ized cataloging）。

　　一般現象採購受編目影響，新書湧進，編目人手不夠，不能
即時入庫。各圖書館編目既是一樣的工作，爲何不集中人力來
作，大家共享其成。這樣既省時又省錢，何樂不爲。編目一事須
全國化，不僅是各地區合起來做。1945年他在 *Library Quarter-
ly* 發表論文 " Centralized Cataloging for Scholarly Libraries "，
主張由國會圖書館主辦。1958年他去華府代理國會圖書館聯合目
錄組（Union Catalog Division）主任，計畫成立聯合編目機構，
由地方圖書館與國會圖書館協議合作辦法。他將計畫書呈交國會
圖書館館長 Luther Evans，請他出面領導。他的報告石沉大海，
沒有回響。1957年他早向研究圖書館協會（ARL）作過建議，
限於經費未能實現，所以才向國會圖書館作出請求。1963年他又
撰文批評大學圖書館同僚因循苟且，不肯推動國會圖書館肩起責
任積極採取行動。1960年研究圖書館協會成立 Shared Cataloging
Committee，厄氏爲成員，他向美國大學協會（American Associ-
afion of Universities）遊說，向國會施壓。國會通過 National
Program of Acquisition and Cataloging 法案。大家歸功厄茲渥，
如果沒有他的奔走呼籲，事情不會成功。從此國會圖書館義不容
辭地負起集中編目的任務。得電腦的運用書目網路（biblio-
graphical Networks）的建立，整個圖書館編目問題，迎刃而
解。

　　厄茲渥對於美國圖書館的組織也曾作過鬥爭。他曾參加美國
圖書館學會各種委員會，關心會務。但嚴厲指責學會機關龐大，
組織複雜，以公共圖書館爲重點工作，對學術與研究圖書館没有
盡到能事。他要求 Association of College and Research Libraries

（ACRL）脫離全國學會爲獨立機構，與之劃清界線。這種過激
的主張，沒有得到 ACRL 行政委員同意而失敗。有人批評他惡
意抨擊 ALA，是因爲他競選學會會長落選而惱羞成怒，但他否
認說他的失敗係因對手 Robert Downs 聲望在他之上，並無抱
怨。

　　厄氏雖是反對 ALA 的主角，但對它主張知識自由（intellec-
tual freedom）的政策極爲擁護。他爲 Intellectual Freedom Com-
mittee 委員，爲爭取智識自由頗爲積極。他呼籲圖書館員站在自
己崗位上或以外，都應該爲閱讀人權奮鬥。求知自由是天賦人
權，從事圖書館事業者有維護的義務，不使被剝奪。他認爲大學
圖書館工作者對學生終身讀書習慣的養成有責任，這一點如果做
不到，則沒有盡到啟迪民智的天職。

　　在行政與管理方面，厄氏無善可陳。他和愛荷華大學的契約
是一年九個月，夏季他將館務分配給副館長，去作校外活動。他
對部屬並不以良師益友自居，視他們爲夥伴，讓各人自動自發地
去發展自己所擔任的工作，不加干涉。因此有人認爲他的管理方
法非制度化，不條理化、因爲他是個自由主義者。在政治上他是
所謂自由派人物（liberal），對保守派攻擊不遺餘力。但是他的
友好同事不因他批評的個性而嫌棄他，反而尊敬他的一腔熱枕與
大公無私的情操。他畢生爭取圖書館地位，對敎育、學術、文化
都能作出偉大貢獻。

　　厄滋渥於1972年去世，關於他最後的資料缺乏，不知其詳。

# 47

# 摩利士·F·陶伯
## Maurice F. Tauber（1908－1980）

　　摩利士·陶伯爲一多才多藝的人，因興趣廣闊反而成爲他的弱點。所有圖書館問題無一不關心，也脫不了他的影響。他是目錄學家，傳記作家，辭典編輯人，喜愛編目，裝訂術及圖書處理的技術問題。講學30年，爲很多菁英的良師益友。

　　陶伯於1908年2月14日生於維吉尼亞州諾福克（Norfolk）市。父母爲來自歐洲的移民。父親以裁縫爲業，從早到晚忙於裁剪縫紉，無暇讀書。母親亦在縫衣店作針線活，丈夫早逝還得擔負撫養四個子女之責。陶伯幼年爲一家報館（Lodger Dispatch）送報，並在 Virginia Pilot 報館做印刷工人，間或也寫高中運動新聞。1925年遷居到費城，讀完高中。在高中最後一年，他在一家藥房工作，每週工資八元。老闆見他勤奮，願意資助他讀大學，但須學藥劑科。他幸而得到四年獎學金到 Temple University 攻讀文學和教育。

　　大學二年級時在大學圖書館作學生練習生，後來升爲出納檯夜班主管。逐漸能爲讀者答覆一些不尋常的的參考問題，經驗大增。某一大風暴的晚間，有一女生來借一本生物學的教科書，剛好是另一同學約定要來借的。女生說：「天氣這般惡劣，他不會來的。」陶伯覺得有理就借了給她。五分鐘後原約好的同學出現，令他尷尬萬分，無言答對。翌日教務長召他到辦公室談話，

訓了一頓。有了這次敎訓，他才感覺規則是應該嚴格遵行的。

得到學位後仍在費城工作，每週行二百里到紐約哥倫比亞大學圖書館學院深造。他擅長編目一門，敎授令他爲對編目感到困難的同學解決疑難。1935年 Temple 館長 Edith Cheney 派他作編目主任，一天館長宣布即日起要將杜威十進分類法改爲國會圖書館分類法，必須在二週之內完成，四萬冊書如期改編完畢。辦完這件大事，他才徹底明白國會圖書館分類法的優點。此後他開始寫作，發表對圖書館學問題的意見。不久與同學之妹 Rose Begner 結婚，新娘子爲一女服裝公司採買人，報酬優厚，在二個孩子出世後，對家用幫助很大。

29歲的陶伯不滿意 Temple 的待遇，而且想擴大眼界到大地方闖天下，決定到芝加哥大學圖書館學研究所讀最高學位。與院長 Louis R. Wilson 面試後，學校爲他在 ALA 找到獎學金，想不到他後來成爲 Wilson 衣缽傳人。他入校時 Pierce Butler、Donglk Waple、 William Randall、 Carleton Joeckel 等大師皆在執敎，實在幸運。同學中有日後成名佼佼者如 John Cory, Jesse Shera、 Ralph R. Shaw 等好友。Waple 敎他用統計作研究，因爲他（Waple）反對傳統以藏書量爲主的觀念，一切問題皆須拿事實來決定，故統計是研究工作不可或缺的工具。陶伯的博士論文以大學圖書館改編書目與分類法爲題。*Reclassification and Recataloging in College and University Libraries*。他先從問題的歷史背景講起而不以理論的觀點出發。他說一般人改用分類法是人云亦云，盲從採行，並不明白何以要改，改後是否對讀者有益，費了許多金錢，可能得不償失。但他堅信國會分類法勝過杜威十進法，雖然後者不斷增改，總是不如。

1941年論文通過後，留校任敎，本校畢業生充敎授者他爲第

一人。他成爲 Wilson 的搭檔，合著一書 *The University Library*，1945年出版。Wilson 寫圖書館功能，行政與管理，陶伯負責有關技術方面的篇章。第二次大戰結束後，阿兵哥退役大批湧進學府，圖書館需要驟增，問題愈來愈多，主持大學圖書館者重視此書，雖然批評者不乏其人，但不失爲應時之作，貢獻殊多。

1944年哥倫比亞大學圖書館館長 Carl M. White 請陶伯爲副館長，負責技術部門工作（Technical Services），並在圖書館學院教課。他與學生相處，水乳交融，亦師亦友。他家大門敞開，學生隨時可來請教，甚到夜闌人靜拿論文來與他討論。他常約學生晚飯，忘了事先通知師母，到時使她非常尷尬，哭笑不得。有時學生囊中金盡向老師借貸，從不拒絕，這些不尋常之事，時有所聞。

妻子中年以後，久病纏身，陶伯服侍湯藥，耽誤教學。1965年妻子逝世，大受打擊，喪魂失魄，無心工作，捐出獎學金以紀念她。1970年他身染重病，痛苦非常，仍爲學生試卷評分，或帶他們到國會圖書館參觀，實地講解各部分工作進行程序。

1945年 White 院長要求陶伯作 *College and Research Library* 雜誌編輯，一直到1962年。當他接任編輯時，刊物的品質不高，每月只有300元辦公費，秘書，郵電及其他開支一併在內，不敷時由哥大補助。在他主編之下，篇幅及售量俱增。投稿者有 Robert Downs、Ralph Ellisworth、Keyes Metcalf 等巨擘。每期他請人作公正批評，虛心接受，以求精益求精。遇有不夠水平的稿件，退稿時還親手函覆，鼓勵不要灰心而輟筆。繼任院長 Jack Dalton 常說陶伯擔任大學圖書館雜誌辛苦備嘗，17年如一日，難能可貴。

　　陶伯常爲圖書館作諮商調查。Wilson 問他用何方法。他說
須先利用已有的統計、檔案、備忘錄、報告書、加上巡視、訪問
發問卷、研究答案，然後作結論，以此方法他獨自或與人合作做
著這樣工作。

　　1946年他同 Wilson 爲康乃爾大學圖書館作調查，始覺該校
情形一團糟。每年購書費多少，無人知道，因爲分館林立，各自
向外募捐，購進書籍不向總館報告，遑論編目。因爲目錄不全，
資料不爲人知，研究人員無從進行工作。圖書館有二種分類法，
陶伯建議廢除老舊方法，採用國會圖書館分類法。

　　同年他又與 Wilson 到南卡羅來納州大學，發現全館180,000
冊書，有32,000冊已改用杜威法，故不忍廢棄改用國會法。結果
到1960年他承認保留一部分杜威法是一錯誤；凡事應該更改時仍
須忍痛行之，不能將錯就錯。1952年他爲 Dartmouth College 作
改進，學校當局告訴他中學生習慣使用杜威法，所以沒有改爲國
會法。1969年他重訪該校時，知道編目員鑒於杜威法行不通時，
攙用一些國會法的辦法，前後極不一致，造成混亂。

　　陶伯所作調查中以哥倫比亞本校最爲吃力。先於1953年與
Quincy Mumford（後爲國會圖書館館長）作過調查一次，最大
問題爲很多書的書號與目錄上的號碼不符，因爲總館編的分類號
碼爲分館改動而未通知總館。1957年他同哥大館長 Richard H.
Logsdon 及另一畢業生 Donald Cook 作第二次調查，除 Butler 總
館外，有六座大的，20個小的分館分設在校園15座大樓內，此外
週邊還有不同語言的特藏，如俄羅斯、中東地區、中國、日本
等，沒有卡片排在總館目錄中，改編問題甚多，不敢輕舉妄動。
他們三人作了一個詳盡的問卷，欲從所有大小圖書館得到眞實情
況。哥大校址在紐約鬧區，沒有哈佛、耶魯及普林斯頓有地方發

展，所以解決方法更加困難。1957年調查完成，歸功於陶伯作編目主任四年，出出進進使用圖書館的經驗，一切弊病瞭如指掌，終於作出切實改進的建議。

　　1957年他爲紐約 Manhattan College 作調查，該校圖書分類法有幾種，他提出二個辦法：一爲統一分類法局部改編；一爲請熟諗國會法者全部改爲國會法，而以後者爲宜。他仍相信國會法對大圖書館合用，56,000冊以內的圖書館用杜威法比較適宜，但十進分類可分到小數點16位，還是不可取的。因爲常勸人捨杜威法而用國會法，有人批評他成見太深，改編計畫每每花上10年至15年的時間，耗費時間和金錢，使正常編目工作遲緩。可是他堅持己見，認爲當作的事，不作終久是貽害無窮。

　　1954年陶伯升爲麥斐爾杜威講座教授（Melvil Dewey Professor），因爲他一直抑杜威法而揚國會法，寧靜湖杜威分類法增進編輯處的 Deo B. Colburn 頗不服氣，謂他反對杜威就不配作杜威講座教授，向哥大館長 Jack Dalton 提出質問。陶伯的答案非常簡單，他祇介紹60個圖書館採用國會法，還有上千百的圖書館在用杜威法，況且他常勸採用杜威法的圖書館，如果感到滿意就一直用下去，不須改爲國會法，不過國會法是根據實際藏書而產生的，不像杜威法以學理原則爲出發點。又有人因爲國會圖書館目錄卡片上分類有錯，故爾反對。陶伯說那是編目員的錯，而非分類法之錯。世間沒有完善的分類法和編目法，編書發生錯誤是很尋常的事，不可求全責備。

　　哥大左近有二個高教機關：一爲 Barnand College，爲哥大附屬女子學院。圖書館爲1918年所建，佔課堂中一層樓，可容讀者800人，1954年學生增到1400人，閱覽室座位不敷，請陶伯設法解決。他建議二點：請哥大圖書館准許女生用其設備，否則另造

一座新館。哥大本身也嫌緊湊，不能送此人情，紐約寸土寸金，新蓋一館，土地成問題。校董會猶豫不決。最後還是造了一座新館，容量爲150,000冊，問題解決。

另一學校爲美國猶太神學院（Jewish Theological Seminary of America），發生同樣問題請教於他。他發現空間過於狹隘，急須擴大。該校没有採納他的意見。七年後院內發生一場大火，90萬冊不可補償的珍籍化爲灰燼，另有15萬冊被水浸壞。救火員對記者說書架擺得太密，救火設備不能進入施救，故爾損失慘重。假若當年接受陶伯建議，珍貴圖籍不會化爲烏有。

陶伯和他的助手 Theodore C. Hines 有鑒於國會分類法的分類表爲35單行本，缺乏像杜威法那樣完備的索引，使用時極爲不便。他向哥大申請五萬元經費，由哥大學生編索引。後來哥大無力擔負，國會圖書館也不予支援，工作停頓，有數以萬計的卡片放在他的辦公室，時以爲憾。

因爲時代進化，一切事業講求效率，在圖書館內有「經濟法」（library economy）一詞，他發現圖書館作業有很多浪費而不經濟之處。他提出五個例證作警惕：

(1)學校購書費以學生所繳學費一部份充之是不夠的，必須校方另籌特款。在圖書方面省錢，以辦學宗旨而論是不經濟的。

(2)許多圖書館不知利用專業人員擔負專業工作，將他們安置在借書處辦理書籍出納，這是浪費人才而不經濟的。

(3)在編目時，編目員發現一本書分類上有疑難，久久不能作出決定，將書擱置一旁，不知何年何月才能上架。他認爲放在編目室的書等於無書。其實讀者渴望早日得到它，既不能用，購之何益。他主張寧可犯分錯的惡名，不當塵封在辦公室。再者編目應從簡，繁瑣的習慣耗時費錢，極不經濟。

　　⑷圖書館工作應集體合作，昂貴的參考工具書，應集中一處，方便大家使用，不必重複。所以行政要有計畫、簡化、經濟化。他發現一大學圖書館在總館百里外建一分館，館長鞭長莫及，只能以耳代目來管理，這是非常不經濟的措施。

　　⑸談經濟不該在館員身上打算盤，重賞之下才有勇夫。微薄的待遇聘不到優秀的人員，劣等的人員不會產生優良的成績。節省不當省的錢，到頭來是最不經濟的。

　　陶伯重視圖書館建築問題，在調查16個圖書館的報告中，主張建築物在開工前應縝密計畫，尤其空間不可浪費。1970年向美國教育署（U.S. Office of Education）請款在哥大設立 Institute on Academic Library Buildings.研究建築問題。他知道主持圖書館的人缺乏建築知識，必須加強對建築的認識。一般人常犯二種錯誤：⑴設計圖案不合實用，如空氣不流通，光線不充足，間隔不適當種種。⑵對所需空間估計錯誤，不久即發生不夠用的現象。

　　陶伯主編 *College and Research Libraries* 與美國圖書館學會及研究圖書館學會許多委員發生接觸。他促使二者合組聯合教育委員會（Joint Committee on Library Education）。1951年被選為執照委員會（Certification Committee）主席，婉辭謝卻。日後國會圖書館請他參加敍述編目指導委員會（Advisory Committee on Descriptive Cafaloging），由該委員會產生了 *A. L. A. Cataloging Rules for Author and Title Entries*。 60年代他又為 ALA 擬訂編目條例，即 *Anglo-American Cataloging Rules*（1967）。他為反對杜威分類法第15版，惹上一場風波，雖然親杜派抗議他忽視杜威法，但他所指出的弱點不能漠視，而有再版修正的必要。

綜合陶伯一生之貢獻，可歸納爲四點：

(1)他最重效率（Efficiency），欲爲讀者服務，工作效率最爲重要。欲求效率，目錄爲第一要務。書目爲開啟智慧的鑰匙，書積如山，若無目錄，等如深入寶山空手而回，完善的書目須將所藏著錄其中，一索即得。因此他作調查時常建議改換分類法，如果分類不當則使書的存放失去控制，有損於書目的功用。

(2)他著重技術，編目與分類要集中處理，鼓勵合作。應該採用國會圖書館分類法及標題總目。各館與國家圖書館一致，不必作重複工作。他亦反對隨意改變編目條例，修改法規則須修改目錄，是非常費錢的事，所以要有節制。編目員不可將新書留在辦公室，一旦堆積有被滾滾而來的新書淹沒的危險。讀者期待孔亟，過時則失去時代性。他常在書架上抽看書籍流通情形，時常發現一本書在出版頭二年用的人多，二年以後逐漸減少，故當即時與讀者相見。

(3)調查是他的最愛，他非腐儒，終日陶醉於字紙堆中。他願到各地走動，幫助有問題的圖書館謀改進方法。作調查，發問卷，分析答案，作出結論，百作不厭。因爲在芝加哥有此種訓練，加上在哥大講座教授的優越地位，作來輕鬆愉快。

(4)他爲大學圖書館造就優秀人才，有人批評他講課並不引人入勝，音調平平，枯燥乏味，但他有百科全書的頭腦，有問必答。學生與他接觸獲益良多，造就多士。爲學術圖書館謀發展，耗費數十年精力，提高大學圖書館的素質和地位，且深信中古世紀黑暗時期以後的歐洲傳統觀念：圖書館是大學共同體組合的一部分，爲人類增進知識和學問。

陶伯於1980年9月21日住進紐約康乃爾大學附屬醫院，不久逝世，享年72歲。

# *48*
# 史蒂芬‧麥加錫
## Stephen A. McCarthy（1908－1990）

　　史蒂芬‧麥加錫在康廼爾大學工作21年，佔去他圖書館生涯的一半。當他去以前，康大圖書館死氣沈沈，殘破不堪，不爲人重視。得他大力整頓，走上正軌，厥功甚偉。

　　麥氏1908年10月7日生於明尼蘇達州（Minnesota） Eden Valley，父母皆未受正式教育，但對子女的教育極爲注意，個個成爲知識份子。1925年在 St. Paul 市一所天主教書院 Saint Thomas College 讀完中學，轉到華盛頓州（Washington） Spokane 的 Gonzaga 大學，專攻文學，1929年畢業。翌年在該校得碩士學位。在原校附屬中學執敎三年，回到中西部。有鑒於經濟不景氣時期，家無遺產，朋友們勸他學一專門職業維持生活，最好選擇圖書館一門，但在美國找不著機會，終於在加拿大蒙特利爾（Montreal）McGill University 得獎學金及半時工作。1932年得到圖書館學學士學位，回到明州，仍舊找不到工作。幸好在本州 St. John's College 有朋友，還有二個弟弟在該校讀書，因此關係在學院得到編目員的職位，除食宿外，還有微薄薪俸，自給自足，且能代弟弟們繳納學費。此時認識一女子學校敎員 Mary Louise Wedemeyer，與之結婚，十年之間生子女四人，家庭擔負頗重。

　　1934年麥氏在芝加哥赫斯特報業公司（Hearst Newspapers）找到較好工作，同時到芝加哥大學圖書館學研究所讀博士班。時值該院鼎盛之期，院長 Louis R. Wilson 名重一時，教授有 Pierce Butler，Douglas Waple，Carleton Joeckel，Leon Carnovsky 等名師。Wilson 以圖書館應在大學扮演重要角色的思想諄諄告誡，麥氏深受其影響。他因功課繁重，甚少參與校園活動，但與一批同學如 Robert Miller, Ralph Ellesworth, J. P. Danton 等時相切磋。受到良師益友的薰染，形成對圖書館行政管理一套哲理。畢業後 Wilson 介紹他到內布拉斯加大學（Nebraska University）作副館長，館長為學長 Robert Miller，二人合作無間，將幾個各自為政的圖書館加以整合，成為一個系統。館員待遇微薄，館屋陳舊，工作推進極費周章。他們計畫將校內各處藏書作一聯合目錄，淘汰無用書刊，添購新出資料，設計新的館廈，朝氣勃勃，前途似錦。

　　1944年麥氏到哥倫比亞大學圖書館任副館長。無巧不成書，1942年哥大請他的老師 Louis Wilson 去作調查，建議哥大聘三位副館長：Thomas Flemming 負責讀者服務（Readers' Services），Maurice Tauber 主持技術工作（Technical Services），介紹 Mc Carthy 作總務兼人事主管，因此他為哥大重用。館長 Carl White 受國務院徵召從事國際關係及文化交流，麥氏既負責總務，自自然然，大權獨攬，形同代理館長。這種機會給他奠下主持康乃爾大學圖書館的基礎。

　　1946年麥氏37歲，康乃爾大學需要個像他資歷的人充當館長，但他在哥大僅僅二年，不宜棄之而去。但經 Wilson 及 White 的敦促，他到康大去面試，回來後非常氣餒，因康大圖書館一塌糊塗，心懷膽怯。後與校長 Edmund Day 懇談，得到支持的承諾，才勉強擔任下來。康迺爾大學是19世紀中期紐約企業家

Ezra Cornell 和教育家 Andrew White 二人將幾個職業學校組合而成的一所私立大學。當初局勢獨特複雜，但採用歐洲傳統的民主方法經營。麥氏服務於三位校長，任期共21年。1946-1949年校長為 Edmund Day，正值經濟蕭條，經費短缺，不能大事建設。第二次大戰後，館員難求，學生陡增，教務擴展，百事待舉。適州立大學制成立，政府在綺色佳（康大）成立幾個單位，Day 才將學校由貧乏指引到康莊大道，走向興盛。Day 退休後，麥氏有二年最困難時期，建館計畫被擱置。學校研究計畫欣欣向榮，而通貨膨脹，購書費大受影響。1951年 Deane Malort 繼任校長，12年任期內改革康大組織及行政系統，大興土木，增加研究經費，鼓勵麥氏將圖書館改進成為全國最完善的圖書館之一。第三任校長為 Janes Pekins，情形又走下坡。學生人數大量增多，要求延長閱覽時間，常用之書須多購複本，研究院師生並嫌學術資料不足，而校方尚欲節省經費，麥氏夾在中間，巧婦難為無米之炊。

　　茲將其21年幾進幾退的經過作一回顧：

　　1946年9月到任之初，圖書館設在1891年所建的舊館中，館員服務狀況極不理想，萬千的老書須要移走，騰出書架為新購之用。職員不敷應用，購書費不足，已於前述。沒有專款預算，只能在有關學院和州立單位中，挪出一部分經費，購買急需之書。麥氏深思遠慮，不能再因循下去，下定決心，突破難關，因為圖書館已臻非改革不可的境界。他建議 Day 校長聘請專家來校作一調查。聘到三人：芝加哥大學圖書館學研究所的所長 Wilson 及 Tauber，伊利諾大學圖書館館長 Robert Downs。他們視察十天，作出報告，建議四點：

　　1.統一圖書館體系，將各學院及研究所的藏書用同樣方法整

理使用。

2.作業方面須重新規畫，將老的分類法改爲杜威十進分類
法。

3.編製全校聯合目錄。

4.迅速興建一所新館以應急需。

並聲明第四點若不先期完成，其他三點則無法進行。麥氏卻
不以爲然，他主張前三點可在老館中開始，不必等到新館完工之
後。首當其衝是改分類法，即刻著手。這是個需要魄力勇氣的決
斷，花了20年始克完成。目錄的控制也統一了，總館分館統統一
致。內部組織分爲二大部門，一爲讀者服務，一爲技術服務，與
哥大一樣。這二部都物色到極可信任的副館長。他們三人，同心
同德將一個腐敗的館挽救過來。統一制度開始於1950年，十年之
後達成目標。1960年麥氏的職銜由 Director of the Library 改爲
Director of University Libraries，全校所有大小圖書館皆在他的
管轄之內，雖非完全由他控制，但先前各自爲政，互相矛盾的現
象，已告消失。

大學方面有一圖書委員會，由行政首長，教授及圖書館代表
組成，不僅對圖書館作業有顧問性的監視，對經費、人事、空間
及施政方針都有權控制。麥氏以合作方式利用此權力來推進他的
發展計畫，頗爲成功。

圖書館工作人員大量增聘後，麥氏爲改良待遇，與行政當局
商議，將職員地位和薪金改與教師同等，雖不能得到教師的職
銜，但福利俱是一樣。他深信事業的成功需要人事的健全，他很
用心地培養與提攜，不僅是爲康大，也是爲全國的大圖書館儲備
人才。例如商業圖書館副館長 Paul Wasserman 後來到 Maryland
University 圖書館學院作院長。技術副館長 Ryburn 成爲全國電

腦購書和編目的權威；職工關係圖書館副館長 J.G,Miller 在他退休後升爲館長。這批後起之秀，皆因他信任，重用精心培植而成大器。

麥氏初去時康大圖書館購書費僅36,000元，圖書年增16,000冊；到1952年購書費加到195,000元，年增53,000冊；至1963年購書費爲852,000元，年增142,000冊。1960年康大藏書總數爲130萬冊，每年增加率爲2-3％。1966年藏書量爲290萬冊，增加率爲6％，平均爲170,000冊一年。到1973年則爲400萬冊。20年的努力，康大成爲20個藏書最多大學之一。

康大購書政策之成功，得力於購書部主任 Teliy Reichmann，他採取長期訂單（Standing order）方式，由重要書店將每月所出版的新書直接寄館，不須館方發出訂單，這樣新書來得快，而且不會漏掉。又得到康大出版部的書籍與其他圖書館交換。他還到歐亞二洲親自採訪。在50年代麥氏將一個書店全部買下作大學本部生（undergraduate）圖書館的基本藏書。對東南亞的書刊則加入 Farmington Plan 收購。麥氏也收到很多贈書，長期發展幾個特藏，如有關冰島（Icelandic）、莎氏比亞（Shakespeare）、華茨華斯（Wordswarth）等人的著述。歷史與科學史亦是購書重點。有一校友捐贈一批喬伊斯（James Joyce）的資料。這是幾個重要例證。他將重要收購披露，俾敎授、董事會及校友都洞悉圖書館的實際狀況，校方每每擔心圖書館購書費如脫韁之馬，難以駕馭，而麥氏仍呼籲購書政策應配合研究計畫同時並進，不能落後，所以購書經費不斷增加。

老圖書館是1891年建造的，被批評爲全國最糟的大學館舍，也從未修改或擴建。書籍重重疊疊，滿坑滿谷，已經到了飽和點。職員見客要在走廊接待，辦公室沒有坐位。圖書館的高塔，

是一宏偉的標誌，是學校百無一用的裝飾品。校方考慮很久是擴
建或拆建。1949年校董會否決新建計畫。Day 校長辭職後，二年
主持乏人，又因循了好幾年。麥氏在館外另一建築內佈置出個指
定參考書閱覽室，又將100,000冊書從館中移置他處，騰出空間
容納新書，將閱覽室與書庫照明改進，以增光線，添置一部分新
家具，勉強維持一段時期，直到 Malort 校長視事，1955年才認
真地計畫新館。請哈佛館長 Metcalf 來作顧問，建議將舊館改作
大學本部生圖書館（undergraduate library），由校友捐款修
建，取名 Uric Library。另由 John Olin 捐鉅款新建一現代式的
圖書館，爲研究生之用。Olin 圖書館1961年啟用，先將舊館附
近一棟老屋拆除，在原基上蓋一大廈。因附近房屋甚多不宜太
高，有三層在地下，每層450,000平方尺，地面上各層空間要小
一半，只有250,000平方尺，容量爲200萬冊，有地下道通到舊館
連接起來。新館耗費七年精力完成，麥氏的業績達到最高峰。他
的僚屬及繼承人異口同聲讚揚新的建築宏偉華麗，在設計方面是
一無懈可擊的紀念物。因此名揚全國，不少人前來觀摩，無數圖
書館建築委員會人士親臨觀察研究其優點以爲模範。

麥氏一向對研究圖書館學會（Association of Research Li-
braries，ARL）的會務熱心贊助，當1963年校長 Malort 退休後
四年，有人建議他去華府擔任 ARL 總幹事之職，經過愼重考慮
後他接受了。康大頒贈他獎章（Cornell Medal），並開歡送會表
示感激他的勤勞。在 ARL 七年（1967-1974）之內，完成很多計
畫和規程，促進研究圖書館的功能和效用。得到 Council of Li-
brary Resources 的資助，成立一行政管理研究室（Office of
Management Studies），研究圖書館行政與管理，促進研究圖書
館如何改進。1969年又成立一三人小組委員會（Boez、 Allen 及

Hamiltan），研究大學圖書館各種問題。他們的報告幫助很多機構得到改善。在圖書館團體中，他活躍參與州級學會的會務，如內布拉斯加（Nebraska）及紐約的圖書館學會。對於美國圖書館學會他裹足不前，覺得該學會機構龐大而且官僚化。

在華府時，麥氏曾出席多次國會聽證會，發表對出版法，高等教育法案的意見。參加國家圖書館與資訊科學委員會（National Commission on Libraries and Information Science），白宮圖書館會議（White House Conference on Libraries）等重要會議。他充 Fulbright lecturer and library exchanger 到埃及幫助幾個大學改進圖書館，到英國調查研究資料，種種國際活動。他是 Wilson 的門人，熟稔調查（survey）訪問工作，到 Mc Gill University, University of New Hampshire, New York University, Hunter College, Ohio University 十數個圖書館作過調查。

麥氏在他的部屬與同輩心中是一廣見多聞，人格完整的人。判斷公允，得到敬重。虛心研究問題，尋求答案，一個實踐主義者。處世剛柔相濟，注重妥協，須讓步者，不剛愎自用。作業臨機應變適可而止。在康大及研究圖書館學會做到功成名就，急流勇退，恰到好處。到了電腦時代掛冠而去，給機會與後生，自己優遊自得，安享餘年。1990年3月18日去世，享年80歲。

# *49*
# 威廉‧薛柏特‧狄克斯
# **William.Shepert.Dix**（1910－1978）

　　威廉‧薛柏特‧狄克斯，維吉尼亞州，文契斯特市（Winch-ester）人，1910年11月19日生，父親 William S 爲商人，母親 Loula Hensen Dix 爲家庭主婦，二人皆爲有敎養的前進份子，遵守人文主義的宗敎信仰，諄諄敎誨兒子處世爲人要公正寬恕。他是個早熟，求知慾強烈，興趣廣泛的青年。喜歡讀書，浸淫文學，頗有志於文學生涯。到離家50哩馬利蘭州 Hagentown 中學就讀，畢業後，進維吉尼亞大學深造，1931年以優異成績得文學士學位，被選爲 Phi Beta Kappa 榮譽學會會員。翌年繼續修美國文學，獲碩士學位，旋即往南方喬治亞州羅馬市 Darlington 男子中學任校長七年，度過經濟不景氣時期。1935年與同事 Jane Allison Griffin 結婚，生二男一女。因不想長期與少不更事的男孩打交道，到芝加哥大學作博士候選人。修完功課，1940年去俄亥俄州克利夫蘭（Cleveland）卡內基舉辦的成人敎育機構 Committee on Private Research 任職，還在西方儲備大學（Western Reserve University）兼任英文講師。開始以克利夫蘭劇院史爲題寫畢業論文。1942年轉到麻薩諸塞州 William College 擔任英文敎師，同時在哈佛大學以研究員身份任廣播研究實驗室（Radio Research Laboratory）助理人事主任，1946年該室停辦，就在哈佛敎英文一年。

　　1946年獲博士學位，1947年受德克薩斯州休士頓萊斯大學
（Rice University）之聘，爲英文系助理敎授。因不習慣美國第
一流大學英文系自炫博學的習慣，不想爲升級加薪默默作學問，
嚮往高朋滿座，高談闊論的場合。投稿成人敎育雜誌（Journal
of Adult Education），提出學術的藩籬應該拆除的建議，謂學術
如欲生存，即應與社會潮流打成一片，否則閉門造車，與社會脫
節，即或造成精品，也只是存列在博物館裡。正在徘徊歧路，峰
迴路轉，給他一個新生的契機。萊斯大學校長　見他鬱鬱寡歡，
想留住這個靑年，委他爲圖書館館長兼英文系原職。開始他不想
考慮，一家五口維持生活的現實，以及收入倍增的吸引，只好答
應試一試。想不到圖書館成了他終身事業。因爲從無圖書館訓練
和經驗，不免令內行人質疑。但他認爲大學圖書館主持人應具學
術基礎，有此條件他不須自卑，盡力做去，不久得到同業認同和
尊敬。

　　狄克斯是自由主義學人，活動在自由氣氛中，正合他的個
性。但厭惡日常例行公事，採取另一種管理方式。他深信大學圖
書館有二件大事作到就好：第一籌款，多多搜集圖書，加以良善
的整理，提供認眞做學問者應用。第二，廣結善緣，爲圖書館多
交朋友，慷慨捐款或贈送値錢的書籍和抄本。爲方便讀書，准許
學生自由出入書庫，尋找書籍，因此也不用設置分科閱覽室。他
在萊大（1948-1953）和普林斯頓大學（1953-1975）都是如此。

　　在萊大五年，卓然有成。1952年新澤西州普林斯頓大學
（Princeton University）圖書館館長 Jucians P. Boyd 辭職，校
長 Harold W. Dodd 聘請狄克斯接替斯職。他於1953年2月1日到
館視事，一直作到1975退休爲止，爲期22年。館藏由1,220,000
冊增到2,715,000冊，實現了他所定的目標。1968年在 Firestone

館廈旁加蓋容量400,000冊的建築,同年成立數學物理分館。

　　除圖書館職務外,狄克斯擔任普大評議會司法委員會主席。在60與70年代,學潮迭起,校園擾攘之際,他作出許多控制風潮的工作。有一次開會11小時,解決問題,爲全校稱道。因此被選爲美國大學教授協會地方分會主席。

　　他在美國圖書館學會(ALA)的活動開始於1951年,擔任智識自由委員會(Intellectural Freedom Committee)主席,值此期間,聯邦參議員麥加錫(Joseph McCarthy)發動檢舉全國政要及知識份子忠貞問題,舉國譁然,掀起軒然大波。ALA爲響應反對之聲,發表閱讀自由宣言,他爲重要起草人之一。因此聲震全國,得到國會矚目。1955他爲 ALA 國際關係委員會(International Relations Committee)主席。1958年爲學會評議會成員。1955-1958爲大學與參考圖書館協會(Association of College and Reference Libraries (ACRL))理事會理事。1969年被舉爲 ALA 會長,在 Atlantic City 年會發表就職演說,語驚四座。1957-1960年爲美國研究圖書館協會(Association of Research Libraries (ARL))執行幹事,1962年選爲主席。1964-1968爲 ALA Shared Cataloging Committee 委員。1965國會檢討高等敎育法案,召開聽證會,邀他出席發表意見,他提出修正案,後稱「Dix Amendment。」根據此法案,政府撥款給國會圖書館,爲全國大學購書與編目之用。即 Library of Congress's National Program for Acquisition and Cataloging Act(NPAC)。

　　1958年被聘爲美國出席聯合國敎科文組織(UNESCO)代表團團員六年,最後二年充團長。1958及1960出席該組織巴黎年會,1961出席敎科文亞洲國家委員會(Asian National Commissions)馬尼拉會議,1963又出席在吉隆坡舉行的亞美會議

（Asian-American Assembly）。這許多年來，他環球奔走，由東京到哥本哈根，成爲美國圖書館界旅行最多的館長。

普林斯頓人稱他爲「圖書館大使」，Guy R. Lyle 讚美他爲美國三數最成功的館長之一；哈佛大學圖書館館長 Douglas W. Bryant 認爲他是大學校園中最有影響力的圖書館長。享譽之大，受寵之厚，不作第二人想。

在國內他的名譽職銜很多，列於下表：

1. 美國教育署高等教育顧問委員會委員（U. S. Office of Education, Advisory Council on Graduate Education）

2. 美國國務院國際書籍及圖書館計畫諮詢委員會顧問（U. S. Dept. of State's Advisory Committee on Internatinal Book and Libraries）

3. 新澤西勞格斯州立大學（Rutgers University）圖書館學院、杜克、哈佛等大學圖書館顧問。

4. National Commission on New Technological Uses of Cotyrighted Works 成員。

5. 私人企業方面擔任諮詢有：H.W. Wilson Co., Rockefellow Archiv Center, Council of Library Resources Ford Foundation on University Development Project in Baghdad。

身兼數十職，眞是一個忙人。

因爲在公私團體貢獻甚多，各方頒與褒獎有：佛羅里達州立大學（1967），及華盛頓學院（1971）榮譽博士學位，ALA Melvil Dewey Award（1969）Joseph W. Lippincott Award（1971）。

狄克斯的成功，得力於他的修養與風度。身高六尺，體重

150磅，儀表翩翩，溫文爾雅，一副長春藤紳士模樣。有親和感，令人見而生羨。口若懸河，發言娓娓動聽。最佳主席人才，在會場排難解紛，調協爭議，對異議人士，有轉變其態度與意見的魅力。

　　狄氏風塵僕僕，無暇著述，遺作除博士論文外，僅 *The American Spirit in Scholarship* 及 *The Princeton University Library in the 18th Century* 二種出版。間或有少數論及圖書館預算、建築、編目、領袖問題等文章，非不得已，很少執筆，但讀書不輟。

　　半生辛勞，精力衰退，1975年退休，欲從事筆耕，不幸於1978年2月21日因心臟病去世。2月27日在普大教堂舉行追悼會，校董代表和校長均蒞臨致詞，校董會肯定他在校園混亂時，處事不懼，作出安定局勢的功勞。校長 William Bowen 謂：「為校中造成讀書風氣，鼓勵師生到圖書館來，提醒他們書籍對文化的影響，令他們感覺讀書與治學的樂趣。」

　　狄克斯雖未受圖書館教育，沒有專門技術方面的心得，但其理念和哲學使他在專家面前站立得住。1958年他在哥倫比亞大學圖書館學院作過一次演講，其內涵代表他的思想。他對學術圖書館長（Academic-Librarian）有下列看法：

　　1.他必須是個教師學者（teacher-scholar），雖不是飽學，但必須瞭解和參與教授群的所作所為，這種瞭解對他的事務成功很有幫助。他必須與某學系發生關係，教師們才能接受他，視之為同類。

　　2.他必須有書的知識，知書才夠資格買書，書買到後能善為處理，供學術研究。

　　3.他須有能力延攬人才為他效勞，給他們責任，但是能控制

各部分，尤其對於人員的聘用與淘汰有權施行。圖書館是一有機體，須要不斷新生，以免腐化。

4.他必須用語言文字有效地說服別人。在會議時，刹那間使異議人士忽然改變意見，棄暗投明，這種口才和筆觸只可領會不可言傳。

5.他必須有忍耐、寬容、執著和決斷的特質，方能成功而不失敗。

6.他必須有男人的陽剛之氣，積極處事，擺脫怯懦、無能的老太婆形象。

除以上各點外，學術圖書館館長須善爲分配他的工作時間，按著優先執行以下的任務：

1.籌措經費，凡事無錢莫辦。此事花掉時間20％。

2.尋找館友，經費不足，須擴大圖書館之友，勸他們解囊相助，尤其將所藏善本捐贈給圖書館。爲此也須用去20％時間。

3.與館內各部首長用聚會或私人談話方式，檢討館務的得失，予以革新或糾正。爲此時間要多到30％。

4.公共關係。對使用圖書館的人和校中所發生的事都須貫注精力，不可萬事不關心，置身事外。用開會、演講、撰文、接受訪問各種方式積極參與。爲此亦須有20％時間。

5.剩下10％的時間可用來計畫館舍，與館外各種團體的活動——國際的，地方的和全國的。（按：照前述他的館外活動恐佔去他40％時間）

一個眞正領袖，不僅滿足做完他一天的公事，必須參加非政府組織的民間團體，那是美國社會的特徵與民主的根基。最後私下應不斷讀書，思維，跟上時代，不致落伍。

狄克斯從事圖書館事業25年，貢獻良多，以没有圖書館學基

礎，而提倡學者型圖書館長之說，毀譽參半。在讚揚方面，上述追悼人士已經明白道出。但蓋棺定論，尚有其他看法。Michell H. Harris 和 Mary Tourjee 作出另一種結論。他們認爲狄克斯是個幸運兒。他在學養人格成熟後，大器晚成，作出波瀾壯闊的事業其幸一。

他的特質巧合圖書館界需要一個象徵性的領袖來作發言人，他剛好填補空檔，其幸二 。

他的自由主義觀點，在他竄升時正是一時潮流所趨，他的投入甚合時宜，其幸三。

他的道德和正義感，正是四、五十年代圖書館界所喜歡聽的聲音，故一唱百和，他的聲勢也節節升高，其幸四。

當時移事遷，他已功成名就，退隱林下，没有受到被遺棄的苦惱。其幸五。

他的事業如日中天時，得力於天時、地利與人和，故稱他爲幸運兒。

再看圖書館界與學術界對他的評價如何。

學術圖書館人士於他對學術（Scholarship）非正統的定義不甚苟同。學術圖書館不願將他們的資料公開給一般研究學問的市民（Citizen／scholar），而他提倡學術圖書館界應在民主運動的過程中扮一角色，也不同意。公共圖書館人士一向以民主文化的兵工廠自居，狄氏主張研究圖書館爲啓迪公民教育的堡壘，對公共圖書館不予重視，所以他們認爲他名流學者氣概濃厚而生反感。

他以學人圖書館家自重，只有圖書館界視他爲學人，而學術界仍認他爲一圖書館家，二者不可兼得。

一個成功的人，不免有正負二面的批評，美國著名大法官

Oliver Wendell Holmes 有句名言：「人生是行動（action）和情感（passion）的組合，一個人須在他的時代中表現情感與動作，否則等於白活了一世！」這句話對狄克斯來說，是無可質疑的。

# 50
# 羅伯・浮士卜
# Robert Vosper（1913－1994）

　　羅伯・浮士卜1913年6月21日生於俄勒岡州（Oregon）的波特蘭（Portland）市。父母親爲 Chester and Anna Stife Vosper。1921年中學畢業進 Oregon University 就讀，1927年得學士學位，二年後得碩士，治古典學。欲讀博士，準備作教師，但俄大沒有博士班。又無錢到東岸，有人建議他去加州大學伯克萊（Berkeley）分校圖書館學院學專門職業。起初他對圖書館缺乏興趣，慢慢改變意思。他寫信給伯克萊院長 Sydeney Mitchell 請求入學，院長並不鼓勵他，但他還是去註了冊，並作級長。畢業後工作難求，與學校交涉很久，才得到一席，留校工作。1942年浮氏到史坦福大學圖書館作參考員，得到館長 Nathan Van Pattan 的青睞。不久，加州大學洛杉磯分校（UCLA）購書部主任出缺，他想投聘又恐資格不夠，Van Pattan 曾經給 他書肆訓練，勸他前往，終於得到那個位置。在館長 Lawrence Clark Powell 領導之下幹了八年，購書主任四年，助理館長一年，副館長三年。

　　1951年在堪薩斯大學（University of Kansas）的朋友知道該校圖書館館長需人，勸他來堪大。浮氏在猶豫心情下去與該校校長 Franklin Murphy 約談，發生好感。校長發展學校的計畫中，有加強圖書館一項，故對他有很大的期許，因此他向加大辭職，

加入堪大。在他未到以前，大學圖書貧乏，本科生還算夠用，作研究則差得很遠，故敎授頗感不滿。原因是學校當局軟弱，不肯向校董會認眞爭取經費，才形成落後現象。前任館長對購書也不熱心，沒有發展特藏（special collection）的企圖。因爲主持人態度消極，捐書人的興致也不高昂。Murphy校長鼓勵浮氏積極從事採購。他與敎授連繫，找出缺乏何種資料，他們的反應也很熱烈，後來反而應接不暇。雖然經費不夠，購書部倒忙碌起來，比以前冷冷淸淸的氣氛要好得多了。

　　浮氏因校長的積極政策大爲振奮，將研究資源大量購進，服務也較前周全，藏書由483,000冊增到875,000冊。因爲書籍湧進，工作人員隨之加多。造了一所科學圖書館，又開闢一座本科生圖書館，完全開架式，學生自由取用。借書數節節升高，書庫一時雖是鬆散，但閱覽室座席不敷。

　　在加強特藏方面，校長與館長都大力投入，他們有意搜集有關文化方面的文獻，尋找財源與書源，集中力量，努力進行，雖然堪大不能與好的大學競爭，也須達到相當標準。浮氏用盡心思，也得到很多善本書。第一年他從芝加哥 John Crerar Library 買到30,000冊，供應經濟學敎授 Richard Howay 及其學生之用。另購到自然及人文科學名著10,000冊，論及女性歷史著作4,000冊，這些皆來自 John Crerra Library。他從 Sparri 買得所藏 James Joyce 著作的各種版本，是當時世界最好的本子。1953年得到 D.H Lawrence 的初印本（First edition）222冊。1955年購到 P. S. O'Hegarty 所藏有關 William Butler Yeats 愛爾蘭戲劇及法國革命的小冊子。他們有意購買俄國科學院（Russian Academy of Science）17,000冊書，一時籌不出40,000元，乃向國家科學基金會（National Science Foundation）及伊利諾大學

（University of Illinois）求援，將這批書收藏在中西部館際中心
（Mid-West Inter-Library Center，MILC）。爲收購特藏，州的
財政無力相助，只有在他處開源，徵募捐款。1953年向校友會及
「大學之友」募到鉅款作特藏之資。他向校董會說明經費缺乏
是實現大學計畫的一障礙。同時勸說教授會予人文科學與自然科
學要同等待遇。總之。浮氏的購書政策在堪大造成震撼。

　　選書一事原來仰仗教授，在經費充裕時，教授時間不逮，影
響工作，浮氏增聘各科目錄專家，在圖書館作業，使購書順利進
行。書籍如潮水一般，洶湧而來，使編目人員招架不住，一時不
能上架，浮氏命將書名頁攝成卡片，代替書目卡，暫時排在目錄
櫃中（brieflisting），即可救燃眉之急，但非長久之計。他終於
從高教法案批准的特款中得到經費，加工編目，三年之內，將整
批買來的特藏，按正規編目法，完成目錄。

　　因爲館務繁重，需要得力的館員分擔工作。在美國中西部不
容易找到合適的助手，他想到歐洲學術圖書館可能有剩餘人才可
以利用，在雜誌上刊登廣告，居然有英國、丹麥、瑞典人願意來
美國闖天下。如此這般，人事問題就輕易解決了。用人惟才，除
須有專門技術外，還注意處世爲人方面，因爲他們時與教授和學
生打交道，必須有良好和諧的氣氛，才能和平相處。人事選定
後，予以全責，他自己則有多的時間消耗在行政事務上。他也培
植出一批青年人才，後來紛紛到別的大學主持館政。他穩定軍心
的方法是爲他們爭取教師的地位與待遇，令優秀館員得到長久任
用期（tenure）及一切教師所享受的權利。他爲此不斷向校方提
供意見與說詞。

　　除堪大外，浮氏對圖書館團體極感興趣，他熱心研究圖書館
學會（Association of Research Libraries ARL）及學院研究圖書

館學會（Association of College and Research Libraries，ACRL）
的會務，曾任後者會長（1955-56）。主張與全國學會（ALA）
合作，二者不可分裂。1947年大學圖書館為爭購第二次 大戰後
歐洲書籍，成立 Farmington Plan 購書計畫，多年的作業方式引
起許多圖書館不滿，浮氏1957年為研究圖書館學會向 Council of
Library Resources 申請經費探討合作購書計畫，因為 Farming-
ton Plan 用275,000元為60個大圖書館購到150,000冊書，內中有
9％為無用之書。以後購書辦法須有伸縮性，各圖書館有選擇經
售商的自由，和自決的餘地，不必硬性地遵照學會規定辦理。

　　1959年浮氏得到 Guggenheim Fellowship 到歐洲去考察，到
英國各地訪問，發現英國圖書館已採用自動化作業，美國應該急起
直追，迎頭趕上。1964年他安排 ARL 派代表參加英國全國大學
圖書館會議（Standing Conference of National and University Li-
braries，SCONUL），學習他們的方法。他同時鼓勵大學圖書館
派代表出席國際圖書館協會聯盟（International Federation of Li-
brary Associations，IFLA），他是在英國時才接觸 IFLA，然後
發生興趣。他用 Fulbright 獎學金得主的名義到義大利訪問，發
覺義大利當時學生人數劇增，正在發展購書工作。因為一連串的
國際交流，他感到美國圖書館界應該對世界各地圖書館的動向予
以注意和關心。

　　1960年堪大校長 Murphy 決定接受加州大學洛杉磯分校
（UCLA）校長之職，因為堪州政府對其發展計畫不甚支持，故
有倦勤之意。Murpny 到洛杉磯後與加大分校圖書館館長 Powell
談到浮氏的前途，Powell 表示一年後他將辭去加大館長職位，
專心辦理圖書館學院及 Clark Library（一個特種圖書館）二種工
作，推荐浮氏繼任館長。於是前任校長 Knudsen 召集會議，聘

請浮氏回校充當館長。浮氏對堪大有了感情，但校長 Murphy 離開後，支持無人，難以為濟，故決定回到西岸。UCLA 給他一年的時間為堪大安排繼任人選，結束未作完工作。當他回任後，他發覺館內人員在 Powell 精挑細選之下，非常健全，與堪大頗不相同。一般同事歡迎他捲土重來，教授在先前他充購書部主任時，已與之建立良好關係亦歡迎之不暇。校董會決議凡事要與伯克萊分校一樣，大力擴展圖書館，且已選就地址，得到專款與建築師，即將動工興建一座新圖書館大廈。

在他視事之時，書肆變化很大，加以聯邦政府參與大學教育頻繁，購書不像以前簡單。所幸 UCLA 有二點有利條件：一為書籍分類法已改國會分類法，他不須為此重大之事煩心。二為大學藏書尚未豐富到須與幾個知名大學競爭，祇須專心搜集本校所需的文獻而已。在發展特藏方面，得到「圖書館之友」的援助可暢行無阻。對一般普通書籍，他採用全盤訂單（Blanket book-order），這樣可以省去選擇，打製訂單種種手續，有價值的書，書店即可自動送來。尤其歐洲出版的書，美國信息不靈，由書商供應更為省事省時，因此書刊如潮水一般，源源而來。來不及編目，浮氏還是用簡單方法（brieflisting）暫時上架，以便流通。

大學圖書館選書一向由教授群和館方合作，而重心在前者，出現二種不理想之處：一為教授們時間不夠，難多費心思於此額外工作上；二為教授各有專長，所選之書多嫌狹隘，偏而不全。為挽救此弊，浮氏加聘有專科學養的館員全力以赴，將各科的要籍全部搜集。

浮氏對館員的地位與待遇極力爭取，前館長 Powell 與伯克萊分校，將圖書館館員分作五級，每級與教師某一級同等，但不

能參加校務會議（Senate），即是與校務沒有關係。如欲糾正這種缺失，必須修改校務會議章程，那是阻力很大不易實現的。只能將圖書館組織另成一種架構，使薪水及物質待遇與教師一樣。再減少館員事務性的擔負，而有時間致力學問，在智力方面能與教師較勁。圖書館員分五級（I-V），其薪金、休假、任期、研究機會得到保障，後來加州大學各分校都實行這種制度，提高圖書館館員的待遇。他一直認為圖書館事業是一種奉獻專業（Service Profession），雖是如此，但圖書館人員與授課人員兩者之間須有親善關係（faculty-library fraternization），前者為後者作有效的服務，後者對前者有同樣的尊敬，相得益彰。

　　除加大館務外，浮氏在校外亦相當活動，作諮詢調查（consulting）。1961年他和二個朋友被美國太空總署（U.S. National Aeronautics and Space Administration, NASA）禮聘作改進顧問，採用電子工具，傳遞太空及氣象資料。1964-1967 他為「化學摘要」（*Chemical Abstract*）顧問委員會委員，磋商該刊售價問題。1966-1969他為國家醫學圖書館（National Library of Medicine, NLM）顧問，促成醫學資料分析儲存（MEDLARS）的發行；使醫學圖書館輔助法案（Medical Library Assistance Act）在國會通過，在經費與專業圖書館館員的培植皆有助益。浮氏在1965年當選為美國圖書館學會（ALA）會長。他鼓勵ALA團體會員及個人會員踴躍參加國際圖書館協會聯盟（IFLA），多派人出席該聯盟年會，繳納會費，俾美國圖書館界對世界圖書館事業多予關心，盡些專業的義務。在 ALA 會長任期告滿後，浮氏又將全副精力集中在加大館務。1961年以後，大學經費開始減少，他對1970年完成館藏三百萬冊的承諾發生動搖。1966年雷根（Ronald Reagon），當選為加州州長，開始平

衡預算，對加大學生不潛心學業的現象甚爲憂慮。1967年加大經費由二億七千七百萬減到二億三千一百萬，Murphy 校長倦勤，批評政府財政政策之後，決定辭職。浮氏失去靠山，但他還是在 Murphy 離校前達成三百萬冊的目標。1961-1962一年，洛杉磯分校，購書數量爲全國第一，到1965退居第六位，1968-1969則跌落第十二位。同時學校預算委員會警告他，圖書館聘用人員是學校第二多的部門，費用超重。浮氏在購書多，用人少的夾縫裡透不過氣來，況且許多學者專家是慕學校資料豐富才來的，若不努力購書則辜負他們投入的熱忱。

　　1969年全國學生發起反越戰運動，伯克萊分校學生遊行示威，靜坐抗議，洛杉磯分校效尤，與圖書館職員衝突，毀壞目錄卡片，甚至與警察對抗。在俄亥俄 Kent 大學國民軍團開鎗打死學生後二日，浮氏貼出佈告說：

　　　　圖書館是大衆知識的殿堂，爲個人求知諮詢的場所，它的功能是供應思想和信息，自由取用，也是安靜和平的避風港，讀者可汲取學術文化的滋養，既是提供來者自由公開使用，照常開放無阻。

　　因爲學生逃避警察逮捕跑到圖書館躲難，警察也跟著進來追索，相持不下。副館長 Everett Moore 挺身而出與雙方協調，一場風波才緩和下來。事後全校行政、教務，學生各方面對浮氏處理得當而大加讚許。

　　在時局動盪不安，政府縮減經費之際，學校稽核預算機構提出荒謬主意建議，將圖書館善本書出售，以資彌補。幸而「圖書館之友」多爲共和黨人（執政黨）出面干涉，提議者只好否認其建議。最後辦法，州政府准許維持伯克萊及洛杉磯二分校爲國家級圖書館，其他分校則居其次，以省經費。

　　在艱難困苦情形之下，浮氏考慮三年後退休，因爲他知道若是應退而戀棧，卒至弄得灰頭土臉，不如光榮下台。他以副館長 Page Acherman 最合繼任人選條件，選她繼續完成他所擬就的計畫。Acherman 與 Powell 和他的人生哲學相似，可秉承他們的遺緒貫徹抱負。浮氏先辭掉館長之職，到圖書館學院執教。又請假一年到倫敦大學 School of Library Administration and Information Studies 研究一年。他對國際與學術圖書館興趣濃厚，爲開這一門功課，準備一年。開始講課，感覺壓力很大，非常緊張，過了二年就習慣了，覺得輕鬆。他不喜技術性的課程，如編目和參考，他歡喜討論一個稍有圖書館經驗，準備出任管理圖書館的責任的人，應有的訓練；換言之如何造就行政人才。學院院長 Robert Hayes 認爲他有深思遠慮而自信的人格，但他不要學生因爲他專業的形象有所恐懼而祛於發表自己的意見。他所授課程有跨系的內容。因爲他的影響力，學院在立案認可與經費分配方面，皆得到幫助。除任教外他兼管 Clark Library，那是1966年他從 Powell 手中接收過來的，他繼續 Powell 的遺規每年舉行座談會，聘請專家學者來校作學術講演，講稿由大學出版社印行。1977年他自己擔任一次這樣的演講，題爲 “Books of Libraries and International Book Collecting。” 浮氏退休後得到的肯定有三：發展藏書、合作計畫、國際參與。在這三方面，他竭盡所能作出貢獻。他熟悉出版界的情形，加上他多年購書經驗，在 Kansas 及 UCLA 大顯身手，將藏書增加一倍，因爲得校長 Murphy 的支持，二人志同道合，合作無間，二校均受其益，成爲大學圖書館的佳話。在合作方面，他主張互借。Powell 曾經憂慮互借是大圖書館的負擔。他的觀念不同，他對 Powell 說：

　　　　近年小型圖書館向大圖書館借書，我不在意，每一圖書館

　　都是由小而逐漸成長的。大的借書給小的，小的也借出給
　　比它還小的，這是一種社會責任，不論大小，都不應該規
　　避的。

其心腸廣闊，可見一斑。因爲他崇尙合作精神，對國際合作地熱
心和參與。他與國際圖書館協會聯盟（IFLA）接觸後，對國際
合作增加信心，搜集外國書籍資訊，予以重視。IFLA秘書長
Margaret Wiginstroom 女士稱道說：

　　Robert Vosper 對國際圖書館事業至感興趣，得力於他的
　　完整人格，他是個知覺性很高，一個偉大的仲裁者和政治
　　家。

　　1971-1976年他被選爲 IFLA 副會長，世界書目控制指導委
員會主席（Chairman of the Steering Committee for Universal
Bibliographic Control, UBC），1977年爲 IFLA 五十週年籌備委
員會主席，獲比利時皇冠勛章（Belgian Crown Medal）。

　　浮氏因爲早年有人文方面的訓練，他終生崇尙學術，願意對
學人作出貢獻，這種理念在任何工作上表現無遺。他天賦的衝
勁，加上妻子與同僚的襄助，所以在學術界的成績永遠受到艷羨
和景仰。

　　1994年5月14日浮士卜在洛杉磯寓所逝世，年81歲。